Hans Niemeier / **Bund und Gemeinden**

Schriften zum Öffentlichen Recht

Band 190

Bund und Gemeinden

Aktuelle Organisations-, Finanz- und Verfassungsprobleme

Von

Dr. Hans Niemeier

DUNCKER & HUMBLOT / BERLIN

Gedruckt 1972 bei Alb. Sayffaerth, Berlin 61
Printed in Germany

ISBN 3 428 02720 5

Vorwort

Eines der Merkmale unseres Bundesstaates ist seine Gliederung in zwei Verwaltungsräume, nämlich dem des Bundes und dem der Länder. Der Frage nach direkten Beziehungen zwischen Bund und *Gemeinden* wird daher meist nur wenig Beachtung geschenkt, da man in der Regel davon ausgehen kann, daß solche nicht bestehen. Die Gemeinden sind Glieder der Länder und gegenüber dem Bund selbständig nicht handlungsfähig. In ähnlicher Weise kann auch der Bund nur über die Länder mit den Gemeinden in Kontakt treten. Dieser Grundsatz wird durch die Verfassung bestätigt.

Es kann aber nicht verkannt werden, daß bereits das Grundgesetz eine Reihe von Ausnahmen enthält, die diese Regel durchbrechen. Auf solche Durchbrechungen will die vorliegende Arbeit aufmerksam machen. Sie will darüber hinaus zeigen, daß *neben* den von der Verfassung ausdrücklich zugelassenen Einschränkungen des genannten Grundsatzes in der täglichen Gesetzgebungspraxis des Bundes, also in der Verfassungswirklichkeit, z. T. nicht ganz unbedenkliche Durchbrechungen des bundesstaatlichen Aufbaus sowohl von den Ländern als auch von den Gemeinden hinzunehmen sind*.

Aufzuzeigen, auf welchen Bereichen und in welcher Art und Weise derartige direkte Einflußnahmen des Bundes auf die Gemeinden unter Umgehung der Länderstaatlichkeit bisher vorgekommen sind und noch andauern, ist in besonderem Maße Aufgabe der vorliegenden Abhandlung. Die verfassungsrechtliche Stellung der Gemeinden als Selbstverwaltungskörperschaft gewinnt dabei nicht minder Bedeutung.

Die vorliegenden Ausführungen haben im Mai 1971 der Rechts- und Wirtschaftswissenschaftlichen Fakultät der Universität des Saarlandes unter dem Titel „Die direkten Ingerenzen des Bundes auf die Gemeinden und ihre verfassungsrechtliche Problematik“ als Dissertation vor-

---

* Vgl. z.B. den Beschluß der Bayer. Staatsregierung gegen § 72 Abs. 3 S. 3 u. 4 des Städtebauförderungsgesetzes, Klage vor dem BVerfG wegen Verletzung der Bundesstaatlichkeit und damit Verstoß dieser Bestimmungen gegen das Grundgesetz zu erheben. Der Bund könne nach diesem Gesetz unmittelbar mit den Gemeinden Festlegungen treffen und damit auf die allgemeine Landespolitik in unzulässiger Weise einwirken. Nach Art. 104 Abs. 4 des GG seien dem Bund in gewisser Weise zwar Mitfinanzierungsmöglichkeiten, nicht jedoch Mitplanungs- und Mitgestaltungsrechte eingeräumt, vgl. Südd. Zeitung v. 19. 1. 72.

gelegen. Einschlägige Literatur konnte bis zum Ende des Jahres 1970 Berücksichtigung finden.

Die seit dieser Zeit sichtbar gewordenen Bestrebungen, u. a. die mangelnde Finanzausstattung der Gemeinden nach Abschluß der sog. großen Finanzreform erneut als ernstes Problem zu betrachten und um eine Steuerneuverteilung zwischen Bund, Ländern und Gemeinden bemüht zu sein, bestätigen einige der in der Arbeit gewonnenen Erkenntnisse. Im Zusammenhang mit der am 1. Januar 1970 abgeschlossenen Finanzreform dürfte der Abhandlung auch heute noch uneingeschränkte Aktualität zukommen, dies insbesondere wegen der verfassungsrechtlichen Problematik, die es im Zusammenhang mit einer derartigen Umverteilung notwendigerweise immer von neuem zu erkennen und aufzuzeigen gilt.

Auch die Diskussion um den Wert und die Wirksamkeit des dem Bund durch das Stabilitätsgesetz zur Verfügung gestellten Instrumentariums ist nicht zum Stillstand gekommen. Während dieses Gesetz ursprünglich u. a. als „Magna Charta" für eine konjunkturgerechte Fiskalpolitik gepriesen wurde** und dieser Optimismus durch seine erfolgreiche Anwendung bei Bekämpfung der Rezession 1966/67 bestätigt wurde, mehren sich heute die damals von Sachkennern bereits erhobenen Bedenken, daß die eigentliche Bewährungsprobe dieses Gesetzes, nämlich seine wirksame Anwendung auf eine Hoch- oder Überkonjunktur, wie sie in jüngster Zeit festzustellen war, noch ausstehe. Die Diskussion über eine evtl. Reform bzw. Novellierung dieses Gesetzes kommt daher nicht mehr zur Ruhe. Daß in diesem Zusammenhang neue verfassungsrechtliche Probleme auftauchen, die in der vorliegenden Schrift noch keine Berücksichtigung finden konnten, ist nicht ausgeschlossen.

Herrn Ministerialrat a. D. Dr. J. Broermann, danke ich für die freundliche Aufnahme der Untersuchung in die vorliegende Schriftenreihe.

München, im Januar 1972

Hans Niemeier

** *Eberhard*, BayVBl. 1967 S. 217 ff.

Inhaltsverzeichnis

Einleitung

I.

Obwohl das „Verhältnis von Bund und Gemeinden" nicht erst seit Arnold Köttgens grundlegender Arbeit[1] im „Kreuzfeuer" der Diskussion steht, sind Fragen dieser Problematik heute sowohl in Lehre[2] als auch in der Rechtsprechung[3] immer noch heftig umstritten.

Die hier interessierende Frage war erstmalig bereits im Jahre 1949 in der Schlangenbader Ministerpräsidentenkonferenz, bei der man über den Aufbau der Bundesrepublik verhandelte, aufgeworfen worden[4]. Schon damals waren sich einige darüber klar, daß unmittelbare Beziehungen zwischen Bund und Gemeinden sich früher oder später anbahnen werden[4a]. In den damaligen Empfehlungen der Ministerpräsidentenkonferenz fanden diese Gedanken jedoch noch keinen Niederschlag.

Der später eingesetzte Sachverständigenrat, der sich mit der Überarbeitung dieser Empfehlungen befassen mußte, ging erneut auf die Frage „Bund und Gemeinden" ein. Ergebnis war damals die Erkenntnis, daß der Bund sich über die kommunalrechtliche und kommunalpolitische Entwicklung in den Ländern zumindest auf dem laufenden halten und daher mit den kommunalen Spitzenverbänden wenigstens verhandeln müsse[4].

Neuen Auftrieb hat die Problematik durch die unlängst verabschiedete Reform der Finanzverfassung (große Finanzreform)[5] bekommen. Sieht man von einigen sporadischen Entscheidungen des Bundesverfassungsgerichte ab, so hat sich eine gefestigte Rechtsprechung in die-

---

1 „Die Gemeinde und der Bundesgesetzgeber", 1957.

2 Vgl. zuletzt *Huber*, Diss. 1965 u. *Hohrmann*, Diss. 1967.

3 BVerfGE 22, 180 ff.

4 Vgl. *Keßler*, DVBl. 1953, 1 ff.(1),

4a Das namentlich von *H. Kelsen* (Allg. Staatslehre 1925 S. 199 f.) und *H. Nawiasky* (Allg. Staatslehre, 3. Teil 1956, S. 151 ff.) entwickelte, heute überwundene (vgl. *Hesse*, Grundzüge S. 86 FN 1) Verständnis des Bundesstaats i. S. einer 3gliedrigen Ordnung hat mit unserer Frage der unmittelbaren Beziehungen zwischen Bund und Gemeinden nichts zu tun. Es betrifft die Gliederung in Gesamtstaat (Bund u. Länder), Oberstaat (Bund) und Gliedstaaten (Länder).

5 BGBl. I 1969 S. 357 ff.

ser Frage bis heute nicht gebildet. Auch die jüngste Entscheidung des Bundesverfassungsgerichts[6] hat hierüber längst keine abschließende Klärung gebracht.

Nicht ganz zu Unrecht hat daher Lerche schon vor geraumer Zeit die Frage der verfassungsrechtlichen Situation der Gemeinden etwas überspitzt als „eines der großen noch wesentlich ungelösten Verfassungsprobleme der deutschen Gegenwart" bezeichnet[7].

II.

Im Kern der Auseinandersetzungen zwischen Bund und Gemeinden geht es darum, wieweit die bundesstaatliche Kompetenz des Bundesgesetzgebers reicht, ohne die föderalistischen Rechte der Gliedstaaten, zu denen auch die Selbstverwaltungsgarantie der Gemeinden gehört, zu beeinträchtigen.

Man ist sich zwar grundsätzlich über das Vorliegen und die Zulässigkeit bundesstaatlicher Ingerenzrechte einig, über das verfassungsrechtlich zulässige Ausmaß in bezug auf die Gemeinden herrscht jedoch nach wie vor Streit[8].

Dabei werden zusammenfassend im wesentlichen folgende Meinungen vertreten: Während hauptsächlich Haas[9] davon ausgeht, daß der Bund die Gemeinden weder in die Ausführung der Bundesgesetze einschalten noch irgendwelche Bestimmungen hinsichtlich ihrer Organisation und über ihr Verhältnis zu den Ländern treffen könne, bejaht v. Hausen beides[10]. Dazwischen liegen verschiedene Mittelmeinungen, die alle im Ergebnis darin übereinstimmen, daß der Bund im Zusammenhang mit materiell-rechtlichen Regelungen die Gemeinden direkt in die Ausführung von Bundesgesetzen einschalten kann[11].

Im Hinblick auf die Gemeindeorganisation werden noch folgende Unterscheidungen getroffen:

---

[6] s. FN 5.

[7] Buch dt. Gemeinden S. 9.

[8] Vgl. zuletzt *Hohrmann* a.a.O. S. 119.

[9] AÖR 80, 81 (95); ferner *Lichtenwald*, Diss. S. 40; *Maunz*, Staatsrecht 11. Aufl. S. 181 f.; ähnl. *Gebhard-Forsthoff*, Gutachten S. 29: der Bund soll nur bestimmte Anforderungen an die Organisation der Behörden stellen, diese aber nicht selbst einschalten und deren Organisation fixieren können.

[10] DÖV 1960, 441 (443); DÖV 1960, 1 ff. (3); ferner *v. Hausen-v. d. Heide*, DÖV 1958, 753 (755); ebenso *Schäfer*, DÖV 1960, 641 (647); *Forschbach*, DVBl. 1953, 331 (332).

[11] So *Gönnenwein*, Gemeinderecht S. 168 u. *Köttgen*, JÖR 11, 231; Gemeinde S. 74; *Kratzer*, BayVBl. 1961, 373; *Maunz-Dürig*, RNr. 25 zu Art. 84 u. a.

Nach einer Meinung hat der Bundesgesetzgeber überhaupt keine Kompetenz zur Einflußnahme auf die Organisation der Gemeindebehörden, weil darin ein Eingriff in die Kommunalverfassung liege, die zur ausschließlichen Kompetenz der Länder gehöre[12].

Eine zweite läßt bloße Regelungen des technischen Organisationsrechts zu, da diese keinen Eingriff in die Kommunalverfassung enthielten, soweit sie im Zusammenhang mit materiellen Regelungen stünden. In diesem Umfang seien Eingriffe des Bundesgesetzgebers in die Organisation der Gemeinden unbedenklich[13].

Schließlich gestattet eine dritte Variante dem Bundesgesetzgeber sog. punktuelle Eingriffe in die Behördenorganisation der Gemeinden, soweit dies zur effektiven und sachgemäßen Ausführung der materiellen Bundesgesetze notwendig ist[14].

Auch im Hinblick auf die Befugnis des Bundesgesetzgebers, das Verhältnis zwischen Ländern und Gemeinden „vorzuformen", werden im großen und ganzen drei verschiedene Ansichten vertreten:

Die einen räumen dem Bundesgesetzgeber sowohl die Befugnis ein eine Aufgabe den Gemeinden unmittelbar als Auftragsangelegenheit als auch als Selbstverwaltungsangelegenheit zu übertragen[15]. Andere gestehen ihm lediglich das Recht zu, festzulegen, daß die Gemeinden die Bundesgesetze als Auftragsangelegenheit auszuführen haben[16]. Während eine dritte Meinung annimmt, daß der Bund weder das eine noch das andere direkt gegenüber den Gemeinden bestimmen kann, da er damit unzulässigerweise in das Landesverfassungsrecht eingreife[17].

Anerkanntermaßen kann der Bundesgesetzgeber Gemeinden als solche nicht errichten, da er damit unzulässigerweise in den Organisationsbereich der Länder eingreifen würde.

---

[12] *Becker*, BayVBl. 1961, 66; *Kratzer*, BayVBl. 1961, 373; *Berkenhoff* in Weber-Berkenhoff S. 35; Stellungnahme der Mehrheit des Rechtsausschusses d. BR zit. nach v. Hausen, DÖV 1960, 441.

[13] *Köttgen*, Gemeinde S. 90.

[14] *Maunz-Dürig* RNr. 25 zu Art. 84; *Stern*, JZ 1962, 297 (301); *Rasch*, Verwaltungsorganisation S. 88.

[15] Vgl. *Böhm*, DVBl. 1953, 321 (323); *Keßler*, DVBl. 1953, 1 (4); *Köttgen*, JÖR 3, 91 u. 11, 231 Anm. 78; *Maunz-Dürig* RNr. 25 zu Art. 84 sofern sachliche Motive für eine solche Regelung sprechen.

[16] *Köttgen*, Gemeinde S. 77; BVerfGE 22, 186 ff.

[17] So *Becker*, BayVBl. 1961, 67; *Rohwer-Kahlmann*, AÖR 79, 208 (222); Stellungnahme des Rechtsausschusses d. BR nach *v. Hausen*, DÖV 1960, 441; BR in BT-Drucks. II/4646 für das JWG u. II/3028 für das BBauG.

III.

Im folgenden werden in einem 1. Abschnitt die Fälle faktischer unmittelbarer Einschaltung der Gemeinden in den bundesgesetzlichen Aufgabenvollzug aufgezeigt und vor allem auf die Art und Weise der in der Praxis vorkommenden Kontaktmöglichkeiten zwischen Bund und Gemeinden hingewiesen. Der zweite Abschnitt befaßt sich mit den einzelnen Ingerenzrechten des Bundes im Gemeindebereich, und zwar in einem 1. Unterabschnitt hinsichtlich des unmittelbaren Vollzugs von Bundesgesetzen durch die Gemeinden nach Art. 83 ff. GG und im 2. Unterabschnitt bezüglich der Bundeseinflüsse aufgrund haushalts-, konjunktur- und finanzwirtschaftlicher Ausnahmebestimmungen des Grundgesetzes. Im dritten Abschnitt werden die Verfassungsschranken, die die Sonderkompetenzen des Bundes behindern, näher untersucht und diese in generelle und spezielle Schranken gegliedert. Der vierte Abschnitt schließlich hat sich die Feststellung der Verfassungsmäßigkeit bundesgesetzlicher Einzelbestimmungen zum Ziel gesetzt.

Wenn im nachfolgenden von den Gemeinden die Rede sein wird, so sind darunter in aller Regel auch die ihnen in vieler Hinsicht gleichgestellten Gemeindeverbände zu verstehen[18].

Fragen der Planungshoheit und der überörtlichen Raumordnung etc. müssen in unserem Zusammenhang ausdrücklich ausgeklammert werden[19].

---

[18] Jedoch bestehen auch mancherlei Abweichungen hinsichtlich ihrer verfassungsrechtlichen Position, die sicher schwächer ist als die der Gemeinden. Im einzelnen kann hierauf jedoch nicht eingegangen werden. Vgl. hierzu den jüngst veröffentlichten Aufsatz v. *P. Lerche*, BayVBl. 1969, 46: Die Verfassungsposition der Landkreise.

[19] Es darf hier auf speziellere Abhandlungen verwiesen werden, vgl. zuletzt z. B. *Neeb*, Diss. Würzburg 1967 „Inhalt und Grenzen des gemeindlichen Ortsplanungsrechts."

ERSTER ABSCHNITT

Die Einschaltung der Gemeinden in den bundesgesetzlichen Aufgabenvollzug

I. Die mittelbare Einschaltung durch die Länder

Unbestritten sind die Länder zur Regelung des Kommunalrechts zuständig[1], soweit das Grundgesetz nichts anderes bestimmt hat. Sie sind daher auch befugt, die Gemeinden mit der Ausführung von Bundesgesetzen zu betrauen. Die kommunalverfassungsrechtliche Zuständigkeit der Länder (Gesetzgebung und Verwaltung) ergibt sich aus Art. 30, 70 ff., 83 ff. GG[2], die eine Vermutung[3] der Länderzuständigkeit zugunsten aller Materien enthalten, zu deren Regelung nicht der Bund für zuständig erklärt worden ist.

Daraus kann jedoch noch nicht gefolgert werden, daß dieser Gesamtkomplex den Ländern in toto zustehen soll[4, 5].

Als Folge ihrer kommunalverfassungsrechtlichen und verwaltungsrechtlichen Alleinzuständigkeit in diesem Bereich können die Länder daher z. B. das kommunale Organisationsrecht jederzeit abändern, die Staatsbehörden an das Einvernehmen der Gemeinden binden oder Maßnahmen und Entscheidungen der Gemeinden von der Genehmigung durch die Staatsbehörde abhängig machen. Ferner sind sie z. B. befugt,

---

1 *Becker*, Handb. der komm. Wiss. u. Praxis, Bd. 1, S. 142; *Gönnenwein*, Gemeinderecht, S. 166; *Maunz-Dürig*, RNr. 25 zu Art. 28; *Maunz*, Staatsrecht, S. 188, ders. BayVBl. 60, 205; *Rohwer-Kahlm.*, AÖR 79, 222; *Huber*, Diss. S. 42 u. a.

2 Aus Wortlaut und Entstehungsgeschichte dieser Bestimmungen; vgl. *Huber* a.a.O. S. 42.

3 Es handelt sich um eine Regelzuständigkeit der Länder, vgl. *Lerche*, Aktuelle Verfassungsfragen 1968 S. 26, 57 FN 59. Der eingebürgerte Ausdruck „Vermutung" ist anscheinend aber unausrottbar.

4 *Huber* a.a.O. S. 46.

5 Ausnahmen ergeben sich z. B. aus dem Grundgesetz selbst, das an mehreren Stellen aus großen Sachkomplexen, zu deren Regelung die Länder befugt sind, Teilgebiete ausgeklammert und dem Bund zugewiesen hat (so z. B. in Art. 74 Nr. 13 die Förderung der wissenschaftlichen Forschung oder auf dem Gebiet der öffentlichen Sicherheit und Ordnung die Ordnungsgewalt als Annex zu bundesrechtlicher Kompetenz, vgl. BVerfG, NJW 1959, 29).

den Charakter einer Vollzugsaufgabe als Selbstverwaltungsangelegenheit[6] oder Auftragsangelegenheit festzulegen[7], auch wenn sie — sofern es sich um die Ausführung von Bundesgesetzen handelt — die von der Bundesregierung mit Zustimmung des Bundesrates erlassenen allgemeinen Verwaltungsvorschriften des Bundes und dessen Weisungen zu beachten und an die Kommunen weiterzuleiten haben[8].

Alle diese Befugnisse sind für die Länder als Ausfluß ihrer kommunalverfassungsrechtlichen Zuständigkeit allgemein anerkannt. Soweit evtl. Zweifelsfragen in dieser Hinsicht bisher noch auftauchen konnten, wurden sie von Huber überzeugend geklärt und ausgeräumt[9].

Die Zulässigkeit der Heranziehung der Gemeinden zu staatlichen Aufgaben durch die Länder ist in der Regel unproblematisch, da sie sich aus der Funktion der Kommunen als Glieder der Länder ergibt[10]. Sie wird daher auch allgemein bejaht[11].

Im folgenden soll darauf lediglich deshalb kurz eingegangen werden, weil ein späterer Vergleich mit der unmittelbaren Heranziehung durch den Bund dadurch erleichtert wird.

Gründe, die die Länder bewegen, die Gemeinden zu den Vollzugsträgern ihrer Aufgaben zu bestimmen, gibt es verschiedene. Ein sehr wesentlicher ist die Tatsache, daß die Kommunen gleichmäßig über das Staatsgebiet verteilt sind, von persönlich interessierten Bürgern mit meist guten Kenntnissen der örtlichen Verhältnisse verwaltet werden[12], die Bildung eigener Sonderbehörden damit vermeidbar ist und die betreffenden Verwaltungsaufgaben in kleineren Lebensgemeinschaften unter ortskundiger Leitung oft weit wirksamer erledigt werden können als dies durch zentral gelenkte staatliche Stellen der Fall wäre[13].

Durch die Neuordnung mancher Länder, die die überlieferte Zweiteilung der Aufgaben in eigene und übertragene Angelegenheiten be-

---

6 Bei Bundesgesetzen allerdings nur, wenn sie vom Bund nicht als Weisungsangelegenheit übertragen wurde, sondern die Art der Weiterübertragung freigestellt ist.

7 Diese Befugnis folgt aus der Zuständigkeit zur Einrichtung der Behörden und der Regelung des Verwaltungsverfahrens nach Art. 84, 85 GG; vgl. *Gönnenwein*, Gemeinderecht S. 166; *Maunz-Dürig*, RNr. 24 zu Art. 84 GG.

8 *Gönnenwein*, Gemeinderecht S. 166.

9 Diss. S. 4 ff.

10 Trotz der großen Bedeutung der Gemeinden für den Gesamtstaat gehören sie ausschließlich der Länderverwaltungsorganisation an; vgl. *Huber* a.a.O. S. 81.

11 Vgl. für viele *Huber* a.a.O. S. 13; ferner *Köttgen*, Selbstverwaltung S. 22 u. 74; *Becker*, BayVBl. 1961, 65 ff.; *Maunz-Dürig*, RNr. 23 zu Art. 84 GG; *Haas* AÖR 80, 95; *Zink*, BayVBl. 1963, 268.

12 Dies gilt allerdings nur für überschaubare gemeindliche Gebietskörperschaften, die jedoch in der Überzahl im Vergleich zu den großen Städten sind.

13 *Huber*, Diss. S. 3.

seitigt haben[14] und damit dem sog. Weinheimer Entwurf einer Gemeindeordnung gefolgt sind[15], haben die sog. Pflichtaufgaben nach Weisung den Charakter staatlich zugewiesener Aufgaben nicht verloren.

Da den Gemeinden durch Art. 28 II GG im Gegensatz zu den Bestimmungen einiger Länderverfassungen[16] nicht die Eigenschaft von Trägern sämtlicher Verwaltungsangelegenheiten auf der Ortsstufe zugedacht worden ist[17], sondern ihnen nur ein gewisser, die „kraftvolle Eigenbetätigung" ermöglichender Bestand ortsbezogener Angelegenheiten, die sie ohne staatliche Weisungen ausführen können, garantiert werden sollte[18], steht Art. 28 II GG einer staatlichen Auftragsverwaltung grundsätzlich nicht im Wege.

Die Kommunen haben daher die staatlichen Aufgaben neben ihren Selbstverwaltungsangelegenheiten zu erledigen.

Daß den Gemeinden durch Überhäufung mit staatlichen Aufgaben nur noch wenig Zeit zur Erledigung ihrer eigenen Aufgaben bleibt, insbesondere zur Entfaltung von Eigeninitiative für freiwillige Veranstaltungen[19] ändert nichts an der grundsätzlichen Zulässigkeit staatlicher Aufgabenzuweisung[20]. Sie bleibt in allen Fällen unbedenklich.

Sind nun die Länder verpflichtet, die Gemeinden in den Vollzug der von ihnen erlassenen Gesetze einzuschalten?

---

[14] So z. B. Baden-Wttbg. in § 2 II u. III GO v. 25. 7. 55 — GVBl. S. 129; Hessen in §§ 3 u. 4 GO in der Fassung v. 1. 7. 60 — GVBl. 60, 103; Nordrhein-Westf. in § 3 I u. III GO v. 28. 10. 52 — GS S. 167 u. Schlesw.-Holst. in § 3 II GO v. 24. 1. 50 — GVBl. S. 25; Bayern, Niedersachsen, Rheinl.-Pfalz u. das Saarland haben die traditionelle Unterscheidung von eigenen und übertragenen Gemeindeaufgaben beibehalten.

[15] Anstelle der staatlichen (übertragenen) Aufgaben wurden von diesen Ländern sog. Pflichtaufgaben nach Weisung eingeführt. Das jeweilige Land hat damit kein unumschränktes Weisungsrecht mehr gegenüber den Gemeinden, sondern kann nur noch in einzelnen, gesetzlich genau festgelegten Fällen Weisungen an die Kommunen erteilen, vgl. *Huber* a.a.O. S. 4.

[16] z. B. Art. 137 I Hess. Verf. v. 11. 12. 46 GVBl. S. 229; Art. 44 III (Vorl.) Nieders. Verf. v. 13. 4. 51, GVBl. S. 103.

[17] Vgl. *Huber* a.a.O. S. 4.

[18] Vgl. BVerfGE 1, 167 ff. (178).

[19] Vgl. hierzu *J. Bertram*, Staatspolitik u. Kommunalpolitik, Notwendigkeit u. Grenzen ihrer Koordinierung sowie Besprechung v. *H. Reschke* in AfK 1968, 146.

[20] Jedenfalls wird dadurch der Bereich, in dem sich die Selbstverwaltung entfalten kann nicht — wie *Huber* a.a.O. S. 5 meint — verkleinert und die Selbstverwaltungsgarantie überfordert. Denn die Selbstverwaltungsaufgaben der Gemeinde beschränken sich nicht auf einen inhaltlich eng begrenzten Bereich, sondern dieser Aufgabenbereich ist nach außen völlig offen, so daß ganz unabhängig von der staatlichen Aufgabenübertragung neue Aufgaben hinzukommen und alte (frühere) wegfallen können.

Ähnlich auch *Reschke* AfK 1968, 146: es fehlte den Gemeinden nicht an (Selbstverwaltungs)-Aufgaben; diese seien noch nie in solcher Fülle vorhanden gewesen, wie dies derzeit der Fall ist.

Eine solche Verpflichtung besteht für die Länder hinsichtlich ihrer eigenen Gesetze sicherlich nicht. Das folgt bereits aus ihrer unangefochtenen Organisationsgewalt in diesem Bereich.

Anders stellt sich die Situation aber bezüglich der Ausführung von *Bundes*gesetzen durch die Länder dar. Der Bund ist hier darauf angewiesen, daß die Länder seine Gesetze vollziehen. Die ihm dadurch zugunsten der Länder auferlegte Funktionssperre[21] bedeutet auf der anderen Seite eine Verpflichtung für die Länder zur Ausführung und zum Vollzug von Bundesgesetzen. Da sich aus dem Grundsatz der „Bundestreue“[22] ferner die Pflicht zu optimaler Gesetzesvollziehung ergibt[23], läßt sich daraus eine *Obliegenheit* der Länder ableiten, in gewissen Fällen die Gemeinden mit dem Vollzug der Bundesgesetze zu beauftragen. Optimale Ausführung bedeutet Berücksichtigung der angemessenen Interessen aller Beteiligten, also der Belange des Bundes, des jeweiligen Landes und der einzelnen Gemeinden.

Innerhalb dieses Rahmens, der sich aus der Solidarität zum Bundesstaat ergibt, können sich die Länder allerdings entweder an ihre unmittelbaren Länderbehörden oder an die Gemeinden wenden, soweit der Bundesgesetzgeber eine Aufgabenübertragung auf die Kommunen nicht ausdrücklich oder konkludent vorgeschrieben hat.

Das dadurch den Ländern eingeräumte Ermessen wird dann, wenn ein Bundesgesetz nur durch die Gemeinden voll wirksam vollzogen werden kann, zu einer Pflicht, diese mit dem Vollzug zu beauftragen[24].

Allerdings ist es trotz alleiniger kommunalverfassungsrechtlicher Zuständigkeit auch den Ländern verwehrt, sich bei der Übertragung von Bundesauftragsangelegenheiten an die Gemeinden für einen weisungs-

---

21 *Huber*, Diss. S. 10.

22 Dieser Ausdruck wird seit Bestehen des Grundgesetzes verwendet und hat sich eingebürgert. Er wird daher kaum durch eine neue, wenn auch m. E. genauere Formulierung verdrängt werden können:

Besser als mit dem Ausdruck „Bundestreue“ wäre der Bedeutungsinhalt dieses Komplexes m. E. durch die Formulierung „Bundesstaatstreue“ umschrieben, denn der genannte Grundsatz bedeutet nicht nur Solidarität der Gliedstaaten zum Bund, sondern die Wahrung der bundesstaatlichen Interessen sowohl der Länder und Gemeinden gegenüber dem Bund als umgekehrt auch des Bundes gegenüber den übrigen Gliedern des Bundesstaates sowie sämtlicher Glieder untereinander zugunsten der höheren Einheit „Bundesstaat“, vgl. hierzu BVerfGE 12, 205 ff. = FS-Urteil.

23 Vgl. *Bayer*, Die Bundestreue 1961 S. 126: Die Bundestreue bindet Bund und Länder gleichermaßen.

24 Vgl. *Huber* a.a.O. S. 10; Der Tatsache, daß verschiedene Länder unterschiedlicher Auffassung über den bestmöglichen Vollzug eines Bundesgesetzes sein könnten, ist damit allerdings noch nicht Rechnung getragen. Die mit einer solchen Verschiedenartigkeit verbundene Rechtsunsicherheit hinsichtlich der Schaffung einheitlicher Lebensverhältnisse im gesamten Bundesgebiet kann nicht immer in Kauf genommen werden.

freien Vollzug zu entscheiden[25], wenn darunter die Gleichmäßigkeit und Effektivität der Ausführung leiden würde.

II. Die unmittelbare Einschaltung durch den Bund (Einschaltungsmodalitäten)

Die Gemeinden wurden vom Bund in verschiedenen organisatorischen Formen unter Umgehung der Vermittlerrolle der Länder direkt in die Gesetzesausführung eingeschaltet[26]. Denn in der Verfassungswirklichkeit hat der Bund sich in einer Reihe von Fällen über die Länder teils berechtigt teils zu Unrecht hinweggesetzt und die Gemeinden direkt mit den Gesetzesaufgaben beauftragt.

1. Zuständigkeitsübertragungen

So erklärte er sie in verschiedenen Bundesgesetzen einfach für zuständig[27]. In anderen Fällen wird eine bestimmte Gruppe von Gemeinden schlicht von der Zuständigkeit ausgeschlossen[28], während die übrigen mit der Ausführung beauftragt werden.

Auf dem Gebiete der Daseinsvorsorge wird den Gemeinden in einigen Fällen empfohlen, nicht selbst gegenüber dem Bürger tätig zu werden, sofern diese Aufgaben bereits von den Verbänden der freien Wohlfahrtspflege wahrgenommen werden[29].

2. Bestimmung der zuständigen Organe

Ferner hat der Bundesgesetzgeber z. T. auch bestimmt, welches Organ im einzelnen innerhalb der Gemeinde zuständig sein soll[30] oder Aufgaben auf erst neu zu errichtende Behörden, z. B. das Jugendamt[31]

---

25 *Huber* a.a.O. S. 124/125.

26 Vgl. *Hohrmann,* Diss. S. 37.

27 s. Katalog bei *Hohrmann,* Diss. S. 32 ff.

28 So in § 4 II BBauG, wonach die einzelnen Gemeinden dann nicht mehr allein tätig werden können, wenn sie zu Planungsgemeinschaften zusammengeschlossen sind; oder in § 96 I BSHG, nach dem nur Kreise und kreisfreie Städte Träger der Sozialhilfe sein können; ferner in § 52 II PersStG, nach dem die höhere Verwaltungsbehörde die Wahrnehmung der Standesamtsangelegenheiten auf eine einzige Gemeinde übertragen kann; ähnliches gilt für § 12 II JWG; § 15 WehrpflG.

29 So in §§ 8 II, 10 II, 93 I 2 BSHG; ähnlich in § 5 III 2 JWG.

30 Vgl. § 4 LuftSchG: Örtlicher Luftschutzleiter ist der für die Ausführung des Gesetzes in der Gemeinde zuständige Beamte; oder § 51 i. V. mit § 53 II PersStG: Standesbeamter ist in der Regel der Bürgermeister bzw. sein allgemeiner Vertreter.

31 § 12 JWG.

oder das Lastenausgleichsamt[32, 33] übertragen. Auch Bestimmungen über die Zusammenarbeit von kommunalen Selbstverwaltungskörperschaften hat der Bundesgesetzgeber in einigen Fällen getroffen, nämlich über gemeinsame Flächennutzungspläne von Gemeinden oder die Bildung von Planungsverbänden durch zwei oder mehr Gemeinden[34], ferner über die Abstimmung der Planungen zwischen den Planungsbehörden von Bund, Ländern, Gemeinden und sonstigen öffentlichen Planungsträgern im Raumordnungsgesetz[35].

3. Gesetzliche Einflußvorbehalte

Aber auch auf andere Weise als durch die Übertragung von Aufgaben hat der Bundesgesetzgeber in die Ausführung von Bundesgesetzen und damit in den gemeindlichen Einflußbereich eingegriffen.

Solche Eingriffe sind uns als sog. gesetzliche Einflußvorbehalte z. B. in Form von Genehmigungsvorbehalten oder Zustimmungserfordernissen bekannt[36]. Allerdings bestehen Einflußvorbehalte bisher lediglich zugunsten der Länder und Gemeinden[37], nicht aber des Bundes[38].

An anderer Stelle sind den Gemeinden gewisse Anhörungsrechte[39], die zuweilen auch als „Benehmen" oder „Einvernehmen" bezeichnet werden, eingeräumt[40, 41].

4. Personelle Bestimmungen

Auch personelle Bestimungen in bezug auf die Gemeinden hat der Bundesgesetzgeber in einigen Gesetzen, die von den Kommunen ausgeführt werden, getroffen. Dabei handelt es sich um spezielle Rege-

---

[32] § 308 LAG.

[33] Bis 31. 12. 68 auch das Wohnungsamt, § 1 WohnbewG (vgl. § 38 I WohnbewG).

[34] §§ 3, 4 BBauG.

[35] § 4 Abs. 5.

[36] s. hierzu auch *Sturm*, DÖV 1966, 256 ff.

[37] z. B. in den §§ 6, 11, 16, 17, 25 BBauG: Flächennutzungsplan, Bebauungsplan und Satzung sowie Fristverlängerung bedürfen der Genehmigung der höheren Verwaltungsbehörde.

[38] § 8 I BFStrG (Erlaubnis der Straßenbaubehörde bei Sondernutzung von Bundesfernstraßen) enthält kein derartiges Zustimmungserfordernis (vgl. *Marshall* RNr. 3 zu § 8 BFStrG).

[39] Vgl. *Fickert*, DVBl. 1964 S. 173 u. BVerfG BB 1959, 1269 (Folgen unterlassener Anhörung).

[40] § 37 II BBauG; § 5 III BLG; 5 II FlurberG; § 1 III SchutzbereichsG; § 17 I WehrpflG u. a. s. im einzelnen den Katalog bei *Hohrmann* a.a.O. S. 40.

[41] Über weitere, hier nicht aufgezählte Einschaltungsmodalitäten vgl. Hohrmann a.a.O. S. 387 (Bestimmung der zuständigen Behörde geschieht durch Rechtsverordnung, Aufgabenübertragung auf die Gemeinden hängt von Vereinbarung zwischen Bund und Ländern ab. Einschaltung der Gemeinden wird den Ländern freigestellt usw.).

lungen über die Qualifikation der Beamten, die unmittelbar mit dem Gesetzesvollzug betraut sind. Zu nennen ist hier § 102 BSHG[42], §§ 14 und 16 II JWG[43] und § 308 II LAG.

5. Kostenregelungen

Nicht unerwähnt bleiben dürfen schließlich die im Zusammenhang mit der Ausführung von Bundesgesetzen getroffenen Kostenregelungen zur Deckung der den Gemeinden im Rahmen der Gesetzesausführung entstehenden Auslagen.

Mit dem Vordringen der sog. Leistungsverwaltung in unserem heutigen sozialen Staatsgefüge entstehen beim Vollzug von Bundesgesetzen nicht mehr nur Verwaltungs- und Personalkosten, sondern auch sog. Zweckausgaben, d. h. Ausgaben, die zur Erreichung eines außerhalb der Verwaltung liegenden Zweckes aufgebracht werden müssen. Diese können die Kommunen im Einzelfall stark belasten[44].

Während der Bund in der Regel nur diese von den Gemeinden zu tragenden Zweckausgaben erstattet, werden die mit dem Gesetzesvollzug verbundenen erhöhten Verwaltungskosten nur in Ausnahmefällen ersetzt, da sie ganz allgemein zur Aufrechterhaltung der inneren Verwaltung sowohl für Selbstverwaltungs- und staatliche Aufgaben wie auch für den Vollzug von Bundesgesetzen in personeller und sachlicher Hinsicht aufgewendet werden müssen[45].

Neben der Lastenverteilung in Art. 106 und 104 a GG hat daher der Bundesgesetzgeber auch in zahlreichen Gesetzen Sonderbestimmungen darüber getroffen, welche Verwaltungsträger im konkreten Fall die Ausgaben und Belastungen zu tragen haben.

---

42 „Bei der Durchführung dieses Gesetzes sollen Personen beschäftigt werden, die sich hierfür nach ihrer Persönlichkeit eignen und ... entweder eine entsprechende Ausbildung erhalten haben oder besondere Erfahrungen im Sozialwesen besitzen."

43 § 14 enthält Bestimmungen darüber, aus welchen Mitgliedern sich der JWAusschuß zusammensetzen muß; § 16 II: „Zum Leiter der Jugendamtsverwaltung dürfen nur Personen mit besonderer Eignung bestellt werden."

44 Gleiches gilt für die Länder; vgl. *Köttgen*, JÖR 11, 220; *Hohrmann* a.a.O. S. 41; s. z. B. die auf die Gemeinden zukommende Mehrbelastung durch die Novelle zum BSHG — SZ (*Pragal*): Durch die Novelle, durch die u. a. das Pflegegeld und die Zuschläge bei der Hilfe für besondere Lebenslagen erhöht werden soll, entstünden den kreisfreien Städten und Landkreisen (als Träger der Sozialhilfe) in Bayern nach Schätzung des bayer. Städteverbandes unmittelbare Mehrkosten von über 50 Millionen DM. Die bisherigen Ausgaben der bayer. Gemeinden durch das BSHG betrugen 1967 z. B. 294 Millionen DM.

45 Wegen der teilweisen Neuregelung durch Art. 104 a GG s. unten Abschnitt 2, 2. Unterabschnitt II.

So hat er z. B. im LuftSchG[46] und UnterhaltssichG[47] bestimmt, daß die Ausgaben der Gemeinden für Rechnung des Bundes geleistet werden. Im Falle des BWahlG[48] und des LAG[49] erstattet der Bund die den Gemeinden durch die Gesetzesausführung entstehenden Zweck- und Verwaltungsausgaben mit Ausnahme laufender personeller und sachlicher Kosten und der Kosten für die Benutzung von Räumen und Einrichtungen pauschal. Die Abwicklung erfolgt in Form einer Erstattung an die Länder, die zugleich auch für die Gemeinden einen festen nach Gemeindegrößen abgestuften Betrag je Wahlberechtigter enthält[50]. Die tatsächlich den Gemeinden entstehenden Ausgaben trägt der Bund in voller Höhe, z. B. nach dem WehrPflG[51], während er sich an den Vollzugskosten, die den Trägern der Sozialhilfe erwachsen[52, 53] nur mehr zur Hälfte beteiligt und im BFernStrG[54] und Volkszählungsgesetz[55] lediglich einen bestimmten Zuschuß zu den entstandenen Kosten beiträgt.

Schließlich hat der Bund im PersStG[56] ausdrücklich die Gemeinden allein mit der Tragung der bei ihrer Tätigkeit entstehenden Kosten beauftragt[57]. In Art. 91 a IV GG (sog. Gemeinschaftsaufgaben zwischen Bund und Ländern) hat der Verfassungsgesetzgeber neuerdings[58] auch eine Regelung über die Kostentragung direkt in der Verfassung ge-

---

[46] § 32.

[47] § 19.

[48] § 51.

[49] § 351 III.

[50] § 51 I BWahlG.

[51] § 17 II (2) in der Fassung v. 14. 5. 65: die Kosten für die Bereitstellung von Räumen zur Musterung von Wehrpflichtigen trägt der Bund.

[52] § 66 I BSHG: erstattet werden nur die sog. Zweckausgaben, nicht aber persönliche u. sachliche Verwaltungskosten (§ 66 I S. 2); § 138 BSHG, der eine Erstattung der tatsächlichen Ausgaben vorsah, wurde durch Art. 6 des FinanzändG v. 21. 12. 67 BGBl. I S. 1259 aufgehoben.

[53] Gleiches gilt für das LAG: § 311.

[54] Zuschüsse werden nur beim Vorliegen besonderer Bedingungen u. unter gewissen Voraussetzungen gewährt. In § 5 a I BFStG steht die Zuschußgewährung im Ermessen des Bundes u. hängt ferner davon ab, ob eine derartige Hilfe von einem Interesse an einem weiträumigen Verkehr gefordert wird (§ 5 a III).

[55] § 13.

[56] v. 3. 11. 1937 (RGBl. I S. 1146) in der Fassung v. 8. 8. 57 (BGBl. I S. 1125) § 57 I.

[57] Vgl. zum ganzen den von *Hohrmann* a.a.O. S. 42, 43 aufgestellten Katalog, in dem dieser die bundesgesetzlichen Kostenregelungen einmal nach Verwaltungs- und Zweckausgaben, dann nach dem Maß der Kostentragung durch den Bund und schließlich nach der Kostenangleichung zwischen Bund und Ländern einerseits und zwischen Bund und Gemeinden andererseits unterscheidet.

[58] In das GG eingefügt durch das 21. ÄndG v. 12. 5. 69 (BGBl. I S. 359).

troffen und lediglich Detailregelungen einem besonderen Gesetz vorbehalten. In Art. 104 a GG[58] wurde schließlich ganz allgemein getrennt für die Sachausgaben[59] und die allgemeinen Verwaltungskosten[60] eine pauschale Regelung für sinnvoll erachtet.

Obwohl der Bund in allen diesen Fällen i. d. R. nur mit den Ländern in unmittelbare Beziehungen tritt und nur in den gezeigten Ausnahmefällen direkte Kontakte mit den Gemeinden aufnimmt, zeigt die sporadische Aufzählung dieser Berührungsmöglichkeiten bereits, in welchem Ausmaß in der Praxis direkte Beziehungen zwischen Bund und Gemeinden trotz des verfaßten zweigliedrigen Aufbaus unseres Bundesstaates existieren und wie wenig daher die Position der Gemeinden in der Verfassungswirklichkeit geklärt ist.

---

59 In Art. 104 a I GG.
60 Art. 104 a V GG.

ZWEITER ABSCHNITT

Die Ingerenzrechte des Bundesgesetzgebers zu direkten Einflußnahmen auf die Gemeinden auf Grund verfassungsrechtlicher Sonderkompetenzen

A. Die prinzipielle Sperrwirkung der Landesstaatlichkeit (sog. Funktionssperre) für den Bundesgesetzgeber

Wie wir gesehen haben, beschränkt sich das Grundgesetz nach seinem föderalistischen Aufbau auf die Regelung der Verhältnisse zwischen Bund und Ländern. Es geht sowohl im Bereich der Gesetzgebung[1] als auch der Verwaltung[2] und der Finanzverfassung[3] von dem Bestehen zweier selbständiger Zuständigkeitsträger aus, dem Bund auf der einen und den Ländern auf der anderen Seite[4]. Für eine unmittelbare Beziehung des Bundes zu den Gemeinden unter Umgehung der Länder ist daher in der Regel kein Raum, da der Bund damit unzulässigerweise in die kommunalrechtlichen Kompetenzen der Länder eingreift, die diesen allein und ausschließlich zustehen[5]. Die Existenz der Länder hat für den Bund dadurch grundsätzlich die Wirkung einer Funktionssperre[6] im Hinblick auf den unmittelbaren Durchgriff zu den Gemeinden. Diese Sperrwirkung ist als Ausfluß der föderalistischen zweigliedrigen Struktur unseres Grundgesetzes zu begreifen.

Trotz dieser klaren Grundentscheidung der Verfassung gegen direkte Beziehungen zwischen Bund und Gemeinden ohne Einschaltung der

---

1 Art. 70 ff. GG i. V. mit Art. 30 GG.

2 Art. 83 ff. (Gesetzesausführung).

3 Art. 106 ff. GG.

4 Vgl. *Lerche* BayVBl. 1965, 145.

5 Der Bund hat kein kommunalpolitisches Mandat, vgl. *Köttgen*, Gemeinde S. 90.

6 Vgl. *Lerche*, BayVBl. 1965, 145 ff. (146); *Becker*, BayVBl. 1961, 66 ff.; *Rohwer-Kahlmann* AÖR 79, 220, 222, vgl. auch BVerfGE 1, 208 (237); ebenso *Köttgen*, Gemeinde S. 90.

Länder hat das Grundgesetz in gewissen Fällen ebenso eindeutige Ausnahmen von dieser Regel vorgesehen[7].

Ein weites Feld direkter Beziehungen hat sich in der Verfassungswirklichkeit im Bereich des Gesetzesvollzugs angebahnt[8]. Schließlich bestehen auch eine Reihe außerrechtlicher unmittelbarer Beziehungen, von denen hier aber nicht die Rede sein soll[9]. Direkte Beziehungen zu Bundesgerichten[10] sind lediglich im Rahmen der den Gemeinden zur Verfügung stehenden Rechtsschutzmöglichkeiten gegen evtl. unzulässige Übergriffe des Bundes von Bedeutung.

B. Die verfassungsrechtlichen Ausnahmeermächtigungen für den Bundesgesetzgeber zur Aufnahme direkter Kontakte zu den Gemeinden

Erster Unterabschnitt

Der unmittelbare Vollzug von Bundesgesetzen durch die Gemeinden nach Art. 83 ff. GG

I. Die historische Entwicklung direkter Kontaktmöglichkeiten zwischen Gemeinde und Bund

Ein kurzer Rückblick in die Vergangenheit der Verfassungsentwicklung in der deutschen Geschichte erlaubt sogleich die Feststellung, daß die Tradition der zentralstaatlichen unmittelbaren Einflußnahme auf die Gemeinden noch nicht alt ist[11, 12].

---

7 Vgl. die Art. 28 III, 35, 75 Nr. 1, 83 ff., 90 II, 104 a I, III, V, 106 VIII, 134 III, 135 GG.

8 s. oben 1. Abschnitt II.

9 So z. B. die Tätigkeit der kommunalen Spitzenverbände, vertragliche Beziehungen zwischen Bund und Gemeinden, Konsultationen, unmittelbare Kontakte im Rahmen des Gesetzesgehorsams und der Gesetzesbeachtung.

10 § 91 BVerfGG i. V. mit Art. 93 Abs. 1 Nr. 4 b GG.

11 Ungelöste Probleme der Finanz- u. Kompetenzzuordnung gab es schon in der Weimarer Zeit; auch in unserem heutigen Bundesstaat wird es sie immer geben, vgl. hierzu *A. Schäfer*, DVBl. 1969, 420 ff.: Die bundesstaatliche Ordnung ein immerwährendes Problem Weimars u. eine offene Frage Bonns.

12 Vgl. *Göb*, Bund u. Gemeinden 1965 S. 109.

1. Entwicklung nach der Reichsverfassung von 1871

Zwar hatte bereits die alte Reichsverfassung von 1871 die deutschen Länder zu einem Staatsgefüge mit bundesstaatlichem Charakter zusammengeschlossen, doch waren damals die Zuständigkeiten zwischen Reich und Gemeinden so verteilt, daß es kaum unmittelbare Beziehungen zwischen diesen Körperschaften geben konnte[13].

Die Reichsverfassung ging nämlich von dem Grundsatz aus, daß die *Länder* die Reichsgesetze ausführen. Art. 4 RV übertrug dem Reich nur einzelne Angelegenheiten „zur Beaufsichtigung und Gesetzgebung" und überließ damit sowohl die gesetzgebende wie die vollziehende Gewalt im übrigen den Einzelstaaten[14]. Eine Übertragung von Ausführungsbefugnissen für den Einzelfall auf die Länder und Gemeinden war nicht vorgesehen[15].

Erst als unabwendbare Gründe auf wichtigen Gebieten einen reichsrechtlichen Verwaltungsvollzug verlangten und sich damit die verwaltungsrechtliche Gesetzgebungskompetenz stärker von den Gliedstaaten auf den Zentralstaat verlagerte, traten die Gemeinden teilweise aus dem Bereich der Länder heraus in den unmittelbaren Einflußbereich des Zentralstaates.

Diese Entwicklung begann mit dem 1. Weltkrieg. Die Gemeinden wurden im Zusammenhang mit den Aufgaben der Kriegswohlfahrtspflege vom Reich direkt mit gewissen Vollzugsaufgaben betraut. Bundesstaatliche Gesichtspunkte traten zugunsten der durch den Krieg neu entstandenen Verwaltungsaufgaben und der notwendigen Ausnutzung aller Kräfte in diesen Notstandsfällen weitgehend in den Hintergrund[16].

2. Entwicklung nach der Weimarer Reichsverfassung von 1919

In der Weimarer Reichsverfassung von 1919 konnte der einfache Reichsgesetzgeber unmittelbar gesetzesvollziehende Funktionen auf einzelne Landesbehörden übertragen. Den Gemeinden war zwar in Art. 127 das Recht zur Selbstverwaltung gewährleistet, und im übrigen

---

[13] Vgl. *Göb*, a.a.O. S. 109.

[14] *Huber*, Diss. S. 69.

[15] *Anschütz*, Verf. d. Dt. R. Anm. 1 u. 4 zu Art. 14; *Triepel*, Reichsaufsicht S. 201 ff.

[16] Vgl. *Huber*, Diss. S. 29; Beispiele reichsunmittelbarer Beziehungen zu den Gemeinden sind das Kriegsleistungsgesetz v. 13. 6. 1873 (RGBl. S. 129), das Militärhinterbliebenengesetz usw.; weitere Beispiele s. b. *Huber*, a.a.O. S. 30.

an der überkommenen Abgrenzung der Verwaltungsbereiche von Reich und Ländern festgehalten, so daß die Gemeinden weiterhin in den Organisationsbereich der Länder fielen. Doch wirkte die mit dem 1. Weltkrieg begonnene und später noch zunehmende zentrale Gesetzgebung auch auf die Gemeinden unmittelbar ein.

Allerdings konnte auch nach damaliger Auffassung der Reichsgesetzgeber die Gemeinden nur dann mit Vollzugsaufgaben betrauen, wenn er den Ländern noch ihre organisatorische Freiheit beließ, also ihr eigenständiges Organisationsrecht nicht beeinträchtigte[17].

In der Folgezeit wendete sich der Reichsgesetzgeber noch sehr oft direkt an die Gemeinden, entweder um ihnen sog. kommunale Betriebspflichten[18] aufzuerlegen oder um durch sie Gesetze vollziehen zu lassen[19].

Die Praxis des Bundesgesetzgebers, sich direkt an die Gemeinden zu wenden, ist also keineswegs von ehrwürdiger Tradition aber auch — wie wir gesehen haben — in der deutschen Verfassungsgeschichte nicht neu. Art. 84 I, 85 I GG haben dieser Erkenntnis Rechnung getragen und diese Praxis für gewisse Fälle verfassungsrechtlich sanktioniert.

II. Die Rechtslage nach dem Grundgesetz

1. Allgemeines und Stand der Meinungen

a) Allgemeines

Von den im Grundgesetz ausdrücklich vorgesehenen teils echten, teils scheinbaren Sonderkompetenzen des Bundes zu direkter Einflußnahme auf die Gemeinden, sind diejenigen der Art. 83 ff. nach wie vor am umstrittensten geblieben. Trotz wiederholter Versuche in der Literatur konnte das um sie herumliegende Dunkel bisher nur sehr unvollständig aufgehellt werden.

Allgemein ist aber anerkannt[20], daß der Bundesgesetzgeber in diesen Fällen eine Art Sonderkompetenz[21] im Rahmen der Art. 84 I GG (Aus-

---

17 *Forsthoff*, Körperschaft S. 123 ff.

18 Zum Begriff s. *Köttgen*, Gemeinde S. 20.

19 So z. B. in der Reichsstimmordnung, der Reichsabgabenordnung, dem Reichsjugendwohlfahrtsgesetz — Näheres s. *Huber* a.a.O. S. 31.

20 Vgl. für viele *Huber*, Diss. S. 124/125; ferner BVerfGE 22, 180 ff.

21 Ebenso *Huber* a.a.O. S. 124/125.

führung von Bundesgesetzen als eigene Angelegenheiten der Länder) und Art. 85 I (Bundesauftragsangelegenheiten) für die unmittelbare Heranziehung der Kommunen zum Vollzug seiner Gesetze in Anspruch nehmen kann. Diese bundesgesetzlichen Anordnungen zur „Einrichtung der Behörden“ und zum „Verwaltungsverfahren“ bedeuten eine Ausübung der bundesstaatlichen Organisationsgewalt[22, 23].

Die Behauptung, ein Eingriff des Bundes in das Kommunalverfassungsrecht sei überhaupt nicht möglich, da dieses zur verfassungsmäßigen Ordnung der Länder gehöre[24], kann jedenfalls schon deshalb nicht zutreffen, weil das Grundgesetz mit diesen Bestimmungen selbst „Einfallstore“[25] für den Bundesgesetzgeber in die verfassungsmäßige Ordnung der Länder eröffnet hat.

Im Zusammenhang mit der unmittelbaren Ausführung von Bundesgesetzen durch die Gemeinden ist dennoch eine Reihe weiterer Fragen strittig geblieben.

Bestritten ist beispielsweise nach wie vor, welche Tätigkeiten der Gemeinde unter den Begriff der Ausführung von Gesetzen subsumiert werden können und welche Art von Verwaltungstätigkeit nicht hier-

---

[22] *Bartlsperger*, Bonner Komm. Zweitbearbeitung RNr. 81 zu Art. 90 GG.

[23] Die Ansicht *v. Hausens* in DÖV 1960, 1 ff. (5), die Zuständigkeit des Bundes zur Gesetzgebung umfasse grundsätzlich auch das Recht, die notwendigen Bestimmungen über die Ausführung der Bundesgesetze zu erlassen, ist nicht haltbar. Die Kompetenz des Bundes zum Erlaß von Organisations- u. Verfahrensrecht ist nicht schon — wie er meint — in der Verleihung der Gesetzgebungszuständigkeit nach Art. 73 bis 75 GG enthalten, sondern ergibt sich erst aus den Art. 84, 85 GG.

[24] So noch *Lerche*, Gutachten S. 72; *Seidel*, BayStZtg v. 15. 1. 1960, S. 3: der Bund könne keine kommunalrechtlichen Befugnisse nach Art. 84 u. 85 GG haben, weil das Grundgesetz keine Rechtsbeziehungen zwischen Bund und Gemeinden kenne und nur von den Ländern als Partner bei der Verwaltung spreche; ebenso *Haas*, AÖR 80, 81 ff. (95—97); *Junker*, Gemeinschaftsaufgaben zwischen Staat u. Gemeinden (Gedeindeverbänden) in: Gemeinschaftsaufgaben S. 79 (91,92); *Rohwer-Kahlmann* a.a.O. S. 220 ff.; *Dreggen*, Städtetag 1955, S. 190 (191); *Galperin*, RdA 1953, 5 (7); *Becker*, BayVBl. 1961, 66 ff.; *Gönnenwein*, Gemeinderecht 1963, 168 ff.; *Forsthoff*, Körperschaft S. 31 ff., 42 ff., insbesondere 45; Mehrheitsgutachten des Rechtsausschusses des Bundesrats v. 14./15. 1. 1960 (zit. nach *v. Hausen*, DÖV 1960, 441, 442); wie hier aber *Keßler*, DVBl. 1953, 1 (4); *Böhm*, DVBl. 1953, 331; *v. d. Heide*, DÖV 1958, 753 ff.; *Schäfer*, DÖV 1960, 647; *Bleck*, Aktuelle Fragen der Kommunalpolitik in der Bundesebene 1953, S. 5, 6, 8; *Becker*, Handb. für kommunale Wissenschaft u. Praxis I S. 62 (152); *Köttgen*, Gemeinde S. 72 ff.; BVerfGE 22, 180 ff., *v. Hausen*, DÖV 60, 2, 3, 5 u. 442 ff.; Mittelmeinung neuerdings *Lerche*, Selbstverwaltungsangelegenheiten kraft Bundesrechts in BayVBl. 1965, 145 (146): Zentralzone des Selbstorganisationsrechts der Länder, in die auch durch Art. 84 I nicht eingedrungen werden könne.

[25] *Huber* a.a.O. S. 48.

unter fällt[26]. Darüber, ob der Erlaß von allgemeinen Verwaltungsvorschriften auch zum Erlaß von Normen organisatorischer Natur berechtigt, herrscht ebenfalls Uneinigkeit[27].

Das gleiche gilt von der Frage, inwieweit verfahrensrechtliche Vorschriften von solchen materieller Art abzugrenzen sind. Die Frage, ob die Normen der Art. 84 I, 85 I GG lediglich rein deklaratorischen Charakter besitzen, also keine selbständigen Kompetenznormen sind, oder auch kompetenzbegründend (konstitutiv) zu verstehen sind, wird ebenfalls verschieden beantwortet[28].

b) Meinungsstand

Zur Rechtfertigung bundesgesetzlicher Zuständigkeitsübertragungen an die Gemeinden und gleichzeitig als Schranke gegen die in der Praxis vorgekommenen Durchgriffe des Bundesgesetzgebers auf die Gemeinden[29] nennt Huber im wesentlichen die „zwingende Notwendigkeit zur Vereinheitlichung des Gesetzesvollzugs im Gemeindebereich“, bei deren Vorliegen der Bund auch kommunales Organisationsrecht abändern und bestehende Gemeindeorgane als Behörden der Länder unmittelbar für zuständig erklären könne[30]. Unter diesen Voraussetzungen könnten die Gemeinden ferner zur Einrichtung von Ämtern durch den Bundesgesetzgeber verpflichtet werden, solange — so meint Huber — diese noch dem sachlichen Einflußbereich der Länder unterliegen[31].

In Anlehnung an Köttgen[32] fordert Hohrmann für die organisationsrechtlichen Eingriffe des Bundes in die Landesorganisationsgewalt nicht

---

26 Vgl. zuletzt *Hohrmann*, Diss. S. 104.

27 Bei Bejahung kann auch die BReg in die Organisation der Länder eingreifen; vgl. Art. 84 II GG.

28 Ein großer Teil des Schrifttums hält sie für konstitutiv: so *Achterberg*, AÖR 86, 82; *Haas*, AÖR 80, 86 für das Organisationsrecht; BVerfG BayVBl. 62 349 ff. (350) für Art. 87 III GG; *Hamann*, GG 2 zu Art. 84; v. *Hausen-v. d. Heide*, DÖV 1958, 756; *Krapp*, Ländereinrichtungen S. 42; *Zeidler*, DVBl. 1960, 576; Parl. Rat. zit. nach *Füßlein*, JÖR 1, 621; *Köttgen*, Gemeinde S. 22, JÖR 11, 221 (anders noch in DÖV 1952, 422; JÖR 3, 83); *Hohrmann*, Diss. S. 82; anders aber für Art. 86 ff. GG (diese setzten eine Gesetzgebungskompetenz des Bundes zur Bildung von Behörden voraus und seien daher nur deklaratorisch); anders: *Maunz-Dürig*, RNr. 2 zu Art. 84 GG; *Köttgen*, Selbstverwaltung S. 51, 347 u. DÖV 1952, 422; ders. JÖR 3, 83: Die Bedeutung der Art. 84 I, 85 I erschöpft sich nach dieser Meinung darin, die organisations- u. verfassungsrechtlichen Befugnisse des Bundes ihrem Umfang nach zu umschreiben und sie an die Zustimmung des Bundesrates — zur Sicherung der Länder — zu binden. Art. 84 I, 85 I stellen danach nur einen Annex zu den in Art. 73 ff. GG fixierten materiellen Gesetzgebungszuständigkeiten dar.

29 s. Katalog oben 1. Abschnitt II.

30 *Huber*, Diss. z. B. S. 87, 124/125.

31 *Huber* a.a.O. S. 124/125.

32 Gemeinde S. 91.

nur einen formalen Zusammenhang zwischen einer bundesgesetzlichen Regelung nach Art. 84 I GG und der materiell-rechtlichen Regelung, sondern darüber hinaus eine von der jeweiligen Materie geforderte sachliche Akzessorietät[33]. Ihr Vorliegen sei z. B. dann zweifelhaft, wenn der Bund ganz allgemein kommunalpolitische Regelungen treffe und damit in das Gemeindeverfassungsrecht eingreife[34]. Ganz besonders gelte dies für § 3 III (des ehemaligen) FlüchtNlG, den Fall der Errichtung des Jugendamts und speziell den Jugendwohlfahrtsausschuß sowie der Vorrangentscheidung im BSHG und JWG zugunsten der freien Verbände[35].

Das Kriterium des Sachzusammenhangs sei, da nicht eindeutig abgrenzbar, allein nicht ausreichend, um dem Bund eine wirksame Sperre gegen unzulässige Durchgriffe auf die Gemeinden entgegenzusetzen. Einschränkungen für den Bundesgesetzgeber ergäben sich ferner aus dem Wesen des Bundesstaats, in dem der durch den Föderalismus geprägte „Typus" die äußerste Grenze für bundesrechtliche Befugnisse darstelle[36]. Art. 84 I, 85 I GG seien hinsichtlich der Bildung von Behörden und Verwaltungsverfahren nicht eine Ausnahme gegenüber Art. 83, sondern zu Art. 73 ff.[37]. Die Organisation der Landesbehörden sei daher nur insoweit unantastbar, als sie in den Bereich der Ausführung von Gesetzen nicht aber in den der Gesetzgebung falle.

Hohrmann teilt die organisations- und verfahrensrechtlichen Kompetenzen in solche ein, die dem Bürger gegenüber rechtssatzmäßig wirken — so die Behörden*bildung* und das Verwaltungsverfahren — und andere, die nur verwaltungsinterner Natur sind — so die Behörden*errichtung* und die Behörden*einrichtung*. Erstere unterfallen seiner Ansicht nach den Gesetzgebungskompetenzen der Art. 73 ff.[38], die letzteren dem Art. 84 ff.

Ob diese Differenzierung wirklich fruchtbar ist und zu praktikablen Lösungen führen kann, darf bezweifelt werden[39].

---

[33] S. 90.

[34] So auch *Köttgen*, JÖR 3, 67 (91): ein solches Bundesgesetz sei verfassungswidrig.

[35] Vgl. aber BVerfGE 22, 180 ff.

[36] S. 97.

[37] S. 99.

[38] Ähnlich schon *Köttgen*, Selbstverwaltung 1951, 347 und *Klein*, AÖR 88, 406: der Bund habe auf Grund der Art. 73 ff. eine „Vollkompetenz", die nur hinsichtlich der in Art. 84, 85 angesprochenen organisations- u. verwaltungsrechtlichen Teilgebiete an bestimmte Bedingungen geknüpft sei.

[39] Ähnlich *Scholz* in AfK 1968, 154, der die Bestimmungen der Art. 84 I, 85 I auch nach der durch Hohrmann versuchten Interpretation als nach wie vor im Dunkel liegend bezeichnet.

Das Bundesverfassungsgericht stellt bei Art. 84 I, 85 I in erster Linie auf die ratio legis dieser Grundgesetzbestimmung ab und hält in Anlehnung an Huber alle direkten Eingriffe auf das Kommunalverfassungsrecht dann für zulässig, wenn sie zu einem effektiven Gesetzesvollzug für den Bund erforderlich sind[40]. Mit dieser kurzen Feststellung hat es sich im wesentlichen begnügt und eine eingehende Begründung seiner Ansicht bedauerlicherweise nicht für erforderlich gehalten.

Damit steht das Verhältnis von Bund und Gemeinden weiter im „Kreuzfeuer" der Diskussion. Durch die Entscheidung des Bundesverfassungsgerichts hat es ebenfalls keine abschließende Klärung erfahren.

Ansatzpunkt des damit weiterhin aktuellen Problems bleibt die Praxis des Bundesgesetzgebers, die Gemeinden direkt zum Vollzug seiner Gesetze heranzuziehen und die Modalitäten der Ausführung zu bestimmen, ohne in allen Fällen die ihm durch Art. 84 I, 85 I gezogenen Schranken genau einzuhalten. Die bisher ebenfalls umstrittene Frage, wieweit der Bund befugt ist, herkömmliche kommunale Aufgaben gesellschaftlichen Privatinstitutionen[41] zu überlassen und die Gemeinden nur im Bedarfsfall für zuständig zu erklären[42], kann durch die genannte Entscheidung des Bundesverfassungsgerichts[43] als hinreichend geklärt angesehen werden. Die Begründung des Bundesverfassungsgerichts, daß das Gesetz der rationalen Wirtschaftsführung eine Vorrangigkeit der freien Wohlfahrtsverbände fordere, wird man nicht ohne weiteres von der Hand weisen können[44].

2. Der unmittelbare Vollzug von Bundesgesetzen durch die Gemeinden als Länderangelegenheit (Art. 84 I, 85 I GG)

Art. 83 legt fest, daß die Bundesgesetze vorbehaltlich einer anderen verfassungsrechtlichen Regelung oder Zulassung von den Ländern als eigene Angelegenheiten auszuführen sind.

In diesen Fällen regeln die Länder auch die Einrichtung der Behörden und das Verwaltungsverfahren (Art. 84 I). Zustimmungsgesetze des Bundes können aber etwas anderes bestimmen, nämlich die Regelung der Behördeneinrichtung und das Verwaltungsverfahren dem Bundesgesetzgeber überlassen. Andere Vorrechte sind dem Bund nicht eingeräumt.

---

[40] BVerfGE 22, 180 ff. (209) und Leitsatz 2.

[41] z. B. den freien Wohlfahrtsverbänden nach dem BSHG u. JWG.

[42] Vgl. hierzu insbes. *Lerche*, Gutachten zum BSHG u. JWG S. 88, 91 u. 67.

[43] BVerfGE 22, 180 ff.

[44] Auf diese Fragen braucht daher hier nicht mehr eingegangen zu werden, da der Streit m. E. als ausgetragen anzusehen ist.

a) *Der Begriff der Gesetzesausführung*

Die Überschrift zum VIII. Abschnitt des Grundgesetzes handelt von der Ausführung der Bundesgesetze und der übrigen Bundesverwaltung. Damit ist zunächst gesagt, daß die unter diesen Abschnitt fallenden Vorschriften (Art. 83 ff.) sowohl die sog. gesetzesabhängige wie die „gesetzesfreie" Verwaltung regeln[45].

Die Art. 83 bis 86 GG behandeln grundsätzlich die Ausführung der Bundesgesetze[46], während die Art. 86 ff. die übrige Verwaltung betreffen[47].

Dieser vom Gesetzgeber in Art. 83 ff. gebrauchte Begriff der Gesetzesausführung hat zu manchen Zweifeln Anlaß gegeben und zu nicht immer einheitlicher Auslegung geführt.

Es wurden Zweifel gehegt, ob die Bestimmungen der Art. 84 I, 85 I auf alle vom Bundesgesetzgeber erlassenen Gesetze anwendbar seien, die in irgendeiner Weise die Länder und ihre Glieder, die Gemeinden, berühren oder ob mit dem Begriff der Gesetzesausführung i. S. der Art. 83 ff. nur ganz spezifisch begrenzte Verwaltungstätigkeiten zu verstehen sind[48].

Dem Begriff der Gesetzesausführung fällt von dieser Plattform aus eine erhebliche Schlüsselrolle zu: hängt doch die Anwendbarkeit der Art. 84 I, 85 I GG und damit das Vorrecht des Bundes zum unmittelbaren Durchgriff auf die Gemeinden anscheinend davon ab, ob eine Verwaltungstätigkeit der Länder sich als Ausführung von Bundesgesetzen darstellt oder nicht.

Im ersten Fall, nämlich beim Vorliegen von Gesetzesausführung im eigentlichen Sinn (Gesetzesvollzug) — so sagt man — könne der Bund nach Art. 84 I, 85 I die Behördeneinrichtung und das Verwaltungsverfahren durch Zustimmungsgesetz regeln, müsse sich bei unmittelbaren Durchgriffen auf die Gemeinden aber an die durch diese Bestimmungen

---

[45] So BVerfGE 12, 205 ff. LS 8 b u. S. 247, das von gesetzes-akzessorischer und gesetzesfreier Verwaltung spricht.

[46] Vgl. BVerfGE 12, 205 ff. (246).

[47] Allerdings ist diese Trennung schon nach dem Wortlaut nicht so scharf vorgenommen: die Art. 87 b II u. 87 d GG sprechen ebenfalls von der Gesetzesausführung, wurden jedoch erst später durch die Gesetze v. 19. 3. 56 (BGBl. I 111) u. v. 6. 2. 61 (BGBl. I 65) eingefügt; die Finanzreform hat mit dem Grundsatz der enumerativen verfassungsrechtlichen Festlegung der Bundesauftragsverwaltung mit der Einfügung des Art. 104 a III GG gebrochen; s. hierzu *Depenbrok*, DÖV 70, 235 ff.

[48] So hält z. B. *Hohrmann* a.a.O. S. 104 die Art. 83 ff. nur auf ausführungsbedürftige Bundesgesetze, nicht jedoch auf Gesetze anwendbar, die keiner speziellen Konkretisierung durch die Verwaltungsbehörden bedürfen.

gesetzten Schranken halten, während er bei Verneinung eines Gesetzesvollzugs an solche Beschränkungen nicht gebunden sei, da diese Bestimmungen gar keine Anwendung fänden[49].

Von diesem Ausgangspunkt her wird im einzelnen auseinandergesetzt, welche Verwaltungstätigkeiten der Gemeinden von dem Begriff der Gesetzesausführung noch umfaßt werden und welche nur bloße Gesetzesbeachtung darstellen.

Als Kriterien für das Vorliegen eines Gesetzesvollzugs (Gesetzesausführung) werden im wesentlichen genannt: das zusätzliche Konkretisierungserfordernis für ein Gesetz durch die Verwaltungsbehörde zur Entfaltung seiner Wirksamkeit nach außen gegenüber dem Bürger[50] und ein hoheitliches Tätigwerden gegenüber jenem.

Nur eine Verwaltungstätigkeit, die diesen Erfordernissen gerecht wird, werde von den Vorschriften der Art. 83 ff., insbesondere den Art. 84 I, 85 I, erfaßt. Beziehungen zwischen Bund und Ländern oder Gemeinden als endgültige und ausschließliche Adressaten fallen nach dieser Meinung nicht unter den Begriff der Gesetzesausführung in unserem Sinne. Ebensowenig Gesetze, die keine — auch nicht unmittelbare — Auswirkung gegenüber dem Gemeindebürger entfalten.

Dagegen sollen Ausführungsgesetze und Verordnungen der Länder nach Meinung einiger[51] von den Bestimmungen der Art. 83 ff., 84 I, 85 I GG erfaßt werden.

Um unerträgliche Konsequenzen auszuschließen, werden die sog. kommunalen Betriebspflichten über eine extensive Auslegung des Gesetzesvollzugs und mit Hilfe der Konstruktion einer „konkludenten Außenwirkung“[52] mit in den Vollzugsbegriff einbezogen.

Es muß bereits bezweifelt werden, ob die Prämisse, nur die sog. Gesetzesausführung unterfalle der Ausnahmeregelung der Art. 84 I, 85 I GG, für jede andere Verwaltungstätigkeit gelten diese Beschränkungen aber nicht, in dieser Form richtig ist und den verfassungsrechtlichen Gegebenheiten des Grundgesetzes tatsächlich Rechnung trägt.

---

[49] So z. B. *Hohrmann* a.a.O. S. 104 ff.

[50] Vgl. z. B. *Hohrmann* a.a.O. S. 104 ff.; *Huber* a.a.O. S. 35; *Maunz-Dürig*, RNr. 21 zu Art. 83; Ein Konkretisierungserfordernis entfällt z. B. für Gesetze wie das BWahlG oder das Gesetz über das Volksbegehren nach Art. 29 des GG, da hier eine mittelbare Außenwirkung gegenüber dem Bürger, soweit dieser betroffen wird, ohne weiteres eintritt.

[51] So *Wessel*, DV 49, 328; *Schäfer*, AÖR 78, 12 f.; *Bullinger*, AÖR 83, 279 ff.; *Hamann* a.a.O. S. 306; *a. M.* z. B. *Maunz-Dürig*, RNr. 24 zu Art. 83: es handle sich hier um eine selbständige Betätigung der Länder aufgrund eigener Ermächtigung im Gesetz; ähnlich *v. Mangold-Klein* S. 714.

[52] s. *Huber* a.a.O. S. 35.

1. Im Grundgesetz wird die Gesetzesausführung deutlich von der bloßen Verwaltungstätigkeit getrennt. Das zeigt die Überschrift zum VIII. Abschnitt[53] und die darunter fallenden Einzelbestimmungen[54].

Verwaltung im herkömmlichen Sinn ist in aller Regel aber *auch* Gesetzesausführung. Insofern stellt der Begriff „Verwaltung" den Oberbegriff dar, in dessen Teilbereich u. a. auch die Ausführung von Gesetzen fällt[55]. Theoretisch ist öffentliche Verwaltung jedoch auch ohne das Vorhandensein von Gesetzen denkbar[56]. Sie ist dann lediglich ein Ausfluß der Organisationsgewalt. Von der Begriffsbestimmung her läßt sich somit keine sichere Trennung zwischen Ausführung als gesetzesakzessorischer Verwaltungstätigkeit und sonstiges Verwaltungshandeln als sog. „gesetzesfreie" Tätigkeit ableiten.

2. Wenn man prinzipiell auch davon ausgehen kann, daß die Art. 83 bis 86 GG die sog. gesetzesausführende Verwaltungstätigkeit regeln, sich also auf die „Ausführung von Bundesgesetzen" in der Überschrift zum VIII. Abschnitt beziehen, die Vorschriften der Art. 86 ff. dagegen die sonstige Bundesverwaltung i. S. von Teil 2 der Kapitelüberschrift betreffen, so ist damit noch nichts darüber gesagt, in welcher Weise diese beiden Grundtypen des Verwaltungshandelns voneinander abzugrenzen sind. Auch aus dem Satz der Entscheidung des Bundesverfassungsgerichts[57], „Die Art. 83 bis 86 GG handeln wegen der dem deutschen Bundesrecht eigentümlichen Trennung der Kompetenz zum Erlaß und zur Ausführung der Bundesgesetze von der Ausführung der Bundesgesetze", ist nicht zu entnehmen, daß Art. 84 I, 85 I nur dann anzuwenden seien, wenn die Gesetzesausführung i. S. einer gesetzesakzessorischen Verwaltung in Frage stehe.

Vielmehr ist davon auszugehen, daß der VIII. Abschnitt des Grundgesetzes sowohl für die gesetzesakzessorische als auch für die nicht gesetzesausführende Verwaltung „andere Regelungen" i. S. von Art. 30 GG, 83 ff. GG trifft, da er auch insofern von der Bundesverwaltung handelt, als diese sog. „gesetzesfreie" Verwaltung ist[58, 59].

Würden die Bestimmungen der Art. 83 ff. GG allein für die gesetzesausführende Verwaltung Geltung beanspruchen, so wäre die Diffe-

---

[53] „Die Ausführung der Bundesgesetze u. die Bundesverwaltung."

[54] Art. 83—86 „Ausführung", Art. 86 „sonstige Verwaltung".

[55] Vgl. *Bettermann* VVDStRL 17, 137; *Laforet,* DÖV 49, 221 ; *Maunz-Dürig,* RNr. 21 zu Art. 83; ferner BVerfGE 12, 205 ff.; *Hohrmann* a.a.O. S. 104.

[56] Vgl. *Hohrmann* a.a.O. S. 104, der die Verwaltung im Unrechtstaat als Beispiel hierfür anführt.

[57] Bd. 12 S. 205 ff. (246).

[58] BVerfGE 12, 205 ff. LS 8 b u. S. 246; *Maunz-Dürig,* RNr. 21 zu Art. 83 u. RNr. 8 zu Art. 90; *Ossenbühl,* Verwaltungsvorschriften S. 187 ff. (189; 219).

renzierung in der Überschrift zum VIII. Abschnitt unverständlich und überflüssig. Denn gerade die Tätigkeiten nach den Bestimmungen der Art. 87 bis 90 (Bundeseigenverwaltung) werden nur zum ganz geringen Teil in Form schlichten Gesetzesvollzugs ausgeführt[60, 61]

Es wäre nicht einzusehen, warum dem Bundesgesetzgeber bei der Verwaltung, die nach dem Grundgesetz Sache der Länder ist[62], in anderen Fällen als der Gesetzesausführung ein unmittelbarer Durchgriff auf die Länderorgane eingeräumt sein soll, ohne daß die Beschränkungen und Voraussetzungen der Art. 84 I, 85 I GG vorliegen müßten[63]. Eine solche generelle Ermächtigung ist mit unserem derzeitigen föderalistischen Verfassungsaufbau nicht zu vereinbaren, auch nicht wenn man sie nur auf die sog. gesetzesfreie Verwaltung bezieht[64].

Die Art. 83 ff. dehnen den vom Gesetzgeber durchgehaltenen föderativen Grundsatz prinzipieller Länderzuständigkeit[65] auf das Gebiet der Verwaltung in weiterem Sinn (eigentliche Gesetzesausführung und sonstige Verwaltungstätigkeit) aus.

Gemäß Art. 83 ff. GG besteht ein doppelter Vorbehalt durch den die grundsätzliche Befugnis der Länder, die Behördeneinrichtung und das Verwaltungsverfahren zu regeln, durchbrochen wird. Nämlich einmal hinsichtlich der Ausführung von Bundesgesetzen als eigene (Länder-) Angelegenheit (Art. 84 I): bestimmt das Grundgesetz etwas anderes[66] oder läßt es eine andere Regelung zu[67], so handelt es sich bei der Gesetzesausführung entweder um eine Bundesangelegenheit mit bundeseigener Verwaltung[68] oder mit Zustimmung des Bundesrats um Länder-

---

59 Das BVerfG bezeichnet sie als „gesetzesfreie" Verwaltung.
Dieser Begriff ist jedoch irreführend, da es eine völlig gesetzesfreie Verwaltung im Rechtsstaat nicht gibt, vgl. *F. Mayer* a.a.O. S. 39, der sich hierzu auf die österr. Rechtsdoktrin beruft.

60, 61 *F. Mayer*, Verwaltung im Bundesstaat S. 39.

62 Vgl. *Heubl*, BayVBl. 1968, 413: „Während das Schwergewicht der Gesetzgebung von Anfang an beim Bund lag, ist die Verwaltung die eigentliche Domäne der Länder."

63 So aber die Ansicht der BReg (im Streit vor dem BVerfGE 12, 205 ff., 247), die meint, das Prinzip des Art. 30 — die grundsätzliche Länderzuständigkeit — werde im VIII. Abschnitt neu in Art. 83 u. nur für die gesetzesausführende Verwaltung wiederholt u. daraus folgert, daß der Ländervorrang hinsichtlich der gesetzesfreien Verwaltung nicht gelte.

64 Im Ergebnis ebenso BVerfGE 12, 205 ff., 248: „Der VIII. Abschnitt — des GG — trifft *nicht* generell für die gesetzesfreie Verwaltung eine ‚andere Regelung' — i. S. von Art. 30 GG — dahin, daß sie von den in Art. 30 statuierten Vorrang der Länder ausgenommen ist" (Hervorhebung durch den Verfasser).

65 Art. 30, 72 GG.

66 So in Art. 86, 87, 87 b, 87 d GG.

67 Vgl. Art. 83.

68 So in Art. 86, 87, 87 b I, 87 d, 88, 89, 90 III GG.

angelegenheiten[69], die im Auftrag und nach Weisung des Bundes von den Ländern ausgeführt werden (Art. 85 I)[70].

Trotz der Ausführung von Bundesgesetzen als Länderangelegenheit nach Weisung des Bundes nach Art. 85 — wenn also weder Art. 86, 87, 87 b I, 87 d, 88, 90 III noch Art. 83 letztes Wort vorliegen — regeln die Länder die Einrichtung von Behörden und das Verwaltungsverfahren nur in dem Ausmaß[71], als nicht Zustimmungsgesetze etwas anderes bestimmen[72].

Da die Art. 86 ff. — außer in den besonders vorgesehenen Fällen der Art. 87 b II, 87 c, 87 d II und 90 II — die Eigenverwaltung des Bundes ausdrücklich (Art. 86, 87 I, 87 b I, 87 d I, 88, 89 II) bzw. stillschweigend (Art. 87 c) bestimmen oder zulassen (Art. 87 b II, 90 III), scheidet eine Ausführung durch die Länder als weisungsfreie (Art. 84 I) oder weisungsgebundene (Art. 85 I) eigene Angelegenheit aus.

Die Art. 86 ff. gehen damit über die dem Bund nach Art. 84 I, 85 I eingeräumten Sonderkompetenzen hinaus.

Für diejenigen Verwaltungstätigkeiten, die vom Bund nach dieser Bestimmung in eigener Verwaltung durchgeführt werden können, bestehen die in Art. 84 I, 85 I aufgestellten Einschränkungen nicht. Da dem Bund in den Fällen der Art. 87 b II, 87 c und 90 II GG eine Wahlmöglichkeit insoweit zusteht, als er seine Gesetze in eigener Zuständigkeit oder durch die Länder nach seiner Weisung vollziehen lassen will, entfallen, sofern der Bundesrat der letzteren Regelung zustimmt, auch für die Organisationsbestimmungen solcher Gesetze die in Art. 84 I, 85 I GG aufgestellten Beschränkungen. Denn die Bundesauftragsverwaltung durch die Länder ist insoweit lediglich ein Minus zu der auch möglichen Bundeseigenverwaltung.

Die in den Art. 86 ff. getroffenen Bestimmungen regeln aber nur ganz bestimmte, eng umgrenzte Sachbereiche. In allen übrigen Bereichen bleibt es bei den Bestimmungen der Art. 84 I, 85 I und der dem Bund dort eingeräumten beschränkten Sonderkompetenz. Eine Erweiterung der Verwaltungszuständigkeiten des Bundes kraft Natur der Sache oder kraft Sachzusammenhang über die unbeschränkten Sonderkompetenzen der Art. 86 ff. bzw. die eingeschränkten nach Art. 84, 85 hinaus wird dem Bund von der Rechtsprechung bisher zu Recht, trotz ver-

---

69 So in Art. 87 b II, 87 c, 87 d II, 90 II.

70 Nicht also um Bundesangelegenheiten, die von den Ländern lediglich wahrgenommen werden.

71 „soweit“ vgl. Art. 84 I, 85 I.

72 So kann der Bundesgesetzgeber z. B. die Errichtung eines Ausschusses „regeln“, alles übrige aber den Ländern belassen, vgl. die Bestimmungen im JWG u. LAG für den JW-Ausschuß; im einzelnen unten Abschnitt 4.

schiedener Anläufe, nicht zugestanden[73]. Die Zulassung einer stillschweigenden Verwaltungskompetenz mit dieser Begründung dürfte auch deswegen überflüssig sein, weil dem Bund diese auf dem Gebiet der Gesetzgebung von der Rechtsprechung[74] ohnehin eingeräumt wird, ihm dann die Verfahrenskompetenz akzessorisch zur Gesetzgebungszuständigkeit unter den Voraussetzungen der Art. 84 I, 85 I GG gleichsam aber automatisch zusteht.

Die Abgrenzung, welche Verwaltungstätigkeiten danach von den Bestimmungen der Art. 83 bis 91 denen der Ausführung von Gesetzen durch die Länderbehörden (Art. 83 bis 86) und denen für die sonstige Verwaltungstätigkeit des Bundes (Art. 86 ff.)[75] unterfallen, richtet sich allein nach der Systematik dieser Vorschriften. Nach ihr sind in den Art. 86 ff.[76] diejenigen Verwaltungstätigkeiten, die nach dem Grundgesetz nicht unter die Gesetzesausführung durch die Länder i. S. der Art. 83 bis 86 fallen sollen, einzeln aufgeführt. Alle anderen Verwaltungshandlungen aber werden notwendigerweise von dem Begriff der Ausführung i. S. von Art. 84 I, 85 I mitumfaßt.

Unter Vermeidung der zweifelhaften Ergebnisse, die sich aus einer positiven Begriffsbestimmung der Formulierung „Ausführung von Bundesgesetzen" ergeben, kann man somit sagen, daß alle Tätigkeiten der Länderverwaltung, die nicht unter die Einzelbestimmungen der Art. 86 ff. fallen, von dem Begriff der Ausführung von Gesetzen durch die Länderbehörden erfaßt werden und damit den strengen Ausnahmevorschriften der Art. 83 bis 86 unterfallen[77] u. a. auch dem Erfordernis eines Zustimmungsgesetzes unterliegen.

Dieses Ergebnis wird dem Sinn und Zweck dieser Grundgesetzbestimmung, die nicht nur in einem Sonder- und Ausnahmevorrecht für den Bund besteht, sondern auch den Schutz der berührten Länder vor uneingeschränkter Kompetenzerweiterung durch den Bund im Auge hat[78], in vollem Umfange gerecht.

---

[73] Vgl. *F. Mayer* a.a.O. S. 38; anders *Bartlsperger* BK Zweitbearbeitung Nr. 74 zu Art. 90 GG, der die Kompetenz des Bundes aus der Natur der Sache auch für den Bereich der Verwaltung für anerkannt hält und sich auf eine Reihe von Stimmen in der Lit. beruft.

[74] Vgl. BVerfGE 15, 1 ff.; zum Verhältnis von Gesetzgebungs- u. Verwaltungszuständigkeit s. *F. Klein,* AÖR 88, 377 ff., 396 ff.; *Grawert* in: Der Staat 1968, 70; *Achterberg,* AÖR 86, 63 ff.

[75] s. aber die Ausnahmeregelungen in Art. 87 b II, 87 c, 87 d II und 90 II GG.

[76] Art. 86 bis 91.

[77] Über die durch Art. 84 I, 85 I festgelegten weiteren Grenzen s. unten Abschnitt 3.

[78] Deshalb ist die Grenze aller Verwaltungszuständigkeit des Bundes seine Gesetzgebungszuständigkeit (allerdings unter Ausdehnung auf gewisse unumgängliche Annexregelungen s. BVerfGE 3, 421; 8, 143 (149); 15, 1 ff.; vgl. ferner BVerfGE 12, 205 ff. (248).

Auch nach dieser mehr sinnorientierten als begrifflichen Auslegung kann es keinem Zweifel unterliegen, daß nicht nur Gesetze, die auf dem Bereich der sog. Eingriffsverwaltung[79] erlassen werden, einer Ausführung bedürfen, sondern daß auch diejenigen Gesetze, die der sog. Leistungsverwaltung angehören, dem Begriff der Gesetzesausführung i. S. von Art. 84 I, 85 I GG unterfallen[80].

Die von uns gewonnene Auffassung steht zudem mit der bereits von Triepel[81] geprägten Definition der Gesetzesausführung im Einklang, nach der „ein Gesetz ausführen" heißt, die von diesem gewollten Wirkungen herbeiführen und „Ausführung" gleichbedeutend ist mit Verwirklichung des gesetzgeberischen Willens sowie Handhabung (also Verwaltung) der Gesetze[82]. Auch diese Definition spricht für die hier vertretene weite Auffassung.

Es kommt nicht darauf an, ob die vom Bundesgesetzgeber erlassenen Normen eine Ausführung in Form einer zusätzlichen Konkretisierung gegenüber dem Bürger erforderlich machen[83], sondern lediglich auf den Umstand, ob sie von den Art. 86 ff. erfaßt werden — dann scheidet Art. 84 I, 85 I aus — oder nicht — dann sind die genannten Bestimmungen anwendbar.

Die Art. 83 ff. unterscheiden daher nicht zwischen der Gesetzesausführung und der gesetzesfreien (nicht gesetzesausführenden) Verwaltung[84], sondern differenzieren nur hinsichtlich des Aufgaben*trägers*, Bundesverwaltung und Länderverwaltung bzw. der Ausführung der (Bundes-)Gesetze durch die Länder und der Bundeseigenverwaltung, also der eigenen Ausführung durch den Bund. Die Überschrift des VIII. Abschnitts ist insoweit daher zu lesen: „Die Ausführung der Bundesgesetze durch die Länder (Länderverwaltung) und die eigene Ausführung durch den Bund (Bundesverwaltung)." Der Begriff „Verwaltung" ist dabei in umfassendem Sinne gebraucht.

Die Art. 84, 85 GG regeln dabei die Ausführung durch die Länder, die Art. 86 bis 91 diejenige durch den Bund. Art. 84 und 85 handeln von der Länderverwaltung als eigene Angelegenheit, in einem Fall nur

---

79 Die klassischen Beispiele für die staatliche Eingriffsverwaltung sind das Polizei- u. Steuerrecht; aber z. B. auch Teile des Schulrechts, die der Sicherung der Schuldisziplin dienen, fallen hierunter, vgl. *Wolff* Lb 3 S. 17.

80 Zu diesem Ergebnis kommen auch *Köttgen*, Gemeinde S. 53 ff., 60 ff. (63), ferner *Huber*, Diss. S. 34 ff. u. *Hohrmann*, Diss. S. 104 ff.

81 Reichsaufsicht S. 372.

82 Vgl. *P. Werner*, Homogenitätsprinzip 1967 S. 97; *J. Frowein*, Die selbständige Bundesaufsicht nach dem GG S. 37, versteht unter „Ausführung" ebenfalls die Verwirklichung eines fremden Willens; s. ferner *v. Mangoldt*, Bundesaufsicht S. 47 u. 53.

83 So *Hohrmann*, Diss. S. 105.

84 So im Ergebnis auch BVerfGE 12, 205 ff.

unter Aufsicht des Bundes (Art. 84 II) im anderen nach Weisung (Art. 85 III), Art. 86 ff. von der Bundesverwaltung als eigene Angelegenheiten des Bundes, die nach der dem VIII. Abschnitt vorangestellten Grundregel des Art. 83 entweder ausdrücklich bestimmt (Art. 86, 87, 87 b I) oder nur zugelassen (Art. 87 b II, 87 d II, 90 III) ist. Letztere Fälle der Bundesauftragsverwaltung fallen dabei nicht unter die Beschränkungen der Art. 84, 85, obwohl es sich um ländereigene Verwaltung handelt, da der Bund diese Angelegenheiten auch in eigener Verwaltung wahrnehmen, also seinerseits eine unbeschränkte Verwaltungskompetenz i. S. der Art. 86 ff. in Anspruch nehmen könnte.

Auch reine Organisationsgesetze des Bundes, die den Bürger nur mittelbar berühren, unterliegen daher den besonderen Voraussetzungen der Art. 84 I, 85 I[85], denn auch sie greifen unverkennbar in Landesorganisationsrecht ein, wenn sie z. B. die Behördeneinrichtung in den Gemeinden regeln. Es ist in diesem Zusammenhang ohne Bedeutung, ob das Tätigwerden der Behörden durch Organisationsgesetze nur Aufgabenerledigung im Rahmen der staatlichen bzw. gemeindlichen Selbstorganisation darstellt oder als Verwaltung i. S. von Gesetzesausführung anzusehen ist[86, 87]. Wenn dem Bund in solchen Fällen schon ein Recht zum unmittelbaren Durchgriff auf die Gemeinden eingeräumt wird, so kann diese Vergünstigung nicht darauf beruhen, daß solche Gesetze mangels „Ausführungsbedürftigkeit“ nicht den Vorschriften der Art. 84 I, 85 I GG unterfallen und deshalb ohne Einschränkung zulässig sind. Vielmehr kann ein solches Einflußrecht des Bundes nur im Rahmen dieser Bestimmungen bestehen. Das bedeutet, daß auch auf reine Organisationsnormen des Bundesgesetzgebers die Vorschriften über die gesetzesakzessorische Verwaltung anwendbar sind, da die Art. 86 ff. sie nicht mitumfassen[88].

Die Gefahr, daß die Länder ihre Zustimmung zu solchen Gesetzen verweigern könnten, vermag an dieser Auffassung nichts zu ändern. Stellte doch ein derartiges Verhalten der Länder beim Vorliegen der Voraussetzungen für den Erlaß einer aus dem Sachzusammenhang oder der Natur der Sache sich ergebenden Bundeskompetenz[89] einen Verstoß gegen den justiziablen[90] Grundsatz der Bundestreue[91] dar.

---

85 Anders *Hohrmann,* Diss. S. 105.

86 Solche Organisationsgesetze sind z. B. das BundeswahlG oder das Gesetz über das Volksbegehren nach Art. 29 VI GG.

87 Anders *Hohrmann* a.a.O. S. 106.

88 Ähnlich im Ergebnis wohl *Sturm,* DÖV 1966, 256 ff. (262), wenn er zur Gesetzesausführung alle Tätigkeiten rechnet, die notwendig sind, um den Bundesgesetzen Rechtswirksamkeit zu verleihen oder zu sichern. Das sind alle organisatorischen Maßnahmen, das Verwaltungsverfahren, Verwaltungsakte und sonstige Verwaltungshandlungen.

89 Zur Kompetenz kraft Sachzusammenhang und Natur der Sache s. BVerfGE 12, 205 ff. (251); 3, 407 (421); *F. Mayer,* Verwaltung von Bund und

Auch die Streitfrage, ob die sog. kommunalen Betriebspflichten[92] als Gesetzesvollzug i. S. von Art. 84 I, 85 I GG anzusehen sind, verliert von unserem Ausgangspunkt her an Bedeutung.

Da die Betriebspflichten, indem sie von den Gemeinden einerseits die Schaffung und Unterhaltung von Einrichtungen und Anstalten, andererseits die Bereitstellung oder Verteilung bestimmter Leistungen verlangen[93], anscheinend eine Mittelstellung zwischen dem herkömmlichen Gesetzesvollzug und der bloßen sonstigen Verwaltungstätigkeit einnehmen, wurde die Frage ihrer Zugehörigkeit zu einer dieser beiden Verwaltungstätigkeiten bis heute verschieden beantwortet.

So meint Köttgen[94], im Rahmen der Betriebspflichten, die im deutschen Bundesstaat seit jeher üblich waren[95], werde von den Gemeinden nur Gesetzesgehorsam verlangt, der lediglich die Handlungsfreiheit der Kommunen einschränke, nicht aber ein Vollzug von Gesetzen.

Andere[96] sehen den Gemeindebürger zwar nicht als unmittelbaren Adressaten kommunaler Betriebspflichten an, betrachten ihn jedoch als Nutznießer sämtlicher gemeindlichen Einrichtungen[97] und bejahen deshalb das Vorliegen eines Gesetzesvollzugs i. S. von Art. 83 ff. GG. Die Gemeinde verwirkliche in diesen Fällen den Willen des Bundesgesetzgebers zwar nicht gegenüber einem einzelnen Bürger oder einer Gruppe von Bürgern, aber gegenüber der Allgemeinheit im ganzen[98].

Ländern S. 36 ff. (38) bezeichnet diese Kompetenzen als „für legal erklärte Ausuferungen der Bundesgesetzgebung" und geht damit wohl etwas zu weit.

90 BVerfGE 12, 205 ff. (254).

91 Der Ausdruck ist mißverständlich, da er nur die eine Zielrichtung dieses Grundsatzes angibt (loyales Verhalten der Gemeinden und Länder gegenüber dem Bund), nicht aber den Gesamtinhalt des Prinzips bezeichnet, der in einer wechselseitigen Loyalitätspflicht der Glieder des Bundesstaats untereinander besteht.

92 Begriff nach *Köttgen*, Gemeinde S. 20 ff.

93 So z. B. § 89 des 2. WoBauG (Wohnbau- u. Familienheimgesetz v. 1. 9. 65 — BGBl. I 1618): Baulandbereitstellung durch die Gemeinden sowie Beschaffung geeigneter Grundstücke zum Bau von Familienheimen; ferner § 5 III JWG v. 11. 8. 61 (BGBl. I 1206): Das Jugendamt hat ... darauf hinzuwirken, daß die erforderlichen Einrichtungen ... ausreichend zur Verfügung stehen; § 93 I 1 BSHG ist ähnlich im Wortlaut wie § 5 III JWG; vgl. ferner §§ 8 u. 25 ZivBevSchG; § 12 d. Gesetzes zur Verhütung und Bekämpfung übertragbarer Krankheiten.

94 Gemeinde S. 67.

95 Vgl. *Forsthoff*, Körperschaft S. 82; *Huber*, Diss. S. 34.

96 Vgl. zuletzt *Hohrmann*, Diss. S. 35.

97 Auch wenn in den seltensten Fällen dem Bürger ein Anspruch auf Leistung bzw. Benutzung zusteht (vgl. z. B. § 4 I BSGH), siehe hierzu *Huber*, Diss. S. 34.

98 So *Hohrmann*, Diss. S. 35; *Huber*, Diss. S. 37 spricht von „konkludenter" Ausstrahlung der gemeindlichen Betriebspflichten auf das Publikum; anders *Köttgen*, Gemeinde S. 63 ff.

Zuzustimmen ist dieser Meinung lediglich im Ergebnis. Die von ihr für die Rechtsqualität der Betriebspflichten angeführten Argumente, nämlich Sinn und Zweck der Art. 83 ff.[99] und der Umstand, daß die Übertragung einer Betriebspflicht auf die Gemeinde zugleich auch eine bestimmte Zuständigkeitsübertragung enthalte[99] mit der Folge der Erbringung bestimmter Leistungen an die Allgemeinheit, sprechen weniger für die Annahme der Betriebspflichten als Gesetzesvollzug als dafür, daß mit der Gesetzesausführung i. S. der Art. 83 ff. (84 I, 85 I) ein umfassender Begriff gemeint ist, der alle diejenigen Tätigkeiten der Verwaltung ergreift, die nicht in den Art. 86 ff. geregelt sind.

Es wäre unerträglich, wollte man die Anwendung der Art. 84 I, 85 I, die dem Bund in einzelnen Ausnahmefällen einen unmittelbaren Durchgriff auf die Gemeinden ohne Einschaltung der Länder gestatten, davon abhängig machen, ob der Gemeindebürger unmittelbar oder auch nur mittelbar berührt wird. Diese Meinung verkennt den Schutzzweck der genannten Bestimmungen, der nicht in erster Linie in der Protektion der Staatsbürger zu suchen ist, sondern den Bestand des bundesstaatlichen Aufbaus der Bundesrepublik Deutschland und damit vor allem die Aufrechterhaltung des Gleichgewichts zwischen Bund und Ländern zum Ziel hat[100]. Maßgebendes Kriterium kann nur sein, ob die Länder in ihren Rechten berührt[101] werden oder nicht[102]. Dies aber ist in allen Fällen eines unmittelbaren Durchgriffs des Bundesgesetzgebers auf die Gemeinden der Fall, gleichgültig, ob es sich um gesetzesabhängige (gesetzesausführende) oder sog. gesetzesfreie Verwaltung handelt, sofern sie nicht unter die Sonderbestimmungen der Art. 86 ff. fällt.

Daher rechnen selbst Bundesgesetze, die nur einen begrenzten Personenkreis intern betreffen, zu den Vorschriften der Art. 83 ff. (84 I, 85 I), sofern sie in irgendeiner Weise Zuständigkeitsübertragungen auf die Gemeinde unter Umgehung der Länderorganisationsgewalt enthalten[103, 104]. Dies ist bei Gesetzen, die von den Verwaltungsbehörden der

---

99 *Hohrmann* a.a.O., S. 108.

100 Die notwendige Effektivität der Gesetzesausführung steht dem nicht entgegen.

101 Sei es in ihrer Organisationshoheit oder ihrer alleinigen kommunalrechtlichen Zuständigkeit.

102 Ob und wieweit der Bund das Selbstverwaltungsrecht der Gemeinden nachteilig beeinflussen darf, ergibt sich nicht aus den Art. 83 ff. GG, sondern aus Art. 28 II GG.

103 So z. B. das Gesetz zur Regelung des Rechts der Industrie- u. Handelskammern; *Haas*, AÖR 80, 98 bezeichnet sie als Gesetze, die die Selbstdisziplinierung eines bestimmten Personenkreises in Form einer Selbstverw. Körperschaft regeln. a. M. *Köttgen*, JÖR 11, 228, der z. B. die Vorschlags- u. Gutachtertätigkeit der IHK gegenüber den Behörden nur als eine „konkretisierte Amtshilfe" bezeichnet; er sieht in solchen Gesetzen lediglich Organisationsmodelle.

104 Im Ergebnis ebenso *Hohrmann* a.a.O. S. 109, der es wegen der gleichzeitig erfolgten Übertragung von Verwaltungszuständigkeiten für sinnvoll

Länder insbesondere den Gemeinden lediglich einzuhalten und zu beachten sind, allerdings nicht der Fall[105, 106].

Das gleiche gilt für Gesetze, in denen der Bundesgesetzgeber unmittelbar oder mittelbar Einfluß auf die von den Gemeinden freiwillig übernommenen Aufgaben ausübt[107, 108] oder Gesetze, durch die der Bund die Kommunen verpflichtet, bestimmte Personengruppen bevorzugt in ihre Dienste zu nehmen[109].

Nichts anderes gilt aber auch für Ausführungsgesetze und Verordnungen der Länder, da es sich hier um eine selbständige Betätigung der Länder auf Grund einer eigenen Ermächtigung im Gesetz handelt[110].

Solche Bundesgesetze halten sich außerhalb des Schutzzweckes der Normen der Art. 84 I, 85 I GG, da sie die Organisationsgewalt der Länder nicht berühren und deren Eigenstaatlichkeit somit nicht verletzen können. Die Gefahr einer Störung des föderativen Gleichgewichts besteht durch sie nicht. Auch sonstige Verwaltungsfunktionen, die keinerlei räumliche Anknüpfungspunkte zu den Länderverwaltungen besitzen, so etwa die Verwaltung der deutschen Auslandsschulen, fallen nicht unter die Beschränkungen der Art. 84, 85 GG[111].

Insofern ist also eine Einschränkung im Rahmen des obengenannten Grundsatzes[112] notwendig.

b) Behördeneinrichtung und Verwaltungsverfahren

Da — wie wir gesehen haben — die Grenzen der Eingriffsmöglichkeiten des Bundes von Art. 84 I, 85 I GG abhängen, steht die Auslegung dieser Bestimmungen im Vordergrund.

Von einer extensiven oder restriktiven Auslegung der Begriffe „Einrichtung der Behörden" und „Verwaltungsverfahren" in Art. 84 I hängt das Ausmaß der Zulässigkeit von Eingriffen des Bundes auf die Gemeindeorganisation ab.

---

hält, diese Vorschriften als Gesetzesausführung i. S. von Art. 83 ff. GG anzusehen.

105 s. *Gönnenwein* a.a.O. S. 165; *Köttgen*, Gemeinde S. 21 u. JÖR 3, 83; *Maunz-Dürig*, RNr. 21 u. 25 zu Art. 83 GG.

106 Hierher gehört z. B. § 10 des Gesetzes über die Statistik für Bundeszwecke; § 5 ehem. FlüNLG u. d. SchwerbeschädigtenG.

107 So z. B. in § 2 I des Gesetzes zur Förderung eines freiwilligen sozialen Jahres.

108 Ebenso *Hohrmann*, Diss. S. 33.

109 s. das Gesetz zur Regelung der Rechtsverhältnisse der unter Art. 131 GG fallenden Personen u. d. SchwerbeschädigtenG.

110 Vgl. *Maunz-Dürig*, RNn. 24 zu Art. 83; ähnl. *v. Mangoldt-Klein* S. 714; a. M. s. die in FN 51 Genannten.

111 Vgl. *F. Mayer* a.a.O. S. 39.

112 Gesetzesausführung i. S. von Art. 84 I, 85 I ist alles, was nicht unter die Bestimmungen der Art. 86 ff. fällt.

Es taucht daher die Frage auf, was wir unter diesen Begriffen in Art. 84 I zu verstehen haben[113].

Die Meinung, Art. 84 I sei restriktiv auszulegen, hat nicht allzuviele Argumente für sich und daher auch keine große Zahl von Anhängern gefunden[114]. In der Hauptsache stützt sie sich auf eine rein formale Argumentation: für landesunmittelbare Körperschaften bestehe keine entsprechende Regelung im Grundgesetz, wie sie beispielsweise in den Art. 87 f. für bundesunmittelbare Körperschaften vorhanden sei[115]. Als Ausnahme von Art. 83 sei Art. 84 außerdem eng auszulegen[116]. Weder die Errichtung von Behörden noch überhaupt Regelungen über die Zuständigkeit würden von dem Begriff der Behördeneinrichtung umfaßt werden können. Auch aus der verschiedenartigen Verwendung ähnlicher Begriffe im Grundgesetz ergebe sich, daß Einrichtung und Errichtung nicht synonym zu verstehen seien[117].

Dazu ist zu sagen, daß die Tatsache, daß die Begriffe „Einrichten" und „Errichten" vom Grundgesetz auch an anderen Stellen nicht einheitlich gebraucht worden sind, mehr dafür spricht, daß es diesen Ausdrücken keinen fest bestimmten Bedeutungsinhalt beimißt[118]. Mindestens aber läßt dieser Umstand sowohl eine einengende wie auch ausdehnende Auslegung zu[119]. Eine Interpretation allein vom Wortlaut her führt daher — wie in den meisten Fällen — auch hier nicht zum Ziel.

Eine einengende Auslegung wäre auch nicht sehr sinnvoll. Sie würde den einmal verfaßten Zustand ohne Rücksicht auf die fortschreitende Entwicklung endgültig auf den Stand des Grundgesetzes von 1949 einzementieren und jede Fortentwicklung a priori verhindern. Dafür, daß unter dem Begriff der „Einrichtung von Behörden" auch deren Neuerrichtung verstanden werden muß, sprechen zudem die besseren

---

113 *Schäfer*, DVBl. 1969, 420 ff. (427) bezeichnet die Auslegung dieser beiden Begriffe als „immerwährenden" Streitpunkt.

114 Diese Meinung wird z. B. vertreten von *Haas*, AÖR 80, 95; *Kratzer*, AÖR 77, 266; teilweise auch von *Lerche*, BayVBl. 65, 145 m. Nw., der aber auch die Errichtung der Behörden zum Begriff der Behördeneinrichtung zählt und damit bereits eine ausdehnende Interpretation vertritt.

115 *Haas* a.a.O. S. 95.

116 *Haas* a.a.O. S. 94.

117 *Kratzer*, AÖR 77, 266 meint hierzu: verschiedene Begriffe einer Verfassung müßten auch verschiedene Bedeutung haben, wie sie sich aus den Begriffen „Einrichtung der Behörden" in Art. 84 I, 85 I, 86 u. „errichten" in Art. 87 III ergebe. Würde man — so meint er — z. B. in Art. 86 das Wort „Einrichtung" gleich „Errichtung" setzen, so hätte die Bundesregierung das Recht, Bundesbehörden ganz nach ihrem jeweiligen Ermessen zu schaffen.

118 Art. 84 I trifft auch zu anderen Verfassungsbestimmungen keine bewußte Unterscheidung, vgl. *Maunz-Dürig*, RNr. 21 zu Art. 84 I GG.

119 Vgl. z. B. für den Begriff „einrichten" die Art. 87 I, 7 IV, 73 Nr. 10; 80 II, 84 I, 85 I, 86, 106 VII, 130; zum Ausdruck „errichten" 87 III, 88, 95 I, 96 I, 96 a, 101 II, 7 V, 74 Nr. 11 a.

Gründe. Der Verfassungsgeber des Grundgesetzes hat die von ihm gebrauchten Begriffe nicht immer in ihrer differenzierten juristischen Bedeutung verwendet[120]:

Nach der Entstehungsgeschichte des Grundgesetzes sollte der Bund mit Hilfe des Art. 84 ganz allgemein besondere Regelungen in der Organisation und im Verwaltungsverfahren treffen können. Unter den Oberbegriff der Organisationsgewalt fällt aber auch die Errichtung von Behörden. Aus der Systematik des Grundgesetzes, das dem Bund in gewissen Fällen, in denen ein effektiver Vollzug seiner Gesetze nicht gewährleistet wäre, die Einrichtung von Behörden zugestanden hat, und der Tatsache, daß es auch spätere Entwicklungen nicht unberücksichtigt lassen wollte, ergibt sich, daß nur eine extensive Auslegung dieses Begriffes der fortschreitenden Aufgabenentwicklung beim Bund gerecht wird.

Obschon zwar weder der „traditionellen Vorgeschichte"[121], durch die Reichsverfassung und Weimarer Verfassung, nach der unter dem Begriff „Einrichtung" die Organisation der Landesbehörden durch den Reichsgesetzgeber in weiterem Sinne verstanden worden war, noch dem Vorbringen, Art. 84 I stelle gar keine Ausnahme von Art. 83 dar[122], wesentliches Gewicht beizumessen ist, wird man dagegen dem Sinn und Zweck dieser Vorschrift ausschlaggebende Bedeutung beimessen müssen. Sinn dieser Bestimmung nach seinem heutigen objektiven Bedeutungsinhalt ist in erster Linie die Gewährleistung eines wirksamen und einheitlichen Vollzugs der Bundesgesetze[123]. Daneben haben diese Vorschriften auch den Zweck — insoweit stellen sie eine Ausprägung des in Art. 30 GG zum Ausdruck gekommenen Gedankens der prinzipiellen Länderzuständigkeit dar — die Verteilung der Hoheitsbefugnisse zwischen Bund und Ländern als verschiedene Hoheitsträger, zum Zwecke einer Gewaltenkontrolle[124] zu gewährleisten.

Interessant ist in diesem Zusammenhang § 1 II einer bayerischen „Verordnung über die Einrichtung der staatlichen Behörden" v. 1954[125], nach dem zur „Einrichtung von Behörden" die Errichtung und Aufhebung, die Vergrößerung und Verkleinerung, die Zusammenlegung und Teilung, die Bestimmung ihres Sitzes, die Abgrenzung ihrer Amts-

---

[120] Vgl. *Bachof*, Verfassungswidrige Verfassungsnormen S. 48; *Maunz-Dürig*, RNr. 21 zu 84; *Wolff*, Lb 2, 42; *Hohrmann* a.a.O. S. 75/76.

[121] *Hohrmann* a.a.O. S. 75.

[122] So *Hohrmann* a.a.O. S. 75: Art. 84 I sei lediglich als eine Bestimmung des weiteren Verfahrens anzusehen.

[123] So auch BVerfGE 22, 181 f. (209), das diesen Umstand als die ratio legis der Vorschrift bezeichnet.

[124] *Huber* a.a.O. S. 37; *Lerche*, Gutachten S. 71.

[125] v. 31. 3. 1954 (BayBS I S. 37).

bezirke und die Ordnung ihrer inneren Verhältnisse gehören und Zuständigkeitsregelungen nur insoweit zulässig sind, als sie im einzelnen zur Einrichtung der Behörden notwendig werden.

Diese Begriffsbestimmung stimmt mit der von uns gefundenen im wesentlichen überein und gebietet nur hinsichtlich der Zuständigkeitsregelungen gewisse Beschränkungen. Die Ansicht von Maunz[126], daß das Grundgesetz die Einrichtung der Behörden in organisatorischer und personeller Hinsicht, ferner die Bestimmung des Verwaltungsverfahrens und die Vornahme von Verwaltungshandlungen, insbesondere den Erlaß von Verwaltungsakten unter dem Begriff der „Ausführung von Gesetzen" subsumiert haben will, ist insofern unscharf, als sie die Tätigkeiten der Länderbehörden zur Gesetzeskonkretisierung mit den Befugnissen des Bundes zur Einrichtung von Behörden und mit der Bestimmung des Verwaltungsverfahrens vermengt.

Daß dieses gefundene Ergebnis auch aus praktischen Gründen zu begrüßen ist, hat zwar keinerlei dogmatisches Gewicht[127], ist aber, da den fraglichen Bestimmungen eine ganz erhebliche Bedeutung in der Gesetzgebungspraxis zukommt, zu begrüßen.

Eine Einschränkung in der Auslegung ergibt sich somit erst dann, wenn der Vollzug solcher Bundesgesetze auch ohne eine bundesgesetzliche Regelung wirksam und ausreichend gewährleistet ist.

Daß damit gleichzeitig die Gefahr einer willkürlichen Ausdehnung vorhandener Bundeskompetenzen beschworen wird, hat die Gesetzgebungspraxis in hinreichendem Maße gezeigt[128]. Diese Gefahr zu bannen bzw. in erträglichen Grenzen zu halten, ist aber Aufgabe einer sinnvollen Verfassungsinterpretation. Welche Grundprinzipien hier wirksam zu einer vernünftigen Einschränkung beitragen können, wird unten[129] noch im einzelnen auszuführen sein. Sicherlich kann es nicht Sinn und Zweck der Verfassungsbestimmung der Art. 84 I, 85 I GG sein, daß die Länder vom Bund genötigt werden, sich Landesbehörden aufdrängen zu lassen, für die sie zwar finanziell voll aufzukommen hätten und auch die volle Verantwortung gegenüber dem Bund tragen müßten, auf deren Organisationsform sie aber keinerlei Einfluß ausüben können.

---

[126] Staatsrecht 16. Aufl. (1968) S. 236.

[127] Anders wohl *Maunz* in *Maunz-Dürig,* RNr. 21 zu Art. 84, der vor allem die Schwierigkeiten einer scharfen Trennung der beiden Begriffe „Einrichtung" u. „Errichtung" in der Praxis herausstellt, damit zwar Recht hat, aber doch kein zulässiges dogmatisches Argument in die Diskussion einführt. Denn wo gäbe es die Schwierigkheiten der Abgrenzung zweier ineinandergehender Begriffe in der Praxis nicht?

[128] s. oben, 1. Abschnitt II.

[129] s. unten, Abschnitt 3.

Konsequent zu Ende gedacht würde dies u. a. auch bedeuten, daß das z. Z. redliche Bemühen der meisten Länder[130] um eine rationelle von der Organisation der Verwaltung ausgehende sog. Verwaltungsreform[131] äußerst erschwert würde.

c) Das Ausmaß des bundesgesetzlichen Vorbehalts

Es ist weiter streitig geblieben, ob und inwieweit den Art. 84 I, 85 I GG konstitutive oder nur deklaratorische Bedeutung zukomme.

In der Literatur hat jede der beiden Meinungen etwa die gleiche Anzahl von Anhängern gefunden[132]. Zum Teil wurde dieser Streit auch unentschieden gelassen[133].

Die Meinung, nach der den Vorschriften der Art. 84 I, 85 I GG lediglich deklaratorische Bedeutung zukommt, sieht in diesen Bestimmungen einen bloßen „Annex" zu den in Art. 73 bis 75 GG aufgezählten materiellen Gesetzgebungskompetenzen des Bundes und der Länder[134]. Ihre Bedeutung liege darin, die organisations- und verfahrensrechtlichen Befugnisse des Bundes, die ihm zur wirksamen Durchführung seiner Gesetze zur Verfügung stehen müssen, ihrem Umfang und Ausmaß nach zu umschreiben[135] und sie vor ihrer Wirksamkeit an die Zustimmung des Bundesrats zu binden[136].

Ob man dabei so weit gehen kann zu sagen, Art. 84 I, 85 I GG stellten nicht einmal eine Ausnahmeregelung zu dem in Art. 83 GG statuierten Grundsatz der prinzipiellen Länderkompetenz sowohl in der Gesetzgebung als in noch weiterem Maße bei der Durchführung der Gesetze

---

130 z. B. Rheinland-Pfalz, Hamburg, Bayern usw.

131 Gebietsreform (Territorialreform) und die damit eng verbundene Funktional- u. Aufgabenreform.

132 Für eine *konstitutive* Wirkung der Vorschriften:
a) z. B. *Achterberg*, AÖR 86, 82; *Hamann*, GG 2 zu Art. 84; *v. Hausen-v. d. Heide*, DÖV 1958, 756; *Krapp*, Ländereinrichtungen S. 42; *Köttgen*, Gemeinde S. 22 u. JÖR 11, 221; *Mangels*, DVBl. 1957, 779; *Haas*, AÖR 80, 86 für das Organisationsrecht; BVerfG BayVBl. 1962, 349 ff. (350) für Art. 87 III; *Rohwer-Kahlmann*, AÖR 79, 221; *Zeidler*, DVBl. 1960, 576.
b) für eine nur *deklaratorische* Bedeutung: *Bettermann*, VVDStRL 17, 157; *Böhm*, DVBl. 1953, 324; *Klein*, AÖR 88, 405; *Pathe*, DVBl. 1951, 684; *Schäfer*, DÖV 1960, 641 ff.; *Haas*, AÖR 80, 86 für das Verwaltungsverfahren; *Hohrmann* a.a.O. S. 82; *Giese-Schunck* II 1 zu Art. 84 (1965) halten diese Meinung für die herrschende.

133 So von *Huber*, Diss. S. 50.

134 Vgl. die in FN 132 unter b) Genannten; ferner *Lerche*, BayVBl. 1965, 145 (146).

135 *Maunz-Dürig*, RNr. 2 zu Art. 84 FN 2.

136 Vgl. *Köttgen*, Selbstverwaltung 51, 347; *Hohrmann* a.a.O. S. 77 sieht in den dem Bund gem. Art. 84 I zustehenden Kompetenzen nur eine Bestimmung des weiteren Verfahrens, das von der Zustimmung des Bundesrats abhänge.

dar[137], darf bezweifelt werden[138]. Denn zu einer Umkehrung des das gesamte Grundgesetz durchziehenden Fundamental-Prinzips grundsätzlicher Länderzuständigkeit[139] besteht weder ein Bedürfnis noch eine rechtlich gebotene oder zugelassene Befugnis.

Die Antwort auf diese Streitfrage wurde, insbesondere von der Gegenmeinung[140] mit dem föderalistischen Aufbau des Grundgesetzes in Zusammenhang gebracht[141]. Sofern man den genannten Bestimmungen eine Art Ausnahmecharakter gegenüber den sonstigen dem Bundesgesetzgeber zustehenden Kompetenzen zuschriebe, seien diese Vorschriften kompetenzerweiternder und damit auch kompetenzbegründender Natur.

Die Überlegung, daß der Bund auch die Befugnis haben müsse, die zur Ausführung seiner Gesetze erforderlichen Behörden zu errichten und einzurichten, soweit die Durchführung solcher Gesetze sonst in Frage gestellt wäre, spricht sowohl für ein deklaratorisches als auch konstitutives Verständnis dieser Bestimmungen. Sicher wäre es abwegig, dem Bundesgesetzgeber, wenn ihm schon die Gesetzgebungskompetenzen zur Regelung bestimmter Aufgabengebiete eingeräumt sind (Art. 73 ff.), die Möglichkeit zu versagen, seine Gesetze zu effektiver und gleichmäßiger Anwendung zu bringen[142, 143]. Da es eine dem Art. 72 entsprechende Bestimmung für den Bereich der Verwaltungszuständigkeit nicht gibt, zudem auch keine „konkurrierende“ Zuständigkeit zwischen Bund und Ländern auf diesem Gebiet besteht, ist die Meinung, Art. 84 I erkläre die Länder nur insoweit für zuständig als der Bund nicht schon

---

137 So *Hohrmann* S. 77 — Wie hier *Huber*, Diss. S. 51: daher ist auch die von einigen Autoren vertretene Ansicht, daß Art. 84 I, 85 I die Länder nur insoweit für zuständig erklären, als der Bund nicht selbst bereits die vollzugsrechtlichen Modalitäten gesetzlich geregelt habe, abzulehnen. Diese Ansicht basiert auf dem fehlerhaften Schluß vom Umfang der Länderkompetenzen auf den der Bundeskompetenzen.

138 Ein dadurch hervorgerufener Schluß zu einer Art „konkurrierenden“ Bundeszuständigkeit findet in keiner anderen Bestimmung des Grundgesetzes eine Stütze, vgl. *Huber*, Diss, S. 51.

139 Art. 30, 70, 83 GG.

140 s. FN 132.

141 Gerade im Zusammenhang mit den kürzlich verabschiedeten Finanzreformgesetzen wurde die Eigenstaatlichkeit der Länder erneut stark in den Vordergrund gestellt. Es wurde betont, daß die Länder für den gesamten Bereich ihres Behördenapparates grundsätzlich die alleinige u. ungeteilte Organisationsgewalt besitzen. Allerdings machen die Art. 83, 84 I, 85 I hiervon gleich eine doppelte Ausnahme.

142 Im Ergebnis ebenso BVerfGE 22, 180 f.

143 Allerdings soll damit nicht gesagt werden, daß der Bund immer vor den Ländern zur Bestimmung der Einrichtungen berechtigt sein muß. Eine solche Auffassung würde im Gegenteil den föderalistischen Aufbau des Grundgesetzes verkennen und den in Art. 30 für die Gesetzgebung, in Art. 83 für die Verwaltung ausgesprochenen Grundsatz prinzipieller Länderzuständigkeit in sein Gegenteil verkehren.

selbst tätig geworden ist, nicht zutreffend[144]. Selbst wenn man nämlich den Art. 84 I, 85 I nur deklaratorische Bedeutung beimißt und sich die Kompetenzen für den Bund schon aus den Art. 73 ff. ergäben, müßten die Bestimmungen der Art. 83 ff. vom Bund eingehalten werden, da sie den *Umfang* der Ingerenzrechte festlegen und somit Prüfungsmaßstab für evtl. Grenzen der Einflußnahme sind[145].

Hängt das Ziel der gleichmäßigen Gesetzesanwendung aber überhaupt von der von uns aufgeworfenen Streitfrage ab? Oder ist etwa die aufgezeigte Fragestellung schon nicht richtig?

Man wird nicht umhin kommen, festzustellen, daß die Frage, ob konstitutive oder deklaratorische Auffassung vorzuziehen seien, falsch gestellt ist. Das zeigt ganz deutlich die Sackgasse, in der solche Überlegungen bis heute gelandet sind und aus der sich ein Ausweg bisher nicht hat finden lassen[146]. Man wird sagen können, daß, gleichgültig, welcher Meinung man zuneigen mag, sowohl die eine als auch die andere Auffassung in der Kernfrage zum selben Ergebnis führt. Nach der ursprünglichen Absicht des parlamentarischen Rats sollten die Art. 83 ff konstitutiv die Organisationsgewalt regeln. Es lag die Vorstellung zugrunde, daß die Ausübung der Organisationsgewalt nicht dem Gesetzesvorbehalt unterfalle und daher ausschließlich im Abschnitt über die Verwaltung zu regeln sei. Trotz späterer Feststellung der Unhaltbarkeit dieser These unterblieb eine Änderung der ursprünglichen Fassung der Art. 84 I, 85 I GG bis heute[147].

Die Frage muß daher dahingehend gestellt werden, ob es sich bei den fraglichen Bestimmungen um solche *akzessorischer* Natur, nämlich von den Vorschriften über die Verteilung der Gesetzgebungskompetenzen zwischen Bund und Ländern abhängende, oder aber um in sich abgeschlossene selbständige Normen handelt.

Da jede Verwaltungskompetenz für den Bund in allen Fällen von dem Vorliegen einer Gesetzgebungszuständigkeit abhängt[148], wird man eine Antwort nur in ersterem Sinne geben können.

Da es sich ferner bei der dem Bundesgesetzgeber nach Art. 84 I, 85 I GG zustehenden Ausnahmekompetenz um eine Zuständigkeit handelt, die ihn in gewissem Umfang zur Regelung organisations- und verfah-

---

144 Vgl. *Lerche*, Selbstverwaltungsangelegenheiten kraft Bundesrecht, Bay VBl. 1965, 145 (146) *a. M.* aber *Klein*, Gemeinschaftsaufgaben, S. 125 (131, 132 FN 9; 150, 151); *v. Hausen*, DÖV 1960, 441 (442, 443).

145 Vgl. *Huber*, Diss. S. 50.

146 Manche Autoren haben ihre Ansicht zu dieser Frage auch im Laufe der Zeit geändert; vgl. z. B. *v. Hausen-v. d. Heide*, DÖV 1958, 756 (konstitutiv) und *v Hausen*, DÖV 1960, 5 u. 442 (deklaratorisch); *Köttgen*, DÖV 1952, 422, u. JÖR 3, 83 (deklaratorisch), Gemeinde S. 22 u. JÖR 11, 221 (konstitutiv).

147 Vgl. *Haas* a.a.O. S. 86 ff.

148 Vgl. BVerfGE 12, 205 ff. (250).

rensrechtlicher Details innerhalb der Organisationsgewalt der Länder ermächtigt und solche Regelungen ohne Vorhandensein materiell-rechtlicher Regelungen nicht sinnvoll sind, wird eine Abhängigkeit der organisations- und verfahrensrechtlichen Bestimmungen von dem Vorliegen einer Gesetzgebungskompetenz des Bundes mit gutem Recht anzunehmen sein[149].

Eine Differenzierung ist jedoch insoweit geboten als es sich bei der Geltendmachung der Ingerenzrechte durch den Bundesgesetzgeber um Eingriffe in den Bereich des Kommunalverfassungsrechts handelt. Auf diesem Gebiet steht dem Bund unbestrittenermaßen *keine* Gesetzgebungskompetenz zu. Diese ist hier vielmehr ausschließlich Sache der Länder[150]. Bei konsequenter Anwendung der oben entwickelten Grundsätze müßte man hier in der Tat jedes Recht des Bundes zur Einflußnahme auf die Gemeindeorganisation verneinen[151]. Diese Ansicht kann aber nach dem Normzweck der Art. 84, 85 GG nicht zutreffen. Auch die Mehrheit der Bundesratskommission war der Auffassung, daß die Sondervollmachten des Bundes nach den Art. 84 I, 85 I nicht nur für die unmittelbare Landesverwaltung, sondern in gleicher Weise auch für die „mittelbare Staatsverwaltung", also für die Gemeinden zutrifft. Denn auch die Gemeindebehörden sind „Behörden" i. S. dieser Verfassungsbestimmungen. Es wäre recht unverständlich, wenn diese Regelung gerade auf sie, die bei der Ausführung von Bundesgesetzen von nahezu 75 % betroffen sind, nicht zutreffen sollte.

Da die Gemeinden in ihrem Gebiet grundsätzlich die alleinigen Träger der gesamten örtlichen öffentlichen Verwaltung sind[152], kann umso weniger angenommen werden, daß gerade ihnen gegenüber die Sondervollmachten des Bundesgesetzgebers nach Art. 84 I, 85 I GG ausgeschlossen sein sollen[153].

Es sind Fälle denkbar — und diese sind in der Überzahl[154] —, in denen eine Materie, für die dem Bund die Gesetzgebungskompetenz zusteht und für die er daher auch die Sonderkompetenzen zur Einrich-

---

149 Dies wird im allgemeinen bejaht, vgl. *Klein*, AÖR 88, 347 (401); *Maunz-Dürig* a.a.O. S. 30 zu Art. 84; *Bettermann*, VVDStRL 17, 118 (158); *Becker*, BayVBl. 1961, 66; *Köttgen*, Gemeinde S. 88, 91; *Peters*, Grenzen S. 113; *Rohwer-Kahlmann*, AÖR 79, 221; zuletzt *Hohrmann* S. 88.

150 Da das Gemeinderecht in den Art. 72 ff. GG nicht geregelt, also Gegenstand der ausschließlichen Landesgesetzgebung ist, sind bundesgesetzl. Bestimmungen gemeinderechtl. Inhalts nur begrenzt möglich (vgl. BVerfGE 3, 31; 6, 104).

151 So in erster Linie das Mehrheitsgutachten des Bundesrats, zit. nach *v. Hausen*, DÖV 1960, 441 ff. (443 ff.) und eine Reihe anderer Autoren.

152 Vgl. hierzu z. B. Art. 137 der hessischen u. Art. 49 der rheinl.-pf. Verfassung: „Die Gemeinden sind in ihrem Gebiet unter eigener Verantwortung die ausschließlichen Träger der gesamten öffentlichen Verwaltung."

153 *v. Hausen-v. d. Heide*, DÖV 1958, 773 ff. (755).

154 Vgl. *v. Hausen*, DÖV 1960, 1 ff. (5).

tung der unmittelbaren Landesbehörden und Regelung des Verfahrens dieser Behörden nach Art. 84 I, 85 I GG in Anspruch nehmen kann, die aber unzureichend geregelt wären bzw. überhaupt nicht sinnvoll geregelt werden könnten, wenn nicht auch die Organisation der Gemeindebehörden geregelt würde. Ein effektiver und in den verschiedenen Regionen des Bundesgebiets angestrebter einheitlicher Gesetzesvollzug wäre dann gerade in Frage gestellt.

Als Annex zur Sachkompetenz des Bundes muß daher in diesen Fällen dem Bund auch ohne Vorliegen einer Kompetenz für das kommunale Verfassungsrecht erlaubt sein, auf die Organisation der Gemeindebehörden Einfluß zu nehmen.

Die Art. 84 I, 85 I GG sind insofern — soweit also das allein den Ländern zustehende Kommunalverfassungsrecht berührt wird — *konstitutiv* aufzufassen. Das Erfordernis der Akzessorietät von Verfahrensbestimmungen zu einer vorhandenen Sachkompetenz des Bundes für den zu regelnden Bereich muß *daneben* uneingeschränkt vorliegen. Eine Einschränkung zugunsten des kommunalen Verfassungsrechts der Länder ergibt sich nur insoweit als in derartigen Fällen die vom Bundesverfassungsgericht aufgestellten Voraussetzungen des Sachzusammenhangs oder der Natur der Sache in analoger Anwendung gefordert werden müssen. Diese liegen nach der neueren Rechtsprechung des Bundesverfassungsgerichts[155] nur vor, „wenn eine dem Bund ausdrücklich zugewiesene Materie verständlicherweise nicht geregelt werden kann, ohne daß zugleich eine nicht ausdrücklich zugewiesene — den Ländern zustehende —[156] Materie mitgeregelt wird, wenn also ein Übergreifen in nicht ausdrücklich zugewiesene Materien *unerläßliche Voraussetzung*[157] ist für die Regelung einer der Bundesgesetzgebung zugewiesenen Materie“.

Demgegenüber ist daher auch die von der Minderheit der Bundesratskommission vertretene Meinung[158], die dem Bund nach Art. 84 I, 85 I verliehenen Sondervollmachten bezögen sich in gleichem Umfange wie im Bereiche der unmittelbaren Landesverwaltung auch auf Regelungen des Kommunalverfassungsrechts, als zu weitgehend abzulehnen.

Die Befugnis des Bundes, die Einrichtung der Behörden und das Verwaltungsverfahren im Bereich der Gemeinden zu regeln, ist also nicht davon abhängig, ob der Bund seine Zuständigkeit auf dem Gebiete des Kommunalverfassungsrechts besitzt[159]. Denn dann könnte er, da

155 Vgl. BVerfGE 3, 407 (421); Bd. 15, 1 (20).
156 Einfügung vom Verfasser.
157 Hervorhebung vom Verfasser.
158 Vgl. Bericht bei *v. Hausen*, DÖV 1960, 441 ff. (441).
159 In ähnlicher Weise hat das BVerfG in dem Gutachten zum BBauG Abschnitt C III 7 Abs. 10, zit. nach *v. Hausen*, DÖV 1960, 441 ff. (442), obwohl

diese Materie ausschließlich den Ländern vorbehalten ist, niemals auf das Organisationsrecht der Gemeinden Einfluß nehmen, auch wenn das zu einer einheitlichen effektiven Gesetzesausführung unabdingbar wäre. Das ist aber sicher nicht die ratio der Bestimmungen der Art. 84 I, 85 I GG[160]. Eine Verletzung der bundesstaatlichen Ordnung, die übrigens nicht als unwandelbares und statisches Modell verstanden werden darf[161], sondern in Anbetracht geänderter Verfassungswirklichkeit auch einem Wandel unterworfen sein kann, liegt darin wohl noch nicht. Zumindest ist eine Verletzung des Art. 28 III GG, der nicht die verfassungsmäßige Ordnung der Länder schlechthin garantiert, sondern lediglich ihre Übereinstimmung mit Art. 28 Abs. I und II GG sowie mit den Grundrechten fordert, nicht gegeben. Denn diese Kongruenz wird von Eingriffen in das Kommunalverfassungsrecht nicht tangiert.

In diesem Zusammenhang ist auch bedeutsam, ob der Bundesgesetzgeber aufgrund der ihm in Art. 83 ff. eingeräumten „Steuerungsmöglichkeiten" zum Erlaß *allgemeiner* organisations- und verfahrensrechtlicher Gesetze, die die Ausführung von Bundesgesetzen generell regeln, befugt ist. Schon wegen des Ausnahmecharakters der Art. 83 ff. könnte man meinen, daß sich eine derartige Regelung für den Bund verbietet[162]. Zuzugeben ist dieser Meinung, daß eine „unabweisbare Notwendigkeit" wie sie auch für allgemeine Organisations- und Verfahrensgesetze von den Art. 83 ff. gefordert werden muß, auf den ersten Blick schwerlich zu erkennen ist.

Diese Feststellung schließt aber nicht aus, daß eine gemeinsame Regelung für mehrere, einen gleich oder ähnlich gelagerten Zweck verfolgende Gesetze denkbar und verfassungsrechtlich auch zulässig wäre, sofern die allgemeinen rechtsstaatlichen Grundsätze der Erforderlichkeit und Verhältnismäßigkeit eingehalten sind und auch die übrigen Voraussetzungen der Art. 84, 85 vorliegen. Bereits vom technisch-ökonomischen Standpunkt her gesehen wäre es unsinnig, wollte man dem Bundesgesetzgeber zwar einräumen, zu seinen materiellen Gesetzen jeweils einzelne organisations- und verfahrensrechtliche Regelungen zu treffen, soweit dies zu deren effektiver und unumgänglicher Ausführung zwingend erforderlich ist, ihm aber versagen, in Fällen gleicher oder ähnlicher Zweckrichtung solcher Gesetze eine *gemeinsame*

---

es die Bundeszuständigkeit sowohl für die Materie des Polizeirechts als auch des „Baupolizeirechts" verneint, die Zuständigkeit des Bundes zum Erlaß polizeirechtlicher Vorschriften bejaht, soweit die Polizeigewalt ein Annex eines Sachgebiets ist, das dem Gesetzgebungsbereich des Bundes unterfällt.

[160] Vgl. BVerfGE 22, 180 ff.

[161] Vgl. *P. Werner*, Homogenitätsprinzip S. 52 (1967).

[162] So im Ergebnis *Hohrmann*, Diss. S. 88 u. die von ihm zit. „herrschende Lehre" s. FN 3 S. 89; *a. M.* (wie hier) aber *Maunz-Dürig*, RNr. 30 zu Art. 84, Bettermann VVDStRL 17 S. 118 (158), die als Beispiel eines solchen zulässigen Tätigwerdens des Bundesgesetzgebers auf das (frühere) OrdnWiG verweisen.

Regelung in Form eines gemeinsamen Ausführungsgesetzes zu treffen. Unter diesem Blickwinkel sind die Bedenken, die gegen eine solche Regelung zur Vereinfachung der dem Bund zustehenden „Steuerungsmöglichkeiten" erhoben wurden[163], nicht begründet.

Die Frage lautet nicht, *ob* der Bundesgesetzgeber zu derartigen Regelungen auf Grund der Art. 83 ff berechtigt und ermächtigt ist — so gestellt ist sie schon aus ökonomischen Gründen zu bejahen —, sondern sie muß lauten, *in welchem Umfang* eine solche Regelung zulässig ist, welcher Intensitätsgrad dem Bund also zur Ausschöpfung seiner ihm in den Art. 83 ff. gewährten Steuerungsmöglichkeit, eingeräumt werden kann.

Eine zufriedenstellende Antwort auf diese Frage läßt sich niemals pauschal, sondern nur für die jeweiligen Einzelfälle geben. Sie hat sich vor allem an den anerkannten Grundsätzen der Verhältnismäßigkeit (Übermaßverbot) und Erforderlichkeit, die vom Bundesverfassungsgericht speziell für den vorliegenden Fall zu dem Richtsatz eines „unaufschiebbaren Bedürfnisses" zu „effektiver Gesetzesvollziehung"[164] weiterentwickelt worden sind, zu orientieren.

Im Ergebnis bedeutet das, daß eine durch den Bundesgesetzgeber getroffene für mehrere gleichgelagerte materielle Gesetze gemeinsame Regelung nicht nur denkbar, sondern verfassungsrechtlich auch zulässig wäre, *soweit* sie in ihrer Intensität nicht weiter geht, als dies im Falle der für das jeweilige Einzelgesetz zu treffenden Regelung nach Art. 83 ff. unbedenklich ist[165].

Die von Hohrmann[166] aufgestellte These, daß im Falle einer Bejahung einer solchen generellen Regelungsbefugnis durch den Bundesgesetzgeber, der Bund „konsequenterweise" auch zum Erlaß einer allgemeinen einheitlichen Gemeindeordnung ermächtigt sein müßte, ist schon deshalb nicht richtig, weil zur Regelung dieses Gesamtkomplexes durch den Bundesgesetzgeber wohl kaum eine „unabweisbare Notwendigkeit" zu einem effektiven Gesetzesvollzug nachzuweisen sein dürfte und die Anwendbarkeit der dem Bund zustehenden Sonderkompetenz damit von vornherein ausscheiden muß.

d) Die Zustimmung des Bundesrats

Die nach dem Wortlaut des Art. 84 I, 85 I GG als Ausnahme anzusehenden Vorrechte (Sonderkompetenzen) des Bundes sind heute beinahe

---

[163] Vgl. z. B. *Hohrmann*, Diss. S. 89.

[164] BVerfGE 22, 180 ff.

[165] a. M. *Hohrmann* a.a.O. S. 89, FN 4: Nach seiner Meinung sind allgemeine Verfahrensgesetze schon nach dem Wortlaut der Überschrift des VIII. Abschnitts u. dem des Art. 84 I GG sehr „bedenklich". Eine eingehende Begründung für seine Bedenken gibt Hohrmann jedoch nicht.

[166] a.a.O. S. 89.

zur Regel geworden[167]. Damit wurde der Einfluß des Bundesrats auf die Gesetzgebung des Bundes hinsichtlich des Organisations- und Verfahrensrechts wesentlich gesteigert[168, 169].

Unter Billigung des Bundesverfassungsgerichts[170] hat der Bundesrat dabei die von ihm seit langem vertretene Auffassung[171] durchgesetzt, daß ein Gesetz, das seiner Zustimmung nach Art. 84 I, 85 I GG in seinen Teilen bedarf, nach seinem ganzen Inhalt zustimmungsbedürftig sei. Dieses Zustimmungserfordernis des Bundesrates gilt ferner für die Verlängerung und Änderung von Zustimmungsgesetzen in ihren an sich nicht zustimmungsbedürftigen Teilen[172, 173].

Die Zustimmung des Bundesrats ist in den Art. 84 I, 84 II, 84 III, IV, V, 85 I, II GG in verschiedener Weise geregelt. Die Art. 84 I, 85 I regeln die Mitwirkung des Bundesrats zu den vom Bund aufgrund seiner Sonderkompetenzen erlassenen Organisations- und Verfahrensgesetzen, die sich mit der Ausführung dieser Bundesgesetze durch die Länder bzw. Gemeinden als eigene Angelegenheit der Länder (Art. 84 I) oder als Bundesauftragsangelegenheit (Art. 85 I GG) befassen.

Zum Erlaß allgemeiner Verwaltungsvorschriften zu solchen Gesetzen durch die Bundesregierung ist die Zustimmung in den jeweiligen Abs. II der betreffenden Bestimmungen (Art. 84 II, 85 II) normiert.

Schließlich unterliegt auch ein von der Bundesregierung gegenüber nachgeordneten Landesbehörden auszuübendes Aufsichtsrecht über die ordnungsgemäße Ausführung der Bundesgesetze durch diese Behörden dann der Zustimmung des Bundesrats, wenn die obersten Landesbehörden der Entsendung von Beauftragten der Bundesregierung an nachgeordnete Landesbehörden nicht zustimmen (Art. 84 III GG).

Auch die Verleihung der Befugnis an die Bundesregierung zum Erlaß von Einzelweisungen für die Ausführung derartiger Bundesgesetze ist von der Zustimmung des Bundesrats abhängig (Art. 84 II GG).

Worin aber liegt die Bedeutung des Zustimmungserfordernisses für die Gemeinden? Gewährleistet diese Bestimmung nicht ausschließlich

---

167 Vgl. schon *Haas*, AÖR 80, 81 ff. (83); *Köttgen*, DÖV 1952, 423; *Becker*, BayVBl. 61, 65 ff. (66).

168 *Hesse*, Grundzüge S. 95.

169 *Konow*, DÖV 1970, 22 ff. hält die politische Stellung des Bundesrats dagegen für nicht besonders stark (bis zur VI. Wahlperiode).

170 E 8, 274 (294).

171 Sog. Mitverantwortungstheorie des Bundesrats, vgl. *Haas*, AÖR 80, 81 ff. (84, 85).

172 *Hesse*, Grundzüge S. 96.

173 Dieser Grundsatz wurde für den Erlaß sog. Geldleistungsgesetze in jüngster Zeit mit der 21. Änderung zum GG (v. 12. 5. 69 BGBl. I 359) in Art. 104 a III GG insoweit durchbrochen als hier die Zustimmung des BR nur noch für solche Gesetze vorgesehen ist, die zu einem Viertel oder mehr von den Ländern mitfinanziert werden; vgl. Sten. Ber. z. 338. Sitzung des BR S. 109 (*Heinsen*).

einen Schutz zugunsten der Länder vor rechtwidrigen Eingriffen des Bundes in ihren Kompetenzbereich? Sind die Gemeinden durch diese Zustimmungsvoraussetzung in ihrem Eigenbereich, z. B. ihrem Organisationsrecht ausreichend vor evtl. unberechtigten Eingriffen geschützt oder sind sie auf die gewissenhafte uneigennützige Wahrnehmung ihrer Interessen durch die Länder angewiesen? Genügt also das Erfordernis der Zustimmung des Bundesrats einerseits den Schutzinteressen der Gemeinden? Oder stellt es von der Seite des Bundes her betrachtet gar einen zu stark ausgeprägten Hemmschuh gegen die Geltendmachung seiner berechtigten, notwendigen und zur Erreichung eines einheitlichen Gesetzesvollzugs erforderlichen Ingerenzrechte dar?

Bei der Beantwortung dieser Fragen wird man die Einhaltung eines ausgewogenen Gleichgewichts innerhalb des gesamten Staatsgefüges nicht aus den Augen verlieren dürfen. Einerseits muß der Bund im Interesse des Gesamtstaates die Möglichkeit haben, die Vollziehung seiner Gesetze durch bundeseinheitliche Ausführung auch in den Gemeinden effektiv zur Anwendung zu bringen. Zum anderen bedürfen die Gemeinden insoweit eines Schutzes ihrer Interessen als es die Ländervertretung versäumt, diesen im Rahmen der Abgabe ihrer Zustimmung Rechnung zu tragen. Für einen solchen Schutz des gemeindlichen Selbstverwaltungsrechts vor evtl. Beeinträchtigungen ist aber die neuerdings auch im Grundgesetz garantierte[174] Verfassungsbeschwerde zum Bundesverfassungsgericht völlig ausreichend.

Worin liegt aber dann die Bedeutung der Zustimmung des Bundesrats für die Gemeinden? Ohne das Wesen des vom Gesetzgeber vorgesehenen Zustimmungsvorbehalts zu klären, wird es nicht möglich sein, die Frage nach seiner Funktion zu beantworten. Nach der Konzeption des Grundgesetzes ist eine nahezu gleichberechtigte Mitwirkung des Bundesrats an der Gesetzgebung nur in solchen Fällen vorgesehen, in denen von vornherein mit der Möglichkeit gerechnet werden muß, daß ein Bundesgesetz das Gleichgewicht zwischen Bund und Ländern beeinträchtigen könnte[175]. Das sind in aller Regel solche Gesetze, die auch die Interessen der Länder in erhöhtem Maße oder das bundesstaatliche Gefüge betreffen. Bei reinen Organisations- und Verfahrensgesetzen nach Art. 83 ff. GG ist dies nur der Fall, wenn sie akzessorisch zur Sachkompetenz des Bundes abweichend vom Organisationsrecht der Länder einheitliche Vorschriften über die Behördeneinrichtung und das Verwaltungsverfahren enthalten[176].

---

174 Art. 93 I Nr. 4 b GG, eingefügt durch 19. ÄndG z. GG v. 21. 1. 69 (BGBl. I 97).

175 Vgl. *Kratzer*, AöR 77, 266; *Schneider*, DVBl. 53, 259 ff.

176 Vgl. *Becker*, BayVBl. 1961, 65 ff. (66).

Die Funktion des Bundesrats ist in allen Fällen mit der einer „Bremse“[177] zu vergleichen. Nach eigenem Ermessen soll die Vertretung der Länder bestimmen können, ob eine Gefahr der Gleichgewichtsstörung durch ein Bundesgesetz zuungunsten der Länder zu erwarten ist oder nicht, evtl. auch in welchem Maße eine solche Störung noch hingenommen werden kann. Würde der Bundesrat aber — was praktisch nie vorkommt — nach Art. 84 I GG Bundesgesetzen zustimmen, für die dem Bund keine Gesetzgebungsbefugnis zusteht, so würde dadurch die bundesstaatliche Verfassung durchbrochen[178].

Bei der zu solchen Gesetzen erforderlichen Zustimmung der Mehrheit der Ländervertretungen handelt es sich somit um ein echtes Einspruchsrecht (Veto)[179]. Materiell-rechtlicher und organisations- sowie verfahrensrechtlicher Teil der betreffenden Gesetze werden dabei aber als untrennbares Ganzes angesehen: widerspricht der Bundesrat also dem Eingriff in das Organisationsrecht der Länder, so ist damit gleichzeitig der materiell-rechtliche Teil des Bundesgesetzes von ihm abgelehnt[180]. Es bleibt dann nur der Weg über den Vermittlungsausschuß. Eine Zustimmungsbefugnis, die sich auf den organisationsrechtlichen Teil des betreffenden Bundesgesetzes beschränkt, wurde bisher nicht anerkannt[180].

Die von der Ländervertretung selbst vertretene These, daß sie mit ihrer Zustimmung eine ebenso starke Mitverantwortung für das zustandegekommene Bundesgesetz wie der Bundestag selbst übernehme, wird von der Literatur z. T. mißbilligt[181]. Ein Gesetz kann aber sowohl was den Vorgang seiner Entstehung als auch den seiner Änderung oder Verlängerung betrifft, nur als Ganzes gesehen werden, da es auch bei der Verabschiedung durch den Bundestag durch einen einzigen einheitlichen Beschluß formell zusammengehalten wird. Allerdings wird man einräumen müssen, daß sowohl der Bundestag als auch der Bundesrat nicht gehindert ist, ein Gesetz etwa in zwei oder mehr selbständige Teile zu zerlegen und so zustimmungsbedürftige von einfachen Normen zu trennen[182]. Eine solche Trennung ist in jüngster Zeit von

---

177 *Haas*, AÖR 80, 81 ff. (84).

178 *Becker* a.a.O. S. 67.

179 *Haas* a.a.O. S. 84; *v. Hausen-v. d. Heide*, DÖV 1958, 753 ff. (755); *Hesse*, Grundzüge S. 193; *Becker*, BayVBl. 1961, 61 ff. (65) bezeichnet dies als fragwürdig, seit der Fall der Vollziehung der Bundesgesetze nach dem eigenen Organisationsrecht der Länder selten geworden sei.

180 Vgl. *Becker*, BayVBl. 1961, 65 ff. (66).

181 *Haas* a.a.O. S. 84 mit Nw: *Kutscher*, DÖV 1952, S. 713 (unter Hinweis auf das Stenogr. Protokoll der 81. Sitzung des Bundesrats S. 131); ferner *Scupin*, BK 3 zu Abschn. IV; *Kratzer*, AÖR 77, 278 f.

182 Anders wohl noch *Haas*, AÖR 80, 81 ff. (85), der dieses „freie Gestaltungsrecht“ nur dem Bundestag im Wege seiner „Vorrangstellung im Legislativbereich“ einräumt; wie hier *Hesse*, Grundzüge S. 95.

Bundestag und Bundesrat übereinstimmend für das sog. Finanzreformgesetz für zweckmäßig erachtet worden: Aufteilung der Finanzreformgesetze in die eigentliche Finanzreform und die übrigen Grundgesetzänderungen (Gemeinschaftsaufgaben, Kompetenzabgrenzungen)[183].

Dieses Verfahren wird ebenso für Gesetze zweckmäßig sein können, die nebeneinander materielle und verfahrensrechtliche Bestimmungen enthalten.

Die Zustimmung des Bundesrats hat demnach nicht den Zweck, die Gemeinden vor ungerechtfertigten Eingriffen in ihre Organisationshoheit sowie den von der Verfassung garantierten Kernbereich zu schützen[184]. Der Zustimmungsvorbehalt hat lediglich die Funktion, die Beibehaltung einer zwischen Bund und Ländern hinsichtlich ihrer Gesetzes- und Verfassungskompetenzen erforderlichen Gleichgewichtslage sicherzustellen. Zu diesem Zweck hat er sich, auch wenn der Bundesrat mit seiner Zustimmungserteilung in manchen Fällen (z. B. aus Gründen der beschleunigten Verabschiedung einer überfälligen Gesetzesvorlage) ziemlich großzügig verfahren ist[185], im großen und ganzen bewährt. Eine Änderung dieses Verfahrens dürfte derzeit weder zugunsten des Bundes noch hinsichtlich einer wirksamen Abschirmung der Gemeinden vor der Flut direkter Bundesgesetze erforderlich sein. Durch das Zustimmungserfordernis in seiner derzeitigen Gestalt wird allerdings nicht ausgeschlossen, daß sich Bund und Länder auch einmal „auf Kosten" der Gemeinden einigen[186].

Die Bedeutung des Zustimmungsvorbehalts für die Gemeinden ist daher nur eine mittelbare über die Länder. Daher geht auch der Streit um die Verfassungsmäßigkeit der vom Bundesgesetzgeber eingeschlagenen Praxis weniger um die Verletzung der Selbstverwaltungsgarantie der Gemeinden als um die bundesstaatliche Kompetenzverteilung zwischen Ländern und Bund[187]. Allerdings — und deshalb befassen wir uns hauptsächlich mit dieser Streitfrage — bedeutet die Flut von Bundesgesetzen, mit denen die Gemeinden in der letzten Zeit überschwemmt worden sind, und die einen direkten kommunalen Vollzug

---

[183] Vgl. Bericht der Südd. Zeitung (Bonner Redaktion) v. 30. 1. 1970 S. 6 sowie Antrag des BR (Einberufung des Vermittlungsausschusses z. 20. Änd. G. BR-Drucks. 14/69 (Beschluß) v. 7. 2. 69.

[184] Vgl. *Maunz-Dürig*, RNr. 62 zu Art. 115 c GG (1969).

[185] Die Dringlichkeit mancher Gesetzentwürfe war nicht selten Grund für die beschleunigte Zustimmung des Bundesrats (so z. B. beim FLüNLG), vgl. *Huber*, Diss. S. 38 u. *Seidel*, Bayer. Staatsztg. v. 15. 1. 60 S. 3: aus vorwiegend „menschlichen Gesichtspunkten ließen sich die Ländervertreter im organisatorischen Teil der Gesetze zu Zugeständnissen an den Bundesgesetzgeber herbei".

[186] Vgl. *Maunz-Dürig*, RNr. 62 zu Art. 115 c GG.

[187] Vgl. *Becker*, BayVBl. 1961 S. 67.

fordern, im allgemeinen auch eine Gefahr für die *tatsächliche* Effektivität der kommunalen Selbstverwaltung[188].

Gegen direkte Eingriffe des Bundes in den Gemeindebereich schützt das Zustimmungserfordernis die Gemeinden somit in keiner Weise. Hier ist die Gemeinde vielmehr auf den ihr zur Verfügung stehenden Rechtsschutz durch das Bundesverfassungsgericht angewiesen. Ein Mitwirkungsrecht beim Zustandekommen solcher Gesetze ist ihnen versagt[189].

Das Zustimmungserfordernis erhält aber auch aus gemeindlicher Sicht dadurch seine Rechtfertigung, daß es dazu beiträgt, evtl. mit den Gemeinden zu befürchtende Schwierigkeiten bereits im „Vorfeld“ (Lerche) zu bereinigen und dieser Umstand der Effektivität und Gleichmäßigkeit späteren Gesetzesvollzugs durch die Gemeinden dient[190].

3. Besonderheiten für den unmittelbaren Vollzug von Bundesgesetzen durch die Gemeinden als Bundesauftragsangelegenheit (Weisungsaufgabe)

a) Besonderheiten nach Art. 85 GG

Bei Art. 85 GG handelt es sich, abgesehen von der Nichterwähnung des Verwaltungsverfahrens, was nach richtiger Meinung aber wohl lediglich auf einem Redaktionsversehen beruht[191], schon nach dem Wortlaut dieser Bestimmung, der insoweit mit der des Art. 84 Abs. 1 übereinstimmt, um die gleichen Befugnisse des Bundesgesetzgebers, wie sie dem Bund auch nach Art. 84 I zustehen[192].

Unterschiede zu Art. 84 GG ergeben sich jedoch durch das erweiterte Aufsichtsrecht des Bundes nach Abs. 4 [192a], der Möglichkeit einheitlicher Ausbildung der Bediensteten und der Mitbestellungsbefugnis von Leitern der Mittelbehörden (Abs. 2) sowie der ausdrücklichen Unterstellung der Länder unter die Weisungen der zuständigen obersten Bundes-

---

188 Vgl. hierzu *Huber*, Diss. S. 40.

189 Das wird von manchen, insbesondere den Vertretern der Gemeindeinteressen bedauert, vgl. *Göb*, Bund u. Gemeinden S. 114. In der Tat würde eine Mitwirkung vor dem Zustandekommen solcher Gesetze im Wege einer Anhörung so manchen späteren Rechtsstreit ausschließen.

190 *Lerche*, Aktuelle Verfassungsfragen S. 15.

191 Vgl. *Bartlsperger*, RNr. 84 zu Art. 90 GG in Bonner Kommentar Zweitbearbeitung (1969); *Nawiasky*, Grundgedanken S. 44; *Haas*, AÖR 80, 81 ff. (87); *Klein*, Gemeinschaftsaufgaben, S. 125 ff. (144); *a. M. v. Hausen-v. d. Heide*, DÖV 1960, 1 ff. (5); *Schäfer*, DÖV 1960, 641 ff. (646 f.): bewußte Auslassung.

192 *Becker*, BayVBl. 1961, 65 ff. (68).

192a Neben der Rechtsaufsicht auch Fachaufsicht mit Gesetzmäßigkeits- u. Zwecksmäßigkeitskontrolle; zu diesem stärker als in Art. 84 I ausgeprägten Aufsichtsrecht des Bundes s. *K. H. Walper*, Föderalismus (1966) S. 50.

behörden (Abs. 3)[193, 194]. Während dem Bund nach Art. 84 III, IV GG eine aufsichtliche Einflußnahme auf die Länderbehörden prinzipiell[195] insoweit verwehrt ist als es um behördliche Ermessensentscheidungen geht, weist die Bundesauftragsverwaltung des Art. 85 I keine derartigen Beschränkungen auf (vgl. Art. 85 III,IV GG). Immerhin können sich Weisungen nach Art. 85 III GG nur auf bestimmte konkrete Sachverhalte erstrecken, deren Zahl allerdings nicht festzuliegen braucht. Das gleiche gilt für die übrigen Bereiche der Bundesauftragsverwaltung[196].

Anders gelagerte Probleme hinsichtlich des unmittelbaren Vollzugs von Bundesgesetzen durch die Gemeinden ergeben sich daraus aber nicht. Sowohl die Ausführungen über den Gesetzesvollzug, die Einrichtung der Behörden und das Verwaltungsverfahren als auch diejenigen über das Ausmaß des bundesgesetzlichen Vorbehalts und das Zustimmungserfordernis des Bundesrats zu Art. 84 I teffen in gleicher Weise auch auf die Bestimmung des Art. 85 I zu.

b) Verwaltung der Bundesfernstraßen durch die Gemeinden (Art. 90 II GG)

Die in Art. 90 II GG getroffene Regelung, wonach auch die nach Landesrecht zuständigen Gemeinden in den vorgesehenen Fällen die Bundesautobahnen und die sonstigen Bundesstraßen des Fernverkehrs im Auftrag des Bundes verwalten, zeigt auf den ersten Blick hinsichtlich einer direkten Einschaltung der Gemeinden durch den Bund eine gewisse Ähnlichkeit mit Art. 85 I GG.

Da das Grundgesetz hier eindeutig von „Verwaltung" der Straßen spricht, treten insoweit Probleme wie wir sie bei Art. 84 I, 85 I kennengelernt haben, jedoch nicht auf.

Wie aber verhält sich Art. 90 II GG zu der Sonderkompetenz des Bundes nach Art. 85 I GG? Stellt er ihr gegenüber eine Spezialregelung dar?

Aus dem Wortlaut, der von den „nach Landesrecht zuständigen Selbstverwaltungskörperschaften" spricht, wird man bereits entnehmen müssen, daß es sich um eine weniger weitreichende Kompetenz des Bundes als diejenige nach Art. 85 I GG handelt[197].

---

193 An ihre Stelle können nach Art. 87 b II GG (Bundeswehrverwaltung) Bundesoberbehörden treten.

194 s. zuletzt *Depenbrok* „Zum Umfang des Weisungsrechts bei der Bundesauftragsverwaltung" DÖV 70, 235 ff.

195 Ausnahme Art. 84 V GG.

196 *Depenbrok,* Zum Umfang des Weisungsrechts, DÖV 1970 S. 235 f.

197 Das ist nicht unbestritten, vgl. z. B. *Ossenbühl,* Verwaltungsvorschriften und GG S. 408 (1968).

Da ein Auftragsverhältnis im übrigen bereits aus dem Grundgesetz begründet wird, das durch den Bund keinerlei Konkretisierung mehr bedarf, wird man auch annehmen können, daß eine direkte Kontaktaufnahme zwischen Bund und Gemeinden in diesem Bereich nach Art. 90 II GG nicht erforderlich und daher auch nicht zulässig ist[198]. Eine Beauftragung der Gemeinden ist somit nach Art. 90 II GG nur durch das jeweilige Bundesland möglich[199, 200].

In den unter den dortigen Voraussetzungen zugelassenen Fällen verbleibt es für eine direkte Beauftragung der Gemeinden durch den Bund daher bei Art. 85 I GG. Art. 90 II GG stellt demgegenüber weder eine Spezialregelung dar[201] noch räumt er dem Bund eine echte Sonderkompetenz zu direkter Kontaktaufnahme mit den Gemeinden ein[202]. Die Befugnis des Bundesgesetzgebers nach Art. 85 I GG bleibt von der Regelung des Art. 90 II unberührt[203]. Das bedeutet, daß die Gemeinden entweder durch das Land gem. Art. 90 II oder soweit die strengen Voraussetzungen der Art. 85 I vorliegen, auch direkt vom Bund mit der Verwaltung der Autobahnen und Bundesfernstraßen betraut werden können. Die Rechtsstellung der Gemeinden bleibt aber in beiden Fällen die gleiche, nämlich die eines mittelbaren Auftragsverhältnisses zum Bund und eines unmittelbaren zum jeweiligen Land[204]. § 22 BFStrG, der insofern nicht ganz eindeutig formuliert ist, muß bei verfassungskonformer Auslegung in diesem Sinne verstanden werden.

Durch Art. 90 II werden die nach Art. 83 ff. zugelassenen Verwaltungsformen nicht um einen eigenen Typ erweitert. Die Einschaltung der Gemeinden in seine Auftragsverwaltung kann der Bund nach Art. 90 II GG also nicht direkt, sondern nur über die Länder vornehmen[205].

Als Zwischenergebnis kann somit festgehalten werden, daß es sich lediglich bei den Bestimmungen der Art. 84 I, 85 I um „echte" Sonder-

---

198 Ebenso *Ossenbühl* a.a.O. S. 409: Art. 90 II GG ist nichts anderes als die wegen Art. 83 GG grundsätzlich notwendige Bestimmung über die Erstreckung der Bundesauftragsverwaltung auf den Bereich der Bundesfernstraßen.

199 Vgl. BGH NJW 1952, 617 f.; *Maunz-Dürig*, RNr. 26 zu Art. 90; *Bartelsperger* BK, Zweitbearbeitung 57 zu Art. 90; *a. M. Marschall* FStrG S. 589.

200 Von einer solchen Beauftragung hat bisher aber nur das Land Nordrh.-Westf. Gebrauch gemacht; s. *Bartelsperger* a.a.O., RNr. 57.

201 *Bartelsperger*, a.a.O., RNr. 58; z. T. auch 41; *Maunz-Dürig*, RNr. 26 zu Art. 90 GG.

202 Vgl. *Becker*, BayVBl. 1961, 65 ff. (69).

203 *Bartelsperger*, a.a.O., RNr. 58.

204 Ein unmittelbares Auftragsverhältnis zum Bund nehmen aber an: *Schäfer*, DÖV 1960, 641 ff. (643); *Klein*, Gemeinschaftsaufgaben, S. 125 ff. (152); *Marschall*, FStrG S. 589; wie hier: *Bartelsperger* a.a.O., RNr. 61.

205 *Schmidt-Bleibtreu/Klein*, Anm. 4 zu Art. 90 GG.

kompetenzen zur unmittelbaren Einschaltung der Gemeinden in den bundesgesetzlichen Aufgabenvollzug handelt, während Art. 90 II nur scheinbar eine solche Regelungskompetenz des Bundes enthält. Diese „echten" Ingerenzrechte des Bundes nach Art. 84 I, 85 I sind jedoch nicht uneingeschränkt[206]. Ihre Intensität unterliegt nicht nur den sich aus einer sinnvollen Auslegung dieser Vorschriften selbst ergebenden Beschränkungen, sondern auch Ausübungsschranken, die sich aus den allgemeinen Verfassungsschranken herleiten lassen und solchen, die besonders für die Gemeinden von weittragender Bedeutung geworden sind[207].

Uneingeschränkte Ingerenzrechte hat der Bund aber dort, wo die Ausführung seiner Gesetze durch die Länderbehörden und Gemeinden in fakultativer Bundesauftragsverwaltung nach Art. 86 ff. erfolgt, wenn es sich um die dort ausdrücklich geregelten Sachverhalte handelt. In allen übrigen Fällen unterliegt er auch bei der sog. „gesetzesfreien" Verwaltung den Beschränkungen der Art. 84 I, 85 I GG.

Das oft angegriffene Prinzip des landeseigenen Vollzugs von Bundesgesetzen nach Art. 83 ff. GG und die Behauptung, die gleichmäßige Anwendung von Bundesrecht werde dadurch in Frage gestellt, daß Einrichtung und Verwaltungsverfahren der zuständigen Landesbehörden allzu unterschiedlich ausgestaltet seien[208], sind im Ganzen gesehen nicht gerechtfertigt. Denn das Grundgesetz gewährt in den Fällen der Art. 83 ff. (84, 85) durchaus die Möglichkeit einer vollintensiven und effektiven Einflußnahme auf die Verwaltungsorganisation und das Verwaltungsverfahren der Länderbehörden (Gemeinden) zur Sicherung des Vollzugs gerade jener Bundesgesetze, die in landeseigener Verwaltung vollzogen werden[209].

---

[206] Vgl. *Lerche*, Aktuelle Verfassungsfragen S. 16.

[207] s. hierzu im einzelnen unten Abschnitt 3 insbes. 2. Unterabschnitt.

[208] s. z. B. *Hesse*, Grundzüge S. 98.

[209] Im Ergebnis ebenso *Lerche*, Aktuelle Verfassungsfragen S. 49.

Zweiter Unterabschnitt

Die direkten Einflußnahmen des Bundes auf die Gemeinden auf Grund haushaltswirtschaftlicher und konjunkturpolitischer sowie finanzwirtschaftlicher Ausnahmebestimmungen des Grundgesetzes

I. Haushalts- und konjunkturpolitische Sonderkompetenzen des Bundes nach Art. 109 ff. (neu) GG

1. Die Wirtschaftsordnung des Grundgesetzes

Während die nach 1945 erlassenen Länderverfassungen z. T. ausführliche Bestimmungen über das Wirtschaftsleben enthalten, kann mit dem Bundesverfassungsgericht[1] und der wohl überwiegenden Meinung in Literatur und Rechtsprechung davon ausgegangen werden, daß das Grundgesetz keine ausdrückliche Grundentscheidung des Verfassungsgebers für ein bestimmtes Wirtschaftssystem enthält[2]. Es beschränkt sich vielmehr nur auf wenige Sätze[3], die aber weder als Wirtschaftsordnung noch als verfassungsrechtliche *Grund*entscheidung aufgefaßt werden können[4].

Die Gründe für diese wirtschaftspolitische Neutralität des Grundgesetzes sind sicher auch in der Unmöglichkeit zu sehen, Details der Wirtschaftspolitik von vornherein festzulegen, ohne den Bedürfnissen einer späteren Entwicklung Rechnung zu tragen zu können[5]. Zudem weist

---

[1] E 4, 7 (17), 1954; 17, 306 (309), 1963.

[2] So z. B. *Zacher*, Festschrift für Böhm S. 70; *Maunz*, Staatsrecht 12. Aufl. S. 134; *Rüfner*, Formen öffentl. Verwaltung im Bereich der Wirtschaft 1967 S. 209 FN 2, ferner BVerfGE 4, 7 ff. (17); BVerwG 17, 308; BSG E 22, 93 ff.; *Benda*, NJW 1967, 849; *Reuss*, DVBl. 1967, 349; *Mühl*, DVBl. 1967, 224 ff.; *Zuck*, BB 67, 805 ff. (807); *Banderra*, AÖR 92 (1967), 382 ff.; *Koppensteiner*, BB 67, 217 ff.; ferner *Lerche*, Übermaß S. 225; vgl. auch *E. R. Huber*, Der Streit um das Wirtschaftsverfassungsrecht, DÖV 56, 97 ff.; *Scheuner*, VVDStRL 11, 19 ff.; *Schaeder*, Gemeinwohl u. öffentl. Interessen im Recht der globalen Wirtschafts- u. Finanzplanung (1968) S. 92 ff. (Bd. 39 d. Schriftenreihe der Hochschule Speyer S. 103).

[3] Solche sind etwa die Freiheit, Wirtsch. u. Arbeitsbedingungen abzuschließen (Art. 9 III), die Freizügigkeit (Art. 11), die Gewährleistung von Eigentum u. Erbrecht (Art. 14), die Überführung gewisser Wirtschaftsgüter in Formen der Gemeinwirtschaft (Art. 15), die Gewährleistung der wirtschaftlichen Vertragsfreiheit (Art. 2) als Ausfluß der freien Entfaltung der Persönlichkeit.

[4] Vgl. *Maunz*, Staatsrecht 12. Aufl. S. 134.

[5] Bei der Abfassung des GG wiesen einige Länder darauf hin, daß die wirtschaftliche Lebensordnung z. T. auch den Kompetenzbereich der Länder tangiere, vgl. *Maunz*, Staatsrecht 12. Aufl. S. 134.

auch die Entstehungsgeschichte auf diese bewußte wirtschaftliche Zurückhaltung des Grundgesetzes hin[6].

Mit dieser Feststellung ist aber nicht gesagt, daß der Bereich der Wirtschaft nach der bestehenden Verfassung als „verfassungsfreier Raum" anzusehen ist[7]. Der Bundesgesetzgeber kann damit zwar die ihm jeweils als sachgerecht erscheinende Wirtschaftspolitik verfolgen, er ist hierbei aber wie auch bei allen anderen Gesetzen an die tragenden Verfassungsprinzipien des Grundgesetzes wie etwa das Prinzip der Rechtsstaatlichkeit, Sozialstaatlichkeit und das Demokratiegebot gebunden.

Dennoch bleibt, da sich das Grundgesetz weitgehend wirtschaftspolitischer Regelungen, insbesondere aber der Festlegung eines bestimmten Wirtschaftssystems enthalten hat[8], für Entscheidungen des Bundesgesetzgebers genügend Spielraum zur Fixierung der jeweiligen wirtschaftspolitischen Notwendigkeiten und Zielsetzungen[9].

Dieser Spielraum eröffnet die Möglichkeit einer folgerichtigen Wirtschaftspolitik nach modernen volkswirtschaftlichen Erkenntnissen[10]. Er ist jedoch nicht unbegrenzt, sondern durch das Wesen einer freiheitlichen Verfassung, wie sie das Grundgesetz darstellt, eingeengt. Denn allgemein ist wohl anerkannt[11], daß eine freiheitliche Verfassung in gewissem Umfang auch eine freiheitliche Wirtschaftsordnung voraussetzt[12]. Dieses „Offenbleiben" des Grundgesetzes für eine freiheitliche Wirtschaftsordnung darf jedoch nicht mit liberal i. S. von ungebunden verwechselt werden.

---

[6] Vgl. *Rüfner* a.a.O. S. 209.

[7] *Maunz*, Staatsrecht 12. Aufl. S. 135; *Zuck*, NJW 1967, 1303 meint sogar, schon nach Änderung des Art. 109 GG sei es nicht mehr erlaubt, von wirtschaftspolitischer Neutralität des GG zu sprechen.

[8] Vgl. BVerfGE 4, 7 ff. (18) sog. Investitionshilfeurteil: Grundsatz der wirtschaftspolitischen Neutralität im GG; aber keine Garantie der wirtschaftspolitischen Neutralität der Regierungs- u. Gesetzgebungsgewalt; der Gesetzgeber darf jedoch die ihm sachgerecht erscheinende Wirtschaftspolitik verfolgen, sofern Grundgesetz und Grundrechte beachtet werden; anders *Nipperdey*, DRZ Bd. 50, 193: das GG habe die soziale Marktwirtschaft als bestimmtes Wirtschaftssystem konstituiert; dieses Ergebnis leitet Nipperdey aus den Grundrechtsbestimmungen ab; nach *Reuß*, DVBl. 67, 349 enthält das GG eine „gemischte Wirtsch. Ordnung".

[9] Anders versteht *H. Krüger* die wirtschaftspolitische Neutralität des GG: er leitet aus ihr eine Pflicht für Regierung u. Gesetzgebung zur völligen Enthaltsamkeit im wirtschaftlichen Bereich ab. Der Wirtschaftspolitik soll es danach verwehrt sein, sich an den volkwirtschaftlichen Modellen u. Lehren zu orientieren, vgl. Staatsl. 579 u. DVBl. 51, 361 ff.

[10] Anders *Krüger* a.a.O. s. FN 9.

[11] Vgl. *Rüfner* a.a.O. S. 210 mit Nw. in FN 3 u. BVerfGE 7, 397; *Reuß*, DVBl. 67, 349 (351).

[12] Vgl. *Rüfner* a.a.O. S. 210 m. w. Nw. in FN 3; *Maunz*, Staatsrecht 12. Aufl. S. 134 bezeichnet auch planwirtschaftliche Maßnahmen des Gesetzgebers als solche nach dem GG noch nicht als verfassungswidrig.

2. Das StabG v. 8. Juni 1967[13]

Dieser Umstand der wirtschaftspolitischen Neutralität des Grundgesetzes hinderte den Bundesgesetzgeber nicht, der Bundesregierung ein ausgeklügeltes Instrumentarium der Wirtschaftslenkung[14] in Form des sog. StabG[15] zur Verfügung zu stellen, nachdem der betreffende Art. 109 GG durch das 15. ÄndG zum Grundgesetz[16] die verfassungsrechtliche Ermächtigungsgrundlage hierfür geschaffen hatte. Hatte doch bereits das Bundesverfassungsgericht wiederholt klar ausgesprochen, daß der Gesetzgeber durch wirtschaftliche Lenkungsmaßnahmen das freie Spiel der Kräfte korrigieren könne[17]. Unvereinbar mit dem Grundgesetz wäre allerdings eine zentrale Planungswirtschaft[18].

Mit dem Erlaß dieses Gesetzes hat der Gesetzgeber Neuland betreten[19, 20, 21].

Unmittelbarer Anstoß für die Arbeiten an ihm war die Wirtschafts- und Finanzentwicklung in den Jahren 1965/66[22]. Der zu jener Zeit drastisch in Erscheinung getretene Mangel an Koordination zwischen Wirtschaftspolitik, Finanzpolitik und Kreditpolitik führte zu einem Gefühl der Unsicherheit und zu der Forderung, unverzüglich die Voraussetzungen für eine bessere Abstimmung dieser Bereiche zwischen Bund, Ländern und Gemeinden zu schaffen[23].

---

[13] Gesetz z. Förderg. d. Stab. u. d. Wachstums d. Wirtschaft v. 8. 6. 1967 (BGBl. I S. 582).

[14] Dieses ist nach Ansicht mancher immer noch ungenügend u. könne gegenüber den wirtschaftl. Programmen u. Auffassg., die in neuerer Zeit auftauchen, nicht ausreichen; vgl. *H. Wagner*, VVDStRL 27 (1969), 87 Ásspr. u. *Münch* ebenda.

[15] Zum StabG vgl. zuletzt den Bericht v. *W. Vogel* über den 47. Dt. Juristentag in DVBl. 69, 104 ff. (108 ff.).

[16] v. 8. 6. 1967 (BGBl. I S. 581).

[17] E 19, 114; 16, 161.

[18] *Kölble*, NJW 66, 473 — Wirtschaftsverfassung u. Grundgesetz und *Tiefenbacher*, BB 67, 1, Planung in der Marktwirtschaft.

[19] z. Z. wird bereits von einer notwendigen „Weiterentwicklung und Verfeinerung des StabG" gesprochen, die die Wirtschaftspolitik der nächsten Zeit verlange, vgl. Südd. Zeitung v. 9./10. Mai 1970 S. 1 (Vorschläge der CDU gegen die Konjunktur-Überleitung).

[20] Allerdings hat es auch bereits vor der Erzbergerschen Reichsfinanzreform staatliche Wirtschafts- u. Finanzierungsmaßnahmen gegenüber den Gemeinden gegeben, die damals aber in erster Linie als Notbehelfe zur Behebung der Massenarbeitslosigkeit und der Weltwirtschaftskrise gedacht waren.

Näheres hierzu s. *Görg*, Einschränkung der Selbstverwaltung durch staatl. Wirtschafts- u. Finanzierungsmaßnahmen, DVBl. 68, 625 ff. (626).

[21] Manche sprechen von einem „de facto-Vorrang Gesetz", weil es die Verfassungsbestimmung des Art. 109 GG wiederholt und konkretisiert, so *Püttner*, DÖV 1970, 322 ff.

[22] Äußerer Anstoß zur Entstehung des StabG war daneben auch das Aktionsprogramm der EWG-Kommission für die 2. Stufe, vgl. *Ipsen*, VVDStRL 27 (1969), 87 (89) Aussprache.

[23] *Stern-Münch*, Komm. StabG 1967 S. 27.

Während von wirtschaftswissenschaftlicher Seite im allgemeinen sowohl der föderative Staatsaufbau als auch die Einrichtung der kommunalen Selbstverwaltung als institutionelles Hindernis für die Realisierung einer rationellen Wirtschaftspolitik empfunden wurde, mußte die Rechtswissenschaft vor allem die verfassungmäßige Absicherung des konjunkturpolitischen Instrumentariums zum Ziel haben[24]. Es war daher notwendig, einen Kompromiß zwischen den von der Verfassung garantierten Kräften und den Erfordernissen eines wirtschaftlichen Fortschritts zu schließen.

Die sich aus dem Erfordernis, über bloße unverbindliche Regelungen hinauszugehen, ergebenden verfassungsrechtlichen Probleme führten daher schließlich zu der seit langer Zeit äußerst umstrittenen[25] 15. Änderung des Grundgesetzes[26].

Dabei war auch eine Einbeziehung der kommunalen Haushalte in die staatliche Konjunktur- und Wachstumspolitik unerläßlich[27].

a) Ziele, Inhalt und Rechtscharakter des StabG

Das StabG legt als Grundziele die Wahrung des wirtschaftlichen Gleichgewichts (Art. 109 II GG, § 1 StabG), die Stabilität des Preisniveaus, hohen Beschäftigungsgrad und außenwirtschaftliches Gleichgewicht bei stetigem und angemessenem Wirtschaftswachstum fest (sog. magisches Viereck) und verpflichtet Bund und Länder bei ihren finanz- und wirtschaftspolitischen Maßnahmen dieses Ziel zu beachten (§ 1 StabG). Durch § 16 des Gesetzes werden ferner die Gemeinden auf diese Zielsetzung verpflichtet[28]. Der Gesetzgeber zog damit die Konsequenzen aus der angelaufenen negativen Entwicklung der deutschen

[24] Vgl. *Elsner*, Die Einbeziehung d. Gemeinden in die staatl. Konjunkturpolitik, DÖV 1968, 520 ff. (521).

[25] Einwendungen verfassungsrechtlicher Art wurden vor allem laut, weil dieser Gesetzentwurf in einem bisher nicht gekanntem Ausmaß in den Kompetenzverteilungsbereich des Bundesstaats vorstieß, vgl. *Münch* a.a.O. S. 29.

[26] Am 2. 9. 1966 legte die Bundesregierung dem Bundestag den Entwurf dieses 15. Änderungsgesetzes vor (s. BT-Drucks. V/890).

[27] Nach einer Untersuchung der Dt. Bundesbank („Die Verschuldung der öffentlichen Haushalte" in Monatsberichte der Dt. Bundesbank v. April 1967 S. 24 ff. [27]) entfallen von den eigenfinanzierten Finanz- u. Sachinvestitionen der öffentl. Haushalte im Zeitraum zwischen 1951 u. 1966 47 % auf die Gemeinden. An der öffentlichen Nettokreditaufnahme waren die Gemeinden innerhalb dieses Zeitraums sogar mit 54 % beteiligt. Noch deutlicher wird das Übergewicht der kommunalen Haushalte bei den Sachinvestitionen: 1965 entfielen — trotz Abschwächung der komm. Investitionstätigkeit — noch 61 % der öffentl. Sachinvestitionen auf die Gemeinden, vgl. im einzelnen hierzu *Elsner* S. 521.

[28] s. zuletzt *Oelgarth*, Konjunkturpolitische Pflichten der Gemeinden u. die Garantie ihrer Wahrnehmung durch die Länder, DVBl. 1970, 532 ff.

Kredit- und Finanzpolitik in den Jahren 1965/66, die u. a. auch durch die bisher fehlende Koordination der im Bundesstaat notwendigerweise bestehenden finanzwirtschaftlichen Autonomie der öffentlichen Körperschaften, heraufbeschworen worden war[29].

Das Hauptziel der Aufrechterhaltung eines gesamtwirtschaftlichen Gleichgewichts, das durch Art. 109 GG zum Verfassungsprinzip erhoben worden ist[30], soll durch Maßnahmen der globalen Wirtschaftssteuerung erreicht werden. Hierzu ist das gesamte Instrumentarium des StabG vorwiegend auf den Ausgleich konjunktureller Schwankungen im Verhältnis von Bund, Ländern und Gemeinden untereinander gerichtet (=Stabilität) [31, 32].

Zum ersten Mal fixierte damit ein Gesetz wirtschaftliche und finanzwissenschaftliche Erkenntnisse in der ihm eigenen Form. Der Verfassungsgeber stellte in Art. 109 GG die Ziele auf, der Bundesgesetzgeber lieferte im StabG die Instrumente zu ihrer Verwirklichung[33].

Der Bund wurde sich damit seiner Verantwortung für die Aufrechterhaltung eines gesamtwirtschaftlichen Gleichgewichts zwischen Bund,

---

29 Vgl. *Stern-Münch*, Komm. StabG S. 34.

30 Vgl. *Maunz*, NJW 1968, S. 2033 ff. (2034).

31 Vgl. hierzu im einzelnen u. über die Notwendigkeit globaler Steuerung *Stern-Münch* a.a.O. S. 34.

Neben den übrigen beiden Mitteln der Konjunktursteuerung (Kredit- u. steuerpol. Maßnahmen) ist die im StabG verwirklichte Haushaltspolitik zwar als wirksamstes (unmittelbar und schnell greifendes) Mittel anzusehen. Auch sie ist jedoch nicht ohne Problematik: Die Haushaltssteuerung hat sich in dieser Eigenschaft zwar in Perioden des Konjunkturabschwungs bewährt; fraglich bleibt sie aber in Perioden konjunkturellen Aufschwungs (1968/69). Häufig stehen politische Rücksichten der Rückzahlung von Schulden oder gar der Bildung einer Konjunkturausgleichsrücklage entgegen. Zum anderen ist der Zeitpunkt für den Einsatz konjunkturpolitischer Maßnahmen schwer festzustellen. Preisschwankungen sind z. B. nicht unbedingt ein sicheres Anzeichen für ein notwendig werdendes Eingreifen, da solche unter Umständen noch stattfinden, wenn die Konjunktur bereits rückläufig ist.

Vgl. zuletzt das Sondergutachten des Sachverständigenrats zur Begutachtung der gesamtwirtschaftlichen Entwicklung v. 9. 5. 70 (Mehrheits- u. Minderheitsvotum: Mehrheit für Ausschöpfung des Instrumentariums des StabG, insbesondere Anwendung der §§ 26, 27; Minderheit für Abwarten) s. Südd. Zeitung v. 16./17. 5. 1970 S. 23.

32 Zusammen mit der Konstituierung des Finanzplanungsrats wird zur Gewährleistung einer einheitlichen Konjunktur- und Wachstumspolitik der öffentlichen Haushalte ein „zweiphasiges Konzept" verfolgt:

Eine *erste Phase* dient der Erarbeitung einer alle öffentlichen Haushalte umfassenden Finanzplanung, bei der einheitliche volks- und finanzwirtschaftliche Annahmen und Schwerpunkte für die Erfüllung der öffentlichen Aufgaben ermittelt werden.

Als *zweite Phase* hat sich diese Politik darauf zu richten, sich des durch das StabG zur Verfügung gestellten Instrumentariums zu bedienen, vgl. hierzu *Elsner*, DÖV 1968, 520 ff.

33 Vgl. *Rüfner* a.a.O. S. 217.

Ländern und Gemeinden bewußt[34]. Gegenüber den Haushaltsplänen des Bundes und der Länder hat das StabG etwa die Funktion eines Gesamtplanes[35] im Range eines einfachen Bundesgesetzes.

b) Die verfassungsrechtliche Problematik im Hinblick auf die Herstellung direkter Kontakte zwischen Bund und Gemeinden

Im Zusammenhang mit dem Erlaß des StabG wurde gesagt, daß die notwendige Koordinierung von Bund, Ländern und Gemeinden unter dem finanzwirtschaftlichen Aspekt schwer lösbare Fragen aufwerfen würde, da Länder und Gemeinden gerade auf dem Gebiete der Leistungsverwaltung eine Reihe von Möglichkeiten hätten, einer wirtschaftlichen Steuerung durch den Bund entgegenzutreten[36]. Solche Bedenken waren und sind jedoch nicht begründet. Denn ein derartiges Entgegenwirken durch die Länder und Gemeinden würde ganz sicher gegen das justiziable Prinzip der Bundestreue[37] verstoßen. Evtl. mögliche Spannungen in der Praxis haben sich ferner schon dadurch entschärft, daß weder die Länder noch gar die Gemeinden finanziell in der Lage sind, eigene wirtschaftspolitische Maßnahmen größeren Stils gegenüber dem Bund zu entwickeln[38].

Bereits die Auffassung von Stern, es könne verfassungsrechtlich nicht mehr darum gehen, aus der Position des freiheitlich demokratischen Rechtsstaats — wie ihn u. a. die Institution der Gemeinden verkörpert — Gegenkräfte gegen die bundesstaatlichen Aktivitäten aufzubauen, sondern vorwiegend darum, diese in den Staatstypus zu integrieren, kann im Hinblick auf das garantierte Selbstverwaltungsrecht der Gemeinden keine uneingeschränkte Zustimmung finden[39]. Ebensowenig ist die pauschale Behauptung, der Föderalismus sei mit Wirtschaftslenkung nur schwer verträglich[40] in vollem Umfang gerechtfertigt.

Eine sinnvoll verstandene Gemeindeautonomie steht einer zentralen Wirtschaftssteuerung, wie sie die Bundesregierung aufgrund des StabG auszuüben berechtigt ist, nicht im Wege.

---

[34] *Stern-Münch* a.a.O. S. 49.

[35] *Stern-Münch* a.a.O. S. 51 sprechen von einem „Plan der Pläne".

[36] *Rüfner* a.a.O. S. 217.

[37] Besser „*Bundesstaatstreue*" s. oben Abschnitt 1.

[38] *Rüfner* a.a.O. S. 217 FN 41.

[39] Zutreffend ist diese Auffassung allerdings für den Bereich der wirtschaftsrechtlichen Betätigung der Länder und Gemeinden, vgl. *Stern-Münch* a.a.O. S. 54.

[40] *Rüfner* a.a.O. S. 218, wohl auch *H. Wagner*, DVBl. 1968, 604 ff.

Auf der anderen Seite ist nicht zu verkennen, daß durch die Änderung des Art. 109 GG und das aufgrund dieser Verfassungsbestimmung erlassene StabG die finanzwirtschaftliche Autonomie gerade der Gemeinden gewissen notwendigen Beschränkungen unterworfen worden ist.

Die zahlreichen Stimmen, die u. a. auch aus bundesstaatlichen, insbesondere kompetenzwahrenden Gründen gegen diese Art von Wirtschaftslenkung durch den Bund laut geworden waren, sind aber in der Zwischenzeit verstummt. Mit der im Rahmen der sog. Haushaltsreform geänderten Fassung des Art. 109 III[41] die gegenüber der früheren allgemeinen Fassung den Zusatz „für Bund und Länder" enthält, wurde nunmehr nämlich klargestellt, daß ein direkter Durchgriff auf die Gemeinden nicht zulässig ist.

Bedenken verfassungsrechtlicher Art werden aber noch gegen verschiedene im StabG enthaltene Einzelbestimmungen vorgebracht.

So wird in der Literatur ausführlich untersucht[42], wieweit § 16 des StabG verfassungsrechtliche Zweifel aufwerfe.

Durch ihn wurden die Gemeinden auf die Ziele des § 1 des StabG ausdrücklich verpflichtet. Die Ausdehnung war notwendig, weil die Haushaltswirtschaft der Kommunen trotz vieler Abhängigkeiten von dem Haushalt des jeweiligen Landes insofern eine gewisse Eigenständigkeit besitzt, als jede Gemeinde ihren Haushalt eigenverantwortlich und selbständig aufstellt (vgl. Art. 106 IV GG). Dieses Recht zur selbständigen Haushaltführung ist Bestandteil der zum Selbstverwaltungsrecht des Art. 28 II GG zählenden Finanzhoheit der Gemeinden[43].

Verfassungsrechtliche Bedenken gegen § 16 StabG[44] wurden vor allem daraus hergeleitet, daß der neugefaßte Art. 109 III GG, auf dem das StabG beruht, lediglich von Bund und Ländern spricht, die Gemeinden aber nicht erwähnt, während nur in Art. 109 IV Nr. 1 alle Gebietskörperschaften, also auch die Gemeinden, angesprochen sind. Es wurde

[41] Vgl. 20. Änd.G. z. GG v. 12. 5. 1969 (BGBl. I 357); In dem vom Bundestag auf seiner 204. Sitzung am 11. 12. 1968 (Drucks. V/3605) angenommenen Entschließungsantrag des Bundesrats heißt es hierzu (gekürzt):
Die zwischen Bund, Ländern und Gemeinden durch Art. 109 II beabsichtigte koordinierte Finanzplanung kann nur durch Anpassung auch des kommunalen Haushaltsrechts erreicht werden. Die Regelung des komm. Haushaltsrechts ist jedoch Sache der Länder. Die Landesgesetzgeber werden daher um Anpassung ihrer gemeindl. Haushaltsrechte an das des Bundes gebeten.

[42] Vgl. z. B. *Stern-Münch*, Komm. z. StabG S. 157 ff.

[43] *Stern*, BK Anm. 157 zu Art. 28 GG.

[44] s. z. B. *Th. Sponheuer*, Probleme des Stabilitäts- und Wachstumsgesetzes, S. 40: „... aus systematischen Gründen ist es nicht möglich, den Begriff ‚Länder' soweit auszulegen, daß durch ihn auch die Gemeinden erfaßt werden ... § 16 I StabG muß daher als verfassungswidrig angesehen werden"; ähnlich *Böckenförde*, DÖV 1969 S. 744.

in Zweifel gezogen, ob man aus der letztgenannten Bestimmung schon darauf schließen könne, daß damit für den Bund über Art. 73 Nr. 4 i. V. mit Art. 109 III GG ein Gesetzgebungstitel geschaffen wurde, der auch die Gemeinden auf eine konjunkturgerechte Haushaltswirtschaft verpflichten kann. Diese Bedenken sind jedoch unbegründet. In Art. 109 GG werden die Gemeinden wie an anderen Stellen des Grundgesetzes[45] als Teile der Länder behandelt[46] und daher nicht gesondert aufgeführt. Eine Berufung der Kommunen auf die ausschließlich den Ländern zustehende Kompetenz zur Setzung von Kommunalrecht scheidet damit aus. Das Argument von Stern[47], mit Art. 16 I StabG sei nicht Kommunalrecht, das in die Zuständigkeit der Länder falle, normiert worden, sondern Finanzrecht, für das der Bund zuständig sei, fällt demgegenüber nicht ins Gewicht, ist es doch ohnehin von zweifelhaftem Wert, da das Finanzrecht im kommunalen Bereich dem Kommunalrecht als dessen Bestandteil jedenfalls untergeordnet ist.

Man wird zugeben müssen, daß derselbe Effekt, wie er durch die Änderung des Art. 109 GG[48] i. V. mit dem StabG erzielt werden kann, durch eine Aktivierung des sog. kooperativen Föderalismus wohl niemals zu erzielen gewesen wäre[49].

Einmal ist zu bedenken, daß diese Form der „zwanglosen Koordination“ der bundesstaatlichen Glieder im Grundgesetz expressis verbis nicht enthalten ist[50]. Zum anderen wäre durch sie die so notwendige Einstimmigkeit aller Vertragspartner, also auch die Einbeziehung der fast 25 000 kommunalen Haushalte, ohne Einräumung bundesgesetzlicher Lenkungsmöglichkeiten auch gegenüber den Gemeinden wohl sehr stark in Frage gestellt. Da der Bund zwar gem. Art. 74 Nr. 11 GG zum Erlaß allgemeiner wirtschaftslenkender Gesetze zuständig ist[51], weil im

---

45 Vgl. insbes. die neuen Bestimmungen über die Finanzverfassung nach der 20. GG-Änd. Art. 91 a, b, 104 ff. GG.

46 Vgl. *Maunz-Dürig* a.a.O. S. 22 zu Art. 109 GG.

47 Komm. StabG S. 158.

48 Vorgeschlagen wurde diese GG-Änd. bereits v. *Fischer-Menshausen*, vgl. Gutachten zur Finanzreform, Tz 512 a; für richtig gehalten ferner von *Benda*, NJW 1967, S. 851 m. Nw.; *Köttgen*, AfK 1966, 15 ff.; *Zuck*, NJW 67, 1303; *Patzig*, DVBl. 1966, 675; s. ferner den Mehrheitsbeschl. des Bundestags (Drucks. V/1686 S. 2).

49 Bekanntlich wurde bei den Vorarbeiten zum StabG wegen dem Erfordernis der Bundesstaatlichkeit auch erwogen, statt einer Änderung des GG den Weg eines Verwaltungsabkommens zwischen Bund und Ländern zu gehen (vgl. Wirtsch. Ber. 1964, BT-Drucks. IV/1752 S. 7 zit. n. *Stern*, Die Neufassung d. Art. 109 GG, NJW 1967, 1831 ff.; *Patzig*, DVBl. 66, 674; *Köttgen*, AfK 1966, 13 ff. m. Nw.).

50 Nach wohl überwiegender Meinung; dagegen bestehen heute aber wohl kaum noch schwerwiegende Bedenken verfassungsrechtlicher Art, vgl. z. B. *Rudolf*, Bund u. Länder im aktuellen dt. Verfassungsrecht 1968, 25 ff.

51 Vgl. BVerfGE 4, 7 (13).

Rahmen dieser Bestimmung das Recht der Wirtschaft in einem umfassenden Sinne zu verstehen ist[52], die Regulierung eigenwirtschaftlicher Tätigkeiten von Ländern und Gemeinden durch den Bund aber dennoch sehr problematisch war[53], war es zur Vermeidung evtl. späterer Verfassungsstreitigkeiten zweckmäßig und wegen der Ernsthaftigkeit derartiger Bedenken wohl auch notwendig, durch Art. 109 GG (neu) eine eigene verfassungsrechtliche Grundlage für den Erlaß des StabG zu schaffen.

Diese Notwendigkeit wird durch die Tatsache erhärtet, daß auch nach der besagten Änderung der Verfassung die Diskussion um deren Zulässigkeit nicht verstummte. Die Problematik wurde nunmehr in die Sphäre der sog. verfassungswidrigen Verfassungsnormen verlagert[54, 55]

Es wurde geprüft, wieweit Art. 109 GG (neu) evtl. gegen die höherrangige Verfassungsnorm des Art. 79 III GG verstoße[56]. Ein solcher Verstoß hinsichtlich des gemeindlichen Selbstverwaltungsrechts wäre aber nur bei voller Beseitigung der Finanzhoheit der Gemeinden, zu der insbesondere auch eine eigene Ertragshoheit gehört, anzunehmen. Diese wird durch die Bestimmungen des StabG jedoch nicht beseitigt. Damit steht, jedenfalls soweit das Selbstverwaltungsrecht der Kommunen in Mitleidenschaft gezogen werden könnte, die Einordnung der Konjunkturpolitik in einen gesamtstaatlichen Zusammenhang innerhalb eines gewissen Rahmens nicht im Widerspruch zu Art. 79 III GG[57].

Schließlich verstößt auch die in Art. 109 IV S. 1 Nr. 1 GG dem Bundesgesetzgeber eingeräumte Ermächtigung der Begrenzung von Kreditaufnahmen durch die Gemeinden nicht gegen die Garantie des gemeindlichen Selbstverwaltungsrechts. Sie tastet weder den Wesensgehalt der gemeindlichen Finanzhoheit an, da eine angemessene Finanzausstattung in der Regel auf anderen als lediglich kreditwirtschaftlichen Quellen beruht und somit auch nach der Einschränkung durch Art. 109 IV S. 1 Nr. 1 fortbesteht noch schützt Art. 28 die Gemeinde vor Eingriffen des Verfassungsgesetzgebers, soweit dadurch die Institution der Gemeinde als Bestandteil des bundesstaatlichen Aufbaus noch fortbesteht und nicht zur Farce wird.

---

[52] Vgl. *v. Mang.-Klein* Anm. XIX zu Art. 74 GG m. Nw; *Rüfner* a.a.O. S. 218.

[53] *Rüfner* a.a.O. S. 218.

[54] Diese Möglichkeit wird heute allgemein anerkannt, vgl. *Stern*, BK S. 65 zu Art. 100 GG mit Nw.

[55] Diese „fast völlige Verlagerung d. jur. Argumentation in das Verfassungsrecht", die schließl. in den Argumenten d. verfassungswidrigen Verf. Norm enden muß, wird v. *H. Wagner*, DÖV 1968, 604 ff. (606) zu Recht gerügt.

[56] Dies, obwohl, wie *H. Wagner*, DÖV 1968, 604 ff. (606) zu Recht ausführt, Art. 79 III GG weder das Selbstverwaltungsrecht der Gemeinden direkt berührt noch die Eigenstaatlichkeit der Länder unmittelbar erfaßt.

[57] Ebenso *Stern* a.a.O. S. 72/73.

Daß Art. 28 GG auch unmittelbar durch § 16 I StabG nicht verletzt sein kann, da den Gemeinden innerhalb des durch § 16 StabG gesetzten Rahmens noch genügend Raum zu „kraftvoller Eigenbetätigung und -entfaltung“ auf haushaltswirtschaftlichem Gebiet bleibt, hat das Bundesverfassungsgericht[58] zutreffend festgestellt.

Verfassungsrechtliche Bedenken gegen § 16 I StabG könnten aber insofern auftreten als der Bundesgesetzgeber durch diese Bestimmung die Gemeinden *unmittelbar* auf die Ziele des § 1 StabG verpflichtet hat, ohne die vom Grundgesetz geforderte Zwischenschaltung der Länder zu berücksichtigen[59]. Solche Zweifel an der Verfassungsmäßigkeit dieser Bestimmung ließen sich nur dann ausräumen, wenn entweder aus der Ermächtigungsnorm des Art. 109 GG entnommen werden könnte, daß dem Bundesgesetzgeber im Rahmen eines zu erlassenden Zustimmungsgesetzes eine eigene Sonderkompetenz zur unmittelbaren Normierung auch des Kommunalbereichs eingeräumt werden sollte, es sich bei Art. 109 III, IV GG somit um echte Sonderkompetenzen für den Bundesgesetzgeber handelt, oder sich die Verfassungsmäßigkeit des § 16 I im Zusammenhang mit dem dazuzulesenden Abs. II ergeben würde, Abs. I also lediglich als Zielvorstellung (Programmsatz) für die Länder aufzufassen ist.

Art. 109 III ermächtigt den Bundesgesetzgeber lediglich für das Haushaltsrecht, eine konjunkturgerechte Haushaltswirtschaft und für eine mehrjährige Finanzplanung gemeinsame Grundsätze für Bund und Länder im Rahmen eines Bundesgesetzes aufzustellen. Er bezieht die Gemeinden nicht mit ein. Das ergibt sich ganz eindeutig aus dem Wortlaut dieser Verfassungsbestimmung und wird von der Entstehungsgeschichte nicht in Frage gestellt. Auch aus dem Sinn und Zweck unmittelbarer Eingriffe des Bundesgesetzgebers auf die Gemeinden, der lediglich einen unmittelbaren Durchgriff aus Gründen der unabweisbaren Notwendigkeit rechtfertigen kann[60] und andernfalls bereits am Grundsatz der Verhältnismäßigkeit des Mittels scheitern müßte[61], folgt, daß Art. 109 III eine andere Auslegung nicht zuläßt. Abs. III stellt somit *keine* Sonderkompetenz des Bundes zu unmittelbarer Ausübung von Lenkungsmaßnahmen gegenüber den Gemeinden dar.

Im gleichen Lichte ist auch die Bestimmung des § 16 I des StabG zu sehen. Sie ist nur dann verfassungsrechtlich unbedenklich, wenn man davon ausgeht, daß sie lediglich einen allgemeinen Grundsatz für die Gemeinden aufstellt, der den Ländern als Richtlinie zu den von ihnen gegenüber ihren Gemeinden erst durchzuführenden Maßnahmen dienen

58 In Städtetag 1967, 389; ebenso *Stern* a.a.O. S. 158.

59 Bedenken in dieser Richtung äußern auch *Stern-Münch* a.a.O. S. 158.

60 BVerfGE 22, 180 ff.

61 s. unten S. 116 ff.

soll. § 16 I darf bei einer solchen verfassungskonformen Auslegung nicht isoliert gelesen werden. Zu seiner eigentlichen Sinngebung ist vielmehr auch der nachfolgende Abs. II heranzuziehen[62], aus dem sich zweifelsfrei ergibt, daß es Sache der Länder bleiben soll, durch ihre Maßnahmen in geeigneter Weise auf die Gemeinden einzuwirken, um das in § 16 Abs. 1 bzw. § 1 StabG aufgezeigte Ziel des gesamtwirtschaftlichen Gleichgewichts nicht nur nicht zu gefährden, sondern auf ihre Weise auch zu unterstützen. Nur mit einer solchen verfassungskonformen Auslegung des Art. 16 I StabG kann erreicht werden, die Rechtsgültigkeit dieser Bestimmung aufrechtzuerhalten[63]. Denn nach dem Aufbau der bundesstaatlichen Ordnung des Grundgesetzes fehlt dem Bund in aller Regel eine unmittelbare Befugnis zum direkten Durchgriff auf die Gemeinden. Eine Art bundesrechtlicher Kommunalaufsicht kann es daher auch im Rahmen des StabG nicht geben[64].

Die Bedenken, die Stern-Münch im Zusammenhang mit § 16 II StabG noch äußern, indem sie die Frage aufwerfen, ob und inwieweit die in § 16 Abs. 2 durch den Bundesgesetzgeber ausgesprochene Verpflichtung der Länder zur Ergreifung geeigneter Maßnahmen für das gesamtwirtschaftliche Ziel gegenüber ihren Gemeinden dem Kommunalrecht der Länder angehören, erscheinen von geringerer Bedeutung. Da es nach dem eindeutigen Wortlaut der Bestimmung den Ländern überlassen bleibt, welche Maßnahmen sie für „geeignet" halten, um ihre Gemeinde auf die in § 1 StabG ausgesprochenen Ziele hinzuführen, braucht die vom BVerfG vertretene Theorie vom punktuell-organisatorischen Annex[65] materieller Bundeszuständigkeiten nicht eigens bemüht zu werden[66]. § 16 II StabG stellt weder einen unmittelbaren Eingriff des Bundes auf die Gemeinden dar, noch bestimmt er die zuständigen Landesorgane oder die Mittel, deren sich die Länder bei Ergreifen der erforderlichen Maßnahmen gegenüber den Gemeinden zu bedienen haben. Die Formel, „geeignete Maßnahmen zu ergreifen" überläßt den Ländern — ganz im Gegensatz zu vielen früheren wesentlich problematischeren Bundesgesetzen — jeden nur möglichen selbstverantwortlichen Entscheidungsspielraum. Allerdings bedeutet der Ausdruck „geeignete Maßnahmen"

---

62 Zur Methode, die jüngst auch vom BVerfG bei der Auslegung einzelner Bestimmungen des BSHG u. JWG erfolgreich angewendet wurde, vgl. BVerfGE 22, 180 ff.

63 Im Ergebnis ebenso *Stern* a.a.O. S. 158, 159.

64 Zum Fehlen einer bundesrechtl. kommunalen Aufsicht, vgl. insbes. das sog. „Volksbefragungsurteil" BVerfGE 8, 137 ff. (137).

65 Vgl. zuletzt etwa BVerfG in NJW 1967, 1797 II 1.

66 So aber die Lösung der angeblichen Problematik bei *Stern-Münch* S. 159: Art. 16 II StabG regele nicht so sehr substantiell das Verhältnis Gemeinde-Land, sondern sei streng akzessorischer sachlich notwendiger Annex zu materiellen bundesrechtlichen Zuständigkeiten, die sich aus dem StabG ergäben.

nicht, daß die Länder *zusätzlich* zu den ihnen nach Landesrecht zustehenden Kontroll- und Lenkungsbefugnissen gegenüber den Gemeinden noch weitere Einwirkungsbefugnisse erhalten sollten[67], soweit die ihnen zur Verfügung stehenden Maßnahmen zur Erreichung des in § 1 StabG genannten Zieles ausreichen. Insbesondere können nach § 16 II StabG nur solche Maßnahmen gerechtfertigt sein, die sich auf konjunktur-, wirtschafts- und haushaltswirtschaftliche Sachbereiche beziehen, so daß die von Stern geäußerten Befürchtungen einer totalen staatlichen Lenkungsgewalt gegenüber den Gemeinden[68] auch bei Einräumung zusätzlicher wirtschaftslenkender Maßnahmen durch die Länder wohl nicht berechtigt sind.

Da § 16 I StabG somit im Zusammenhang mit Abs. 2 eine verfassungskonforme Auslegung zuläßt, ist auch die Antwort auf die Frage, ob § 1 StabG *unmittelbar* Rechtspflichten für die Gemeinde begründet, zu verneinen. Nur unter diesem Vorbehalt ist die allgemein für finanzpolitisch notwendig gehaltene Einbeziehung der Gemeinden in die Konjunktur und Wachstumspolitik des Bundes verfassungsrechtlich legitimiert.

Damit erfaßt das Gebot der Rücksichtnahme auf das gesamtwirtschaftliche Gleichgewicht aber nicht nur die Länder (§ 1 StabG), sondern in Erfüllung dieser Stabilitätspflicht gegenüber dem Bund durch die Länder auch die Haushalte der Kommunen, ohne daß dies der geltenden Verfassung widerspräche.

Art. 16 I, II StabG garantieren dem Bund damit zwar Loyalität der gemeindlichen Haushaltsführung zu den von ihm in Krisenzeiten aufzustellenden Richtlinien, beinhalten aber *keine echte* Sonderkompetenz zur direkten Beeinflussung gemeindlicher Haushaltsführung.

Verfassungsrechtliche Skrupel hinsichtlich der uneingeschränkten Gültigkeit des § 19 StabG, der auch die Gemeinden in die von der Bundesregierung aufgrund von Rechtsverordnungen zu erlassenden Beschränkungen bei der Beschaffung von Geldmitteln im Wege der Kreditaufnahme unmittelbar einbezieht, bestehen wegen der ausdrücklichen Ermächtigung zu einer derartigen Bestimmung in Art. 109 IV Nr. 1 und Nr. 2 GG nicht. Diese Verfassungsbestimmung stellt insofern eine *echte* Ausnahmekompetenz für den Bund zur unmittelbaren Ausübung von Lenkungsmaßnahmen auch gegenüber den Kommunen dar. Sie ist durch ihren Zweck, nämlich der Abwendung einer Störung[69] des

[67] Vgl. *Stern*, BK S. 129 ff. zu Art. 28; *Stern-Münch*, StabG S. 160.

[68] s. die Erörterungen d. komm. rechtl. Arb. Gemeinsch. auf dem 47. Dt. Juristentag v. 17.—20. 9. 68 in Nbg. JUS 1968, S. 535.

[69] *Stern* bezeichnet diese in Art. 109 IV eingeräumte Kompetenz des Bundes daher zutreffend als sog. „Krisenverhütungskompetenz" des Bundes; der Begriff der „Störung" war lange Zeit umstritten:
Bundesregierung u. Bundesrat ließen im Anschluß an die Trögerkom-

gesamtwirtschaftlichen Gleichgewichts in ihrem Ausmaß und zeitlichen Dauer eindeutig begrenzt. Ihre Legitimation ergibt sich aus dem Vorliegen einer unabweisbaren Notwendigkeit für den Gesamtstaat, Störungen von sich und seinen Gliedern abzuwenden und bewegt sich somit im Rahmen des allgemeinen Verhältnismäßigkeitsgrundsatzes. Eine Ermächtigung für Maßnahmen der Bundesregierung folgt direkt aus dem Wortlaut des Art. 109 IV Nr. 2 S. 2, wobei die Zustimmung der Bundesregierung als wirksame Kontrolle zur Aufrechterhaltung des bundesstaatlichen Gleichgewichts als ausreichend angesehen werden kann.

Zugunsten der in § 19 StabG durch Bundesgesetzgeber oder Bundesregierung mit Zustimmung des Bundesrats zum Zwecke der Aufrechterhaltung des gesamtwirtschaftlichen Gleichgewichts angeordneten Kreditbeschränkung muß eine sinnvoll verstandene Gemeindeautonomie verständlicherweise zurücktreten. Dasselbe gilt für die im Grundgesetz zum Ausdruck gebrachte grundsätzliche Sperrwirkung der Länderstaatlichkeit hinsichtlich der zwischen Bund und Gemeinden bestehenden Rechtsbeziehungen. Das StabG trägt dieser Ausnahmesituation daher in dem verfassungsrechtlich zulässigem Umfang Rechnung, indem es den Bund zu raschem und zweckmäßigem Handeln auch durch direkte Lenkungsmaßnahmen auf dem Gebiet der finanzwirtschaftlichen Verhältnisse der Gemeinden ermächtigt. Der Charakter der Ausnahmesituation wird durch die Begrenzung solcher Beschränkungsmaßnahmen auf längstens ein Jahr entsprechend den Vorschlägen der Gemeinden für die Finanzreform[70] (§ 20 IV StabG) hinreichend deutlich.

Eine „Weiterentwicklung und Verfeinerung" der Bestimmungen des StabG für die Wirtschaftspolitik der nächsten Zeit — wie sie derzeit bereits im Gespräch ist[71] — kann sich nur innerhalb des aufgezeigten Rahmens bewegen. Weitere Lenkungsmöglichkeiten des Bundes gegenüber den Gemeinden könnten nur im Wege über die Länder erfolgen, es sei denn, eine erneute Grundgesetzänderung würde dem Bund weitere zusätzliche echte Sonderkompetenzen zu direkter Einflußnahme auf die Kommunen einräumen[72].

---

mission das Vorliegen einer „Gefahr" ausreichen, während der Bundestag auf den Begriff der „Störung" bestand (vgl. BT-Drucks. V/1686 S. 3; ferner *Zuck*, NJW 1967, 1303; *Stern*, NJW 1967, S. 1835).

Der Begriff der Störung bedeutet, daß eine Beeinträchtigung d. gesamtwirtschaftl. Gleichgewichts bereits eingetreten sein muß, vgl. *Stern* a.a.O. S. 1835.

70 Vgl. die Zusammenfassung des wesentlichen Inhalts des Gutachtens über die Finanzreform in DÖV, 1966, 109 ff. (114).

71 s. Südd. Zeitung v. 9./10. 5. 1970 S. 1 (Vorschläge der Opposition [CDU/CSU] gegen die augenblickliche Konjunkturüberhitzung).

72 Die Folgerung mancher, die vom Staat gesetzten Wirtschaftsdaten seien keinerlei verfassungsrechtlichen Schranken unterworfen, da es keinen verfassungsrechtlichen Schutz gegen den Marktmechanismus gebe (*H. Wagner*,

Andernfalls würde dem ohnehin faktischen Übergewicht der Finanzverfassung ein Sonderstatus gegenüber der allgemeinen Verfassungsordnung eingeräumt und diese weitgehend „denaturiert“[73].

Eine unüberwindbare Grenze für die weitere Übertragung echter Sonderkompetenzen auf den Bund bildet aber die Vorschrift des Art. 79 III GG[74], obwohl sie konkrete Züge des bestehenden Verfassungssystems nicht garantiert[75]. Garantiert ist jedoch der Typus der bundesstaatlichen Grundstruktur[76], zu dem auch ein sinnvolles Gleichgewicht zwischen den einzelnen Gliedern gehört. Innerhalb dieses Rahmens aber steht einer weiteren Kompetenzübertragung auf den Bund auch in Form echter Sonderkompetenzen durch die Verfassung kein Hindernis im Wege. Bei der Übertragung weiterer Sonderkompetenzen auf den Bund wäre allerdings zur Wahrung des bundesstaatlichen Gleichgewichts der Vorschlag von Heubl, evtl. eine Umverteilung von Kompetenzen zwischen Bund und Ländern vorzunehmen[77], eine ernsthafte Prüfung wert.

II. Finanzverfassungsrechtliche Sonderkompetenzen des Bundes

1. Allgemeine Überlegungen zur Finanzreform

Die Einsicht, daß die Beschaffenheit der Finanzverfassung auch für das übrige Verfassungsgefüge des Bundesstaates von höchster Bedeutung ist[78], wird man heute nicht mehr ernsthaft bestreiten können; sie ist eine der tragenden Säulen des bundesstaatlichen Aufbaus. Sowohl die rechtlichen und materiellen Grundlagen für die Tätigkeit von Bund, Ländern und Gemeinden als auch der finanzielle Spielraum dieser Gebietskörperschaften wird durch die Finanzverfassung entscheidend

---

Haller, Neumarkt) läßt sich m. E. nicht halten; vgl. *Friauf*, Schlußwort zur Ausspr. in VVDStRL 1969, 111.

[73] So *Friauf*, VVDStRL 1969, 42.

[74] Das wird von einigen bestritten, vgl. *H. Wagner*, DÖV 1968, 604 ff. (606); die gegenwärtigen Stimmen gehen jedoch überwiegend von der Rechtsverbindlichkeit des Art. 79 III aus, so z. B. *Hesse*, Der unitarische Bundesstaat 1962, 33; *Harbich*, Der Bundesstaat und seine Unantastbarkeit 1965, 92 ff.; *Herzog*, JUS 1967, 193 (196); *Patzig*, DVBl. 1966, 389 (396); *Lerche*, Aktuelle Verfassungsfragen S. 45.

[75] *H. Wagner*, DÖV 1968, 604 ff. (606); *Lerche*, Aktuelle föderalistische Verfassungsfragen (Gutachten) 1968, 49/50; *Stern*, Die Neufassung des Art. 109 GG, NJW 1967, 1831 ff. (1836).

[76] *Lerche* a.a.O. S. 50.

[77] BayVBl. 1968, 413 ff. (416): „Der Bund sollte nicht an Gesetzgebungszuständigkeiten festhalten, von denen sich inzwischen herausgestellt hat, daß sie einer bundeseinheitlichen Prüfung nicht bedürfen“; vgl. auch *Lerche*, Aktuelle Verfassungsfragen S. 19.

[78] Vgl. *H. U. Erichsen*, Konnexität S. 9; ferner *Sturm*, Die Finanzverantwortung von Bund, Ländern u. Gemeinden bei der Erfüllung staatlicher Aufgaben, DÖV 1968, 466 ff.

bestimmt[79]. Diese Einsicht war unter anderem eine der Antriebskräfte für das Zustandekommen des am 1. Januar 1970 in Kraft getretenen Finanzreformgesetzes[80].

Unter dem Stichwort „große Finanzreform"[81] werden nicht nur die Änderungen des Grundgesetzes zusammengefaßt, die sich für das bundesstaatliche Verhältnis und die Wirtschafts- und Finanzpolitik des Bundes ergeben haben, sondern auch solche, die sich auf den Bereich der Kommunen auswirken. Diese Vorschriften befassen sich in der Hauptsache mit der Verteilung des Finanzaufkommens und der Regelung der Kostenlast zwischen Bund, Ländern und Gemeinden (Art. 106, 104 a GG). Die Bedeutung der Finanzreform für die Gemeinden erschöpft sich jedoch nicht in der Neuordnung der Gemeindefinanzen. Interessen der Kommunen werden auch durch die Neueinführung sog. Gemeinschaftsaufgaben in Art. 91 a und die neue Investitionskompetenz des Bundes nach Art. 104 a GG berührt[82].

Primär ist Finanzreform[83] Ausgabenreform, auch wenn man sich in den Diskussionen der letzten Jahre angewöhnt hat, den Begriff der Finanzverfassung überwiegend auf die Verteilung der staatlichen Einnahmequellen zu beziehen[84]. Finanzreform bedeutet daher nicht nur eine grundlegende Neuregelung von Fragen der Einnahmewirtschaft, sondern hat in gleichem Maße auch deren Ausgabenseite zum Gegenstand. Da die staatliche Ausgabenpolitik gleichzeitig ein Spiegelbild ihrer Aufgabenwahrnehmung darstellt, beinhaltet Finanzreform in aller Regel auch eine Reform der Aufgabenverteilung zwischen den Beteiligten.

Abgesehen von wenigen, im 22. ÄndG[85] zum Grundgesetz vorgesehenen Fällen ist es bei der durch das 21. Gesetz zur Änderung des Grundgesetzes[86] verabschiedeten Finanzreform[87] zu einer grundlegen-

---

[79] Vgl. *Patzig*, Soll- u. Haben der Finanzreform, DVBl. 1969, 429 ff. (429).

[80] 21. Gesetz z. Änd. des GG (BGBl. I 1969 S. 359).

[81] Zur Verfassungsmäßigkeit s. *Maunz*, NJW 1968, 2033 ff.

[82] *Tiemann*, Bay Bgmstr 1970 S. 61 ff. (61).

[83] Zur Finanzreform s. zuletzt *W. Patzig*, Soll- u. Haben der Finanzreform, DVBl. 1969, 429 ff. u. *Stadler*, Die neue Finanzverfassung, BayVBl. 1969, 297 ff., 334 ff.

[84] JA 1969, 439; vgl. *H. U. Erichsen*, Konnexität S. 10.

[85] v. 12. 5. 1969 (BGBl. I S. 363); geändert wurden: Art. 74, 75 u. 96 IV GG.

[86] Sog. Finanzreformgesetz v. 12. 5. 1969 (BGBl. I S. 359).

[87] Stationen bis zum Zustandekommen dieses umstrittenen Reformwerkes am 9. 5. 1969 waren:

11. 12. 68 Verabschiedung des 20. ÄndG z. GG durch den Bundestag (204. Sitzung);

7. 2. 69 Anrufung des Vermittlungsausschusses durch den Bundesrat (334. Sitzung) Gründe: Gegenvorschläge u. Trennung des Reformwerks in 3 Teile: eigentliche Finanzreform, Haushaltsreform u. übrige GG-Änderungen;

den Neuregelung der bundesstaatlichen Kompetenzverteilung jedoch nicht gekommen. Die Verfassung ist damit grundsätzlich bei der bisherigen Aufgaben- und damit Ausgabenverteilung stehen geblieben[88].

2. Die Neuregelung des Lastenverteilungsgrundsatzes nach Art. 104 I a GG

Neu geregelt wurde aber die Finanzierung von Aufgaben. Insbesondere ist die Aufnahme detaillierter Regelungen über das Verhältnis von Aufgabe und Finanzierung in die Verfassung eine Novität, die auch für die Gemeinden Bedeutung erlangen kann. Zu einer eingehenden Erörterung der gesamten Problematik ist hier jedoch nicht der Ort; handelt es sich doch bei der Frage nach der Finanzierungskompetenz um ein „Hochspannungsfeld bundesstaatlichen Seins"[89]. Untersucht werden soll hier lediglich, ob und inwieweit durch die genannten Änderungen auch die Gemeinden berührt werden.

Die Grundregel, daß jede Seite des bundesstaatlichen Verhältnisses ihre eigenen Aufgaben zu erfüllen und damit auch zu finanzieren habe (Gedanke der Konnexität zwischen Ausgaben- und Verwaltungsverantwortung[90]), hat sich bisher nur mittelbar aus Art. 106 IV Nr. 1 GG herleiten lassen[91]. Nunmehr ist diese Frage in dem neuen Art. 104 a GG, der damit zu einer Grundregel der gesamten Finanzverfassung geworden ist[92, 93], allgemein[94] und ausdrücklich geregelt. Art. 104 a GG be-

---

20. 3. 69 Einigungsvorschlag des Vermittlungsausschusses v. Bundestag z. T. zugestimmt, z. T. abgelehnt (222. Sitzung);

28. 3. 69 Mitteilung des Bundesrats an den Bundeskanzler, daß der Finanzreform nicht zugestimmt werden kann (336. Sitzung) Begründung: Notwendigkeit einer Reform zwar bejaht, durch die vom Bundestag beschlossene Fassung des Art. 106 u. 107 GG würde jedoch das originäre Steueraufkommen der Länder beseitigt werden;

23. 4. 69 neuer Antrag des Vermittlungsausschusses vom Bundestag angenommen (227. Sitzung);

9. 5. 69 Zustimmung des Bundesrats zum Antrag des Vermittlungsausschusses (338. Sitzung).

88 *Patzig*, DVBl. 1969, 429 ff. spricht daher von der verabschiedeten Finanzverfassung als „Meilenstein nicht Endziel" einer Reform u. hält die Verfeinerung der Finanzverfassung zu Recht als eine permanente Aufgabe eines Staates.

89 Vgl. *H. U. Erichsen*, Konnexität, S. 12.

90 Vgl. *Hettlage*, AfK 1964, 8; zuerst *Fischer-Mensh.*, DÖV 1948, 10, 57; 1949, 49, 101; 1952, 52, 673 ff.

91 Vgl. *Strauß*, Finanzverfassung 1969, 44; *Hohrmann* a.a.O. S. 177.

92 Vgl. JA 1969, 440; *H. U. Erichsen*, Konnexität, S. 37.

93 Er wurde aus diesem Grunde im Anschluß an den Vorschlag des Gutachtens für die Finanzreform (TZ 7, 201) an die Spitze des X. Abschnitts über das Finanzwesen gestellt, vgl. *H. U. Erichsen*, Konnexität S. 17 s. auch *W. Patzig*, DVBI. 1969, 429 ff. (432).

94 Dem Gedanken der Konnexität wurde auch schon vor Verabschiedung der Finanzreform allgemeine Bedeutung zugebilligt, obwohl er ausdrücklich

gründet die finanzielle Eigenverantwortung des jeweiligen Aufgabenträgers[95]. Umgekehrt entscheidet aber auch die Aufgabenzuständigkeit über die Frage, wer die aus der Aufgabenerfüllung erwachsenen Kosten (Verwaltungskosten und Zweckausgaben) zu tragen hat[96]. Durch die Fassung des Art. 104 a GG sind bisher vereinzelt aufgetauchte Zweifel über den zwingenden Charakter des Lastenverteilungsgrundsatzes beseitigt worden[97].

Es wurde auch klargestellt, daß dieses Prinzip nicht nur ermächtigende, sondern auch begrenzende Wirkung hat[98]. Sinn des Lastenverteilungsgrundsatzes ist nämlich auch die Gewährleistung der bundesstaatlichen Struktur.

Was früher bei der schematischen Lastenverteilung nicht berücksichtigt sein konnte, nämlich die Tatsache der steigenden Zahl bundesgesetzlicher Verwaltungsvorschriften und Einzelweisungen nach Art. 85 V GG und der Umstand, daß die Länder und ihre Behörden, zu denen in diesem Zusammenhang auch die Gemeinden zählen, einem entscheidenden Verwaltungseinfluß des Bundes unterliegen, wird in der Fassung des Art. 104 a V GG nunmehr geregelt. Die Frage, wer die Kosten trägt, wenn die Länder im Auftrag des Bundes handeln[99], ist damit eindeutig zu Lasten des Bundes geklärt[100] (Art. 104 a II). Diese Kostentragungspflicht des Bundes folgt aus dem allgemeinen Lastenverteilungsgrundsatz: Die Länder nehmen bei der Auftragsverwaltung Bundesaufgaben wahr; der Bund ist gegenüber der obersten Landesbehörde weisungsbefugt und trägt damit die letzte Verwaltungsverantwortung. Daraus folgt, daß der Bund auch die entstehenden Sachausgaben zu tragen hat[101]. Bei der Ausführung von Bundesgesetzen als eigene Angele-

---

nur im Bereich des Finanzausgleichs zwischen Bund und Ländern für anwendbar erklärt war (vgl. *Hohrmann* a.a.O. S. 177; *Köttgen*, JÖR 11, 199; *Maunz-Dürig* a.a.O. S. 7 zu Art. 106 (alt) GG; *Sturm*, DÖV, 1966, 256 ff. (261); *Fischer-Mensh.*, DÖV 1955, 261; *Seeger*, DÖV 1968, 781 ff. (781);

H. U. Erichsen spricht von einer „verfassungsgestaltenden Grundentscheidung", Konnexität S. 16;

a. M. Patzig, AÖR 86, 261 f. (272, 312) u. DVBl. 1966, 390: der allgemeine Lastenverteilungsgrundsatz sei wegen der Unklarheiten in der verfassungsrechtlichen Abgrenzung der Verwaltungszuständigkeiten von Bund und Ländern und der Verzahnung ihrer Zuständigkeiten niemals Verfassungswirklichkeit geworden.

Ähnl. *Köttgen*, JÖR, Bd. 11 n. F. S. 244/245: die Staatspraxis habe sich nie an den Lastenverteilungsgrundsatz des Art. 106 IV S. 2 Nr. 1 gehalten.

[95] *Strauß* a.a.O. S. 109.

[96] *Sturm*, DÖV 1966, 256 ff. (261).

[97] Vgl. *H. U. Erichsen*, Konnexität S. 18.

[98] *H. U. Erichsen*, Konnexität S. 18.

[99] Art. 85, 87 b II, 87 c, 87 d II, 90 II, 120 a II GG.

[100] *Patzig*, DVBl. 1969, 429 ff. (432) spricht von einer „begrüßenswerten Klarstellung".

[101] *Strauß* a.a.O. S. 109.

genheit nach Art. 83 ff. nehmen die Länder dagegen eigene Aufgaben wahr und haben nach dem allgemeinen Lastenverteilungsgrundsatz auch die Kosten zu tragen.

Die Bestimmung des Art. 104 a II GG gilt nicht nur für die Fälle, in denen Länder und Gemeinden Bundesgesetze im Auftrag des Bundes ausführen, sondern auch dann, wenn sie unmittelbar aufgrund der Verfassung im Auftrag des Bundes tätig werden (z. B. nach Art. 83 ff, 84 I, 85 I GG). Art. 104 a II betrifft jedoch nur die Sach(Zweck)ausgaben, nicht die Verwaltungskosten des jeweiligen Aufgabenträgers[102]. Für diese trifft Art. 104 a V eine abweichende Regelung insofern als sie dem jeweiligen Verwaltungsträger zur Last fallen.

Der Umstand, daß es heute nicht mehr allein auf die Verwaltungskosten, sondern zum großen Teil auch auf die umfangreichen Zweckausgaben ankommt, da der am Sozialstaatsprinzip [103] orientierte Bundesgesetzgeber die Länderverwaltung in vielen Fällen zum Leistungsträger bestimmt hat und nicht nur ihr, sondern gerade auch den Gemeinden eine Reihe von Subventionspflichten auferlegt hat[104], hat der Verfassungsgesetzgeber im Rahmen der Finanzreform durch Abs. 3 des neuen Art. 104 a GG z. T. Rechnung getragen (Kostenregelungen bei sog. Geldleistungsgesetzen[105]). Art. 104 a III GG, der auf einem Kompromiß zwischen Bundesregierung und Bundestag beruht[106], überläßt es der Bestimmung von Bundesgesetzen, in welcher Höhe eine gemeinschaftliche Finanzierung solcher Gesetze zwischen Bund und Ländern erfolgen soll[107]. Dabei handelt es sich dann um ein Zustimmungsgesetz,

---

102 Das ergibt sich aus Abs. V, vgl. *Patzig* a.a.O. S. 432.

103 Zum Sozialstaatsprinzip vgl. neuerdings *Zacher*, Das Sozialstaatsprinzip in der Rechtspr d. BVerfG, BayVBl. 1969, 113 ff.

104 Vgl. z. B. § 10 III BSHG; §§ 5 I, II, 8 III i. V. mit 5 III 2 JWG; § 11 WohnBauG; § 12 WohnBauG; Sparprämiengesetz v. 6. 2. 63 (BGBl. I S. 93); Wohnungsbauprämienges. v. 25. 8. 60 (BGBl. I S. 173); WohnGG v. 1. 4. 65 (BGBl. I S 177).

105 Sog. Geldleistungsgesetze sind z. B das Wohnungsbauprämiengesetz, Sparprämiengesetz, Wohngeldgesetz, Ausbildungsförderungsgesetz.

106 Die Bundesregierung hatte vorgeschlagen, bei diesen Geldleistungsgesetzen eine Bundesauftragsverwaltung und als deren Folge die Kostentragungspflicht des Bundes für die Zweckausgaben (Art. 104 a II) zu ermöglichen, weil bei ihnen für ein Verwaltungsermessen der diese Gesetze ausführenden Behörde kein Raum bleibe und die Gesetzesausführung sich „auf den wortgetreuen Vollzug der angeordneten Maßnahmen" beschränke (s. schriftl. Ber. d. BT S. 6). Der BT hatte sich im Gegensatz hierzu für eine „flexible Lösung" in Form einer gemeinschaftl. Finanzierung entschieden. Die Bedenken des Bundesrats, dies widerspreche dem erklärten Ziel der Reform, nämlich der klaren Abgrenzung der Finanzzuständigkeit zwischen Bund u. Ländern, führten schließl. zu der Kompromißformel; vgl. *Patzig* a.a.O. S. 432.

107 s. z. B. das Ausbildungsförderungsgesetz v. 19. 9. 69 (BGBl. I S. 1719), nach dem der Bund sämtliche Sachausgaben, die Länder alle Verwaltungsausgaben zu tragen haben (§ 41).

wenn die Länder und Gemeinden ein Viertel oder mehr von den anfallenden Ausgaben zu tragen haben.

Nach dem Wortlaut dieser Vorschrift könnten unter den Begriff der „Geldleistungsgesetze" auch solche fallen, die Geldleistungen z. B. allein an die Gemeinden vorsehen. Diese werden von dem gebrauchten Begriff jedoch nicht erfaßt, sondern fallen in den Bereich des Finanzausgleichs unter den öffentlichen Gebietskörperschaften[108]. Die einleitende Vorschrift des Art. 104 a zu den Bestimmungen über die Finanzverfassung soll damit grundsätzlich auch die Lastenverteilung klären. Ob damit allerdings der Streit, wieweit die Aufgabenverantwortung an die Ausführung der Gesetze oder an die Gesetzgebungskompetenz zu knüpfen ist, schon ausgeräumt ist[109], darf dahingestellt bleiben.

3. Die Investitionskompetenz des Bundes nach Art. 104 a IV GG

Für die Gemeinden ist wohl die in Art. 104 a IV GG ausgesprochene Ermächtigung für den Bund, sich unter bestimmten Voraussetzungen auch an der Finanzierung von Investitionen der Kommunen beteiligen zu können, die bedeutsamste Neuregelung[110].

a) Art, Umfang und Bedeutung dieser Zuständigkeitsnorm

Im Rahmen der in Art. 104 a IV vorgesehenen Finanzhilfen kann der Bund den Ländern Zuschüsse „für besonders bedeutsame Investitionen der Länder und Gemeinden gewähren". Diese generalklauselartige Formulierung ermöglicht dem Bund Investitionshilfen auf zahlreichen die Kommunen unmittelbar betreffenden Gebieten[111].

Drei einander gleichwertige Tatbestände dieser neuen Verfassungsbestimmung sind zu unterscheiden: Erste Alternative einer möglichen Anwendung ist die Störung des gesamtwirtschaftlichen Gleichgewichts[112]. Dabei kann der Bund Finanzhilfen für Investitionen der Gemeinden bereits dann gewähren, wenn diese besonders bedeutsam und zur „Abwehr" einer gesamtwirtschaftlichen Gleichgewichtsstörung unbedingt erforderlich sind, wenn die Störung auf andere Weise also nicht abgewehrt werden kann. Nicht kommt es dabei darauf an, ob eine

---

108 *Strauß* a.a.O. S. 110.

109 So aber *Schmidt-Bleibtreu/Klein*, Komm. z. GG (1969) Anm. 3 zu Art. 104 a; wie hier JA 1969, S. 440.

110 Zur Problematik der sog. Fondswirtschaft vgl. zuletzt *Groß*, DVBl. 1969, S. 93 ff. (Kooperativer Föderalismus u. GG) und S. 125 ff.

111 *Tiemann*, BayBgmstr 1970 S. 61 ff. (62).

112 Über diesen Tatbestand bestand von Anfang an Übereinstimmung zwischen BT u. BR, vgl. Entw. eines 20. ÄndG z. GG in der vom BT am 11. 12. 68 angenommenen Fassung, BT-Drucks. Nr. V/2861 aus V/3040, V/3515, V/1086, V/2280 u. V/3483.

Störung unmittelbar bevorsteht[113] oder schon eingetreten ist[114], sondern lediglich darauf, daß eine bei Untätigkeit des Bundes mit Sicherheit zu erwartende Gleichgewichtsstörung durch die Gewährung von Finanzhilfen verhindert werden kann. Allerdings ist für ein Eingreifen des Bundes nicht schon der Verdacht oder die Wahrscheinlichkeit, also die Gefahr einer Störung ausreichend. Der Bund muß vielmehr im Zeitpunkt der Gewährung von Finanzhilfen schon voraussehen können, daß bei Nichtgewährung eine Störung[115] eintreten wird. Diese enge Auslegung fordert der Ausnahmecharakter dieser Bestimmung. Insoweit liegt es aber im Ermessen des Bundesgesetzgebers bzw. der Bundesregierung, wann sie einen solchen Fall für eingetreten erachtet. Der Begriff der „Abwehr einer Störung" hat gegenüber dem gleichlautenden des Art. 109 IV zwar eine andere Funktion: Während bei Art. 109 IV eine Störung bereits vorliegen muß, da sonst konjunkturpolitische Maßnahmen nicht sinnvoll sind[116], regelt Art. 104 a IV mit der Mitfinanzierung von Investitionen der Länder und Gemeinden einen mehr oder weniger allgemeinen Gegenstand. Es genügt hier bereits eine mit Sicherheit zu erwartende Gleichgewichtsstörung. Art. 104 a IV ist jedenfalls nicht bloß als Notfinanzierungsklausel gedacht[117]. In beiden Fällen (Art. 109 und 104 a) bleibt dem Bund damit die endgültige Entscheidung darüber überlassen, wann er die Tatbestände einer mit Sicherheit zu erwartenden oder bereits eingetretenen Störung für erfüllt hält; denn als justiziabel wird man keinen der beiden Tatbestände ansehen können. Die Glieder bleiben in diesen Fällen auf die auch dem Bund obliegende wechselseitige Treuepflicht angewiesen.

Unter dem Begriff „bedeutsame Investitionen, die zur Abwehr von Störungen des gesamtwirtschaftlichen Gleichgewichts erforderlich"

---

113 So *Strauß* a.a.O. S. 111, der dieses Erfordernis aus dem Begriff „Abwehr" herleiten will. Aus diesem ergibt sich aber lediglich *das Ziel* u. der Zweck der zu ergreifenden Maßnahme (Verhinderung) nicht (unmittelbar) auch der genaue Zeitpunkt des Einschreitens.

114 So *Stern*, NJW 1967, 1831 ff. (1835) für Art. 109 IV GG; der dieselbe Wendung für das Einschreiten des Bundes auf dem Gebiete der Konjunktursteuerung gebraucht (vgl. auch §§ 15, 19 StabG), wenn er vom Begriff der Störung ausgeht u. (mißverständlich) schließt, eine Beeinträchtigung des gesamtwirtschftl. Gleichgewichts müsse bereits eingetreten sein u. eine Schädigung schon vorliegen, bevor der Bd. tätig werden dürfe. Diese Ungleichgewichtslage soll aber nicht nachträglich geheilt, sondern vor ihrem Eintritt gerade verhindert („abgewehrt") werden.

115 Ob bereits eine „Gefahr" für das gesamtstaatliche Gleichgewicht oder eine „Störung" der Gleichgewichtslage zu fordern sei, war schon für Art. 109 IV GG zwischen Bundesregierung u. Bundesrat einerseits u. Bundestag andererseits heftig umstritten. Der Bundestag hat sich mit dem Begriff der Störung schließlich durchgesetzt BT-Drucks. V 1686 S. 3 zit. nach *Stern* NJW 1967, S. 1831 ff. (1835), vgl. hierzu auch *Zuck* NJW 1967, 1303.

116 *Seeger*, DÖV 1968, S. 781 ff. (785).

117 *Seeger* a.a.O. S. 785.

sind, sind vor allem Maßnahmen der Konjunkturförderung zu Zeiten der Rezession[118] gemeint. Der Bund erhält durch Art. 104 a IV die Möglichkeit, im Bedarfsfall stützend und korrigierend[119] in den Wirtschaftsablauf seiner Glieder einzugreifen, soweit dieser sich auf den gesamtstaatlichen Ablauf auswirkt, da er die Verantwortung für die gesamtwirtschaftliche Entwicklung trägt. Da er damit lediglich konjunkturpolitische Zwecke verfolgt, bestehen dagegen keine verfassungsrechtlichen Bedenken.

Im Gegensatz zum 1. Teil war die Fassung der 2. Alternative des Art. 104 a IV zwischen Bundestag und Bundesrat bis zur endgültigen Form des Finanzverfassungsgesetzes heiß umstritten. Während der Bundestag als Generalklausel die „Wahrung der Einheitlichkeit der Lebensverhältnisse im Bundesgebiet" vorgesehen hatte, hat der Bundesrat eine generelle Investitionskompetenz des Bundes als zu weitgehend und im Widerspruch stehend zu der mit der Finanzreform beabsichtigten klaren Trennung der Verwaltungs- und Finanzierungszuständigkeiten abgelehnt und wollte die Kompetenz des Bundes speziell auf die Verbesserung der gemeindlichen Verkehrsverhältnisse und zur städtebaulichen Erneuerung und Entwicklung in den Gemeinden beschränkt wissen[120]. Es kam schließlich insoweit zu einem Kompromiß als es zwar bei einer Generalklausel blieb, diese aber auf wirtschaftliche Tatbestände begrenzt wurde. So wird z. B. der Bau von Schulen, Krankenhäusern oder Sportstätten nicht mehr von der Investitionskompetenz des Bundes erfaßt[121]. Die zweite Alternative des Art. 104 a IV GG dient damit der Verhinderung oder Behebung ungleichmäßiger wirtschaftlicher Entwicklungen in den einzelnen Landschaften des Bundesgebietes. In Zeiten der Rezession soll der Bund das Recht haben, konjunkturfördernde Maßnahmen in Ländern und Gemeinden durch die Gewährung finanzieller Beihilfen zu unterstützen[122]. Bei den Beratungen war man sich darüber einig, daß durch die neue Generalklausel auch die drei Aufgaben erfaßt werden sollen, für die die bundesgesetzliche Investitionskompetenz ursprünglich ins Leben gerufen worden war, nämlich die Fortführung der Finanzierungsaufgaben des Bundes im Bereich des 2. Wohnungsbaugesetzes, für das Programm zur Verbesserung der Verkehrsverhältnisse in den Gemeinden[123] aus dem Mineralölsteuer-

---

118 Vgl. Begründung des ÄndE des Bundesrats z. Entw. d. BT zu Art. 104 a IV, BR-Drucks. 14/69 (Beschl.) v. 7. 2. 69 S. 9 = Anl. z. Schr. d. BR-Präsidenten an den Vorsitzenden des Vermittlungsausschusses v. 7. 2. 69.

119 *Strauß* a.a.O. S. 111.

120 s. Anl. zum Beschl. BR-Drucks. 14/69 v. 7. 2. 69 S. 9.

121 Vgl. Stenogr. Ber. d. 338. Sitzung des BR S. 109.

122 s. Anl. z. Beschl. BR-Drucks. 14/69 v. 7. 2. 69 S. 7.

123 Vgl. hierzu *Honnacker*, Der Bund u. die Verkehrsverhältnisse in den Gemeinden, BayVBl. 1967, 258 ff.: Die Verwaltungszuständigkeit des Bundes

aufkommen und für die Finanzierung von Maßnahmen nach einem noch zu erlassenden Städtebauförderungsgesetz[124].

Durch gezielte Finanzhilfen des Bundes soll eine gleichmäßig sich entwickelnde Infrastruktur in den einzelnen Regionen des Bundesgebietes sichergestellt werden[125].

Schließlich sind Finanzhilfen des Bundes ganz allgemein zur Förderung des wirtschaftlichen Wachstums in Ländern und Gemeinden vorgesehen (3. Alternative). Zur Begrenzung der Intensität und des Ausmaßes solcher bundesgesetzlicher Lenkungsmaßnahmen hat Art. 104 a GG das Erfordernis der „besonderen Bedeutung" der Investitionen aufgestellt. Eine solche wird man insbesondere notwendigen Investitionen zur Verbesserung der Verkehrsverhältnisse in den Gemeinden, vor allem im Bereich der Großstädte, also den Verdichtungsräumen, zuerkennen können[126]. Hier haben sich bereits in zahlreichen Fällen derart untragbare Verkehrsnotstände gebildet, daß die wirtschaftliche Entwicklung solcher Gebiete gestört ist und die Gemeinden in absehbarer Zeit nicht in der Lage sind, diese Mängel aus eigener Kraft zufriedenstellend zu beseitigen[127]. Aus diesem Grunde hat der Bund in solchen Fällen auch bisher bereits Zuwendungen finanzieller Art an die Gemeinden gewährt. Ähnliches trifft für die Förderung des sozialen Wohnungsbaus nach dem 2. Wohnungsbaugesetz[128] zu.

Bei der nunmehrigen verfassungsrechtlich geregelten Gewährung von Bundesmitteln in Form von Finanzhilfen dürfen die Ziele des § 1 StabG, also insbesondere die Aufrechterhaltung eines gesamtwirtschaftlichen Gleichgewichts nicht beeinträchtigt werden. Dies legt § 12 StabG ausdrücklich fest und bestimmt darüber hinaus die Art und Weise, wie diese Forderung eingehalten werden soll.

(vor Verabschiedung des Finanzreformgesetzes) für Maßnahmen zur Verbesserung der komm. Verkehrsverhältnisse sei auf zwei Sachbereiche beschränkt: auf die Bundeseisenbahnen nach Art. 87 I 1 u. die Bundesautobahnen nach Art. 90 GG. Ein enger Zusammenhang zwischen diesen Kompetenzen des Bundes u. den komm. Verkehrsverhältnissen sei lediglich durch die Ortsdurchfahrten gegeben. Der Bd. habe daher weder eine generelle Gesetzgebungskompetenz noch eine allgemeine Verwaltungskompetenz für Maßnahmen zur Verbesserung der kommunalen Verkehrsverhältnisse. — Der Vorschlag der Tröger-Kommission, diesen Bereich bei den Gemeinschaftsaufgaben zu regeln, wurde nicht Gesetz.

124 Vgl. Stenogr. Ber. d. 338. Sitzung des BR S. 109 u. Entw. d. Bundesreg. Drucks. VI/510.

125 *Heubl*, BayVBl. 1968, 413 (415) hält dies für einen Eingriff in die Zuständigkeit der Länder.

126 Vgl. *Strauß* a.a.O. S. 113.

127 Vgl. z. B. das Problem des äußeren Fernstraßenrings z. Verbindung der Autobahn Stuttgart—Salzburg im Bereich der Landeshauptstadt München (Verkehrsnotstand insbes. während der Ferienmonate).

128 Fassung v. 1. 9. 64 (BGBl. I S. 1617).

b) Die verfassungsrechtliche Problematik der Investitionskompetenz in bezug auf die Gemeinden

Verfassungsrechtliche Zweifel, wie sie auch im Bereich des Art. 104 a GG laut geworden sind[129], können im Bereich der Kompetenzabgrenzung zwischen Bund, Ländern und Gemeinden zumindest soweit die direkten Beziehungen zwischen Gemeinden und Bund in Frage stehen, seit der Fassung des Art. 104 a IV GG nicht mehr aufkommen[130]. Denn schon nach dem Wortlaut dieser Verfassungsbestimmung ist eine unmittelbare bundesgesetzliche Einwirkung in den finanzwirtschaftlichen Eigenbereich der Gemeinden und damit evtl. eine Beeinträchtigung ihres Selbstverwaltungsrechts durch den Bund nicht zu befürchten. Nach allen drei Alternativen des Art. 104 a IV GG sind die *Länder* Empfänger der finanziellen Zuwendungen, auch wenn sie für Investitionen der Gemeinden bestimmt sind. Die Länder haben diese Mittel an ihre in Betracht kommenden Kommunen weiterzureichen. Ihre verfassungsrechtlich notwendige Mitwirkung ist auch dadurch gewährleistet, daß alles Nähere, insbesondere die Arten der zu fördernden Investitionen entweder durch ein zustimmungsbedürftiges Bundesgesetz oder aufgrund von Verwaltungsvereinbarungen des Bundes mit der Gesamtheit der Länder oder einzelnen von ihnen[131] bestimmt wird. Die kommunale Selbstverwaltungsgarantie des Art. 28 GG wird auch nicht dadurch tangiert, daß sich der Bund an bisher den Ländern allein zustehenden Aufgaben beteiligt[132].

Da der Bund nur mit den Ländern als Partner in Verbindung tritt, taucht die Frage, ob er überhaupt in den kommunalen Bereich unmittelbar eindringen darf, gar nicht auf. Im Falle des Art. 104 a IV GG tritt der Bund nicht in direkte Rechtsbeziehungen zu den Kommunen, sondern wirkt lediglich an der Erfüllung von Länderaufgaben mit. Freilich bedeutet die Mitfinanzierung des Bundes auch eine Beschränkung der politischen Wirkungsmöglichkeiten der Gemeinde. Denn der Bund kann sowohl im Gesetzgebungsverfahren als auch im Falle eines Verwal-

---

129 Vgl. *Heubl* a.a.O. S. 415; *Seger,* DÖV 1968, 781 ff.

130 Im Ergebnis ebenso *Thiemann,* BayVBl. 1970, 157 ff. (158 ff.).

131 Zur Problematik sog. Verwaltungsabkommen s. jedoch *Knöpfle* in „Der Staat“ 8 (1969) S. 79 als Erwiderung auf *Grawert,* Verwaltungsabkommen zwischen Bund und Ländern, Berlin 1967; ferner *Groß,* DVBl. 1969, 93 ff. Bedenken äußert *Seeger,* DÖV 1968, 781 ff. (786) unter Hinweis auf BVerfGE 1, 18 (35): die Finanzordnung genieße damit Vorrang vor der Kompetenzordnung des Bundesstaats; das Grundgesetz lasse eine Disposition der Länder über ihre Zuständigkeiten nicht zu; der Spielraum des Bundes zur Einflußnahme auf die Gliedstaaten und Gemeinden werde dadurch unbegrenzt, unberechenbar und unbestimmbar. —
Durch die Begrenzung auf ganz bestimmte Aufgabenbereiche ist zumindest aber der letztere Einwand ausgeräumt.

132 *Tiemann,* BayBgmstr 1970, 62 u. BayVBl. 1970, 157 ff. (160).

tungsabkommens auf Fragen, die bisher das Land allein mit den betroffenen Gemeinden abgesprochen hat, entscheidenden Einfluß ausüben[133]. Dem können die Gemeinden dadurch begegnen, daß sie ihre Investitionsprogramme rechtzeitig mit dem jeweiligen Land absprechen und diese Absprachen Bestandteil der Verhandlungen zwischen Bund und Ländern werden.

Neuerungen im Verhältnis von Gemeinden und Bund haben sich nach Art. 104 aIV GG somit nur insoweit ergeben, als die bisher aufgrund unverbindlicher und hinsichtlich ihrer Verfassungsmäßigkeit oft angezweifelter Richtlinien erfolgten Finanzzuwendungen nunmehr im Grundgesetz eine ausdrückliche Stütze gefunden haben. Diese bisher faktisch bereits geübte Kompetenzausdehnung des Bundes wird damit nicht nur für haushaltsrechtlich legitim erachtet, sondern auch verfassungsrechtlich anerkannt. Da die Mitwirkung der Länder gewährt ist, und damit direkte Einflußnahmen des Bundes auf die Gemeinden ausgeschlossen sind, bestehen in dieser Hinsicht keine verfassungsrechtlichen Bedenken.

Bei der Investitionskompetenz des Bundes gegenüber den Gemeinden handelt es sich somit um *keine* echte Sonderkompetenz, die derjenigen der Art. 83 ff. GG vergleichbar wäre. Es werden durch sie keine unmittelbaren Rechtsbeziehungen zwischen Gemeinde und Bund begründet.

Auf die allgemeine verfassungsrechtliche Problematik dieser Finanzierungskompetenzen des Bundes braucht in unserem Zusammenhang nicht näher eingegangen zu werden. Auf eine Kurzformel gebracht bedeutet Finanzieren nämlich in aller Regel auch eine Verlagerung von Kompetenzen[134]. Dieser Grundsatz war schon unter der Herrschaft der Weimarer Reichsverfassung anerkannt, nach dem nur finanzieren durfte, wer verfassungsmäßig auch berechtigt war, auf dem betreffenden Sach-

---

133 Vgl. hierzu *Tiemann*, BayBgmstr 1970, 63.

134 Das wird durch die Ausführungen der BReg in der Reg. Vorlage zu den Finanzverfassungsgesetzen d. Jahres 1955 (BT-Drucks. II/480) unter Nr. 54 — zit. nach *Seeger*, DÖV 1968, S. 781 ff. (781) hinreichend deutlich, in denen es heißt: „... Nicht selten ist die Erweiterung des funktionellen (verwaltungsmäßigen) Wirkungsbereiches der eigentliche Zweck seiner (des Oberverbandes) Finanzierungshilfe ... Subventionen aus zentralen Fonds haben sich stets als wirksames Instrument erwiesen, in rechtlich schwer zugängliche Zuständigkeitsbereiche nachgeordneter Verbände einzudringen ...“

„... Da die Subventionsausgaben zentral gedeckt werden müssen, haben sie mindestens tendenziell die Wirkung, daß auch der Steuerbedarf nach oben verlagert u. (damit) die finanzielle Eigensubstanz der Unterverbände entsprechend verringert wird ...“ (Klammerzusätze vom Verfasser)!)

Beim Bund, der die Finanzhilfen gewährt, werden dadurch neue Einflußbereiche geschaffen, bei den empfangenden Ländern und Gemeinden weitere Abhängigkeiten erzeugt. Besser wäre es daher, schon von vornherein für eine ausreichende Steuerverteilung zwischen den Gliedern im Bundesstaat zu sorgen. Eine gerechte Aufschlüsselung wird dabei aber ein immerwährendes Problem bleiben.

gebiet zu verwalten[135]. Diese auch im Zusammenhang mit Art. 104 a IV bestehende Problematik stimmt mit der allgemeinen Finanzierungsproblematik des Oberverbandes gegenüber seinen Gliedern überein[136].

4. Die übrigen Bestimmungen des Art. 104 a GG

In den übrigen Bestimmungen des Art. 104 a, insbesondere in den Abs. 1 und 5 wird ein generelles Finanzproblem, das auch zwischen Bund und Gemeinden auftritt[137] im Grundsatz geregelt. Bisher hatte sich der Bund mit der Frage, wie die Verwaltungskostentragung zu regeln sei, wenn er die Gemeinden in immer stärkerem Maße mit der Durchführung von Bundesgesetzen betraute, nur für den jeweiligen Einzelfall[138], nicht aber generell befaßt. Das war von der Sicht der Gemeinden solange berechtigt als sich die direkte Heranziehung der Kommunen zur Ausführung von Bundesgesetzen nur auf wenige Fälle beschränkt hatte. Die ständig steigende Zahl von Bundesgesetzen, zu deren Vollzug die Gemeinden im Laufe der Zeit herangezogen wurden, ließ die Verwaltungsausgaben der Kommunen bedrohlich anwachsen[139].

Art. 104 a V GG bestimmt nur die generelle gesonderte Kostentragung der bei den jeweiligen Behörden des Bundes oder der Länder, zu denen auch die Gemeindebehörden gehören, anfallenden Verwaltungskosten. Da es daneben in verschiedenen Bundesgesetzen außerdem noch Einzelbestimmungen für die Kostentragung gibt, die z. T. von dieser Verfassungsbestimmung abweichen[140], kann die Regelung des Art. 104 a GG lediglich als Grundsatzregelung und außerdem nur in der Weise interpretiert werden, daß damit nur die bei der jeweiligen Behörde anfallenden *allgemeinen* persönlichen und sachlichen Verwaltungsausgaben auf die jeweiligen Aufgabenträger verteilt werden, nicht aber solche, die aus der Verwaltung besonderer vom Bund zusätzlich vorgeschriebener Einrichtungen und Organe entstehen. In solchen Fällen

---

135 Vgl. *Heckel*, AÖR, 12, 428 (1927).

136 Vgl. hierzu auch *Tiemann*, BayVBl. 1970, 157 ff. (159) und Gemeinschaftsaufgaben von Bund u. Ländern in verfassungsrechtl. Sicht 1969 (Mchn) S. 174 ff.; zur verfassungsrechtl. Problematik sog. Dotationsauflagen s. *Maunz-Dürig*, RNr. 63 zu Art. 83 GG.

137 Vgl. schon *Keßler*, DVBl. 1953, 1 ff. (577).

138 Vgl. z. B. die Regelung der Verwaltungskostentragung im Gesetz über das Zivilschutzkorps (v. 12. 8. 65, BGBl. I S. 782) § 49 I 2. HS: Der Bund übernimmt die persönlichen und sachlichen Verwaltungsausgaben, soweit sie innerhalb des Zivilschutzkorps anfallen; vgl. ferner JWG; BSHG usw.

139 Schon für den Bereich des LAG hat *Keßler*, DVBl. 1952, 1 ff. (6) die auf die Gemeinden zukommenden Mehrbelastungen an Verwaltungsausgaben mit einer Größenordnung von 90—100 Millionen jährl. angegeben. Das LAG sieht daher ausdrückl. auch vor, daß der Bd. auch v. den bei den Gem. durch das Gesetz anfallenden Verwaltungskosten die Hälfte trägt.

140 s. z. B. das Gesetz über das Zivilschutzkorps § 49 I oder neuerdings § 41 d. Ausbildungsförderungsgesetzes v. 19. 9. 69.

wird man, soweit keine besondere Regelung durch zustimmungsbedürftiges Bundesgesetz vorgesehen ist, von dem dem Grundgesetz inhärenten Grundsatz auszugehen haben, daß der Bund Aufgaben auf die Gemeinde nur dann übertragen kann, wenn er gleichzeitig auch die entsprechenden zusätzlich erforderlichen Mittel bereitstellt[141]. Denn es wäre finanzpolitisch unverantwortlich, wenn der Bund zwar neue Aufgaben erfinden oder übertragen könnte, nicht aber für deren finanzielle Durchführung zu sorgen hätte. Hinsichtlich der bei den einzelnen Verwaltungsträgern entstehenden persönlichen und sachlichen allgemeinen Verwaltungskosten ist insofern eine Abweichung i. S. des Art. 104 a V GG gerechtfertigt, als dies dem Prinzip der Konnexität von Aufgaben- und Ausgabenverantwortung entspricht[142, 143].

Mit dem 2. Halbsatz des Art. 104 a V GG ist nunmehr auch die Frage nach der Haftung[144] für die bei der Durchführung von Bundesgesetzen entstehenden Fehlbeträge zufriedenstellend beantwortet[145].

5. Gemeinschaftsaufgaben nach Art. 91 a GG

Nach Art. 91 a GG werden künftig Bund und Länder beim Ausbau und Neubau wissenschaftlicher Hochschulen einschließlich der Hochschulkliniken sowie bei der Verbesserung der regionalen Wirtschaftsstruktur, der Verbesserung der Agrarstruktur und des Küstenschutzes zusammenwirken, sofern diese Aufgaben für die Gesamtheit bedeutsam sind und die Mitwirkung des Bundes zur Verbesserung der Lebensverhältnisse erforderlich ist. An diesen, auch für die Gemeinden lebenswichtigen Aufgaben, wird sich der Bund zur Hälfte an den Ausgaben der Länder und Gemeinden beteiligen. Seine Mitwirkung beschränkt sich jedoch nicht nur auf bloße Mitfinanzierung, sondern Art. 91 a III räumt ihm gleichzeitig auch eine Mitplanungszuständigkeit ein[146].

---

[141] Dieser Grundsatz war schon in § 54 Reichsfinanzausgleichsgesetz fixiert. Als Prinzip galt er bereits zur Zeit des Kaiserreichs, vgl. *Keßler*, DVBl. 1953, 1 ff. (6).

[142] Im einzelnen vgl. hierzu *H. U. Erichsen*, Konnexität 1968.

[143] Zur Bedeutung des allgem. Lastenverteilungsgrundsatzes, der im übrigen hauptsächl. auf dem Bereich der Zweckausgaben angesiedelt ist, hier aber analog Anwendung finden kann (früherer Art. 106 I Nr. 4) *H. U. Erichsen*, Konnexität, S. 37 ff.; *Patzig*, DVBl. 1969, 432; *Ruhe*, DStZ 1969, 179; *Groß*, DVBl. 1969, 128.

[144] Vgl. zu dieser Problematik vor allem *Jeddeloh*, Die Frage der Haftung bei fehlerhafter Ausführung von Bundesgesetzen durch die Länder, nach der der Bund bisher einem schädigendem Verhalten der Länder und deren Bediensteten schutzlos ausgesetzt war.

[145] Bezügl. Details darf auf *Strauß*, Finanzverf. (1969), *Erichsen*, Konnexität 1968, *Patzig*, DVBl. 1969, 432 ff., *Groß*, DVBl. 1969, 128 ff. verwiesen werden.

[146] *Tiemann*, BayBgmstr 1970, 61.

Im Hinblick auf die Gemeinden ist diese Planungskompetenz des Bundes deshalb unproblematisch, weil sie nicht die für die kommunalen Selbstverwaltungsinteressen entscheidende *Einzel*planung einschließt, sondern sich auf eine *Rahmen*planung beschränkt[147]. Wesentlich für die Gemeinden ist ferner, daß der Verfassungsgesetzgeber einer uferlosen Ausdehnung dieser bundesrechtlichen Mitwirkungskompetenzen, die entscheidend die zukünftige Entwicklung der Gemeinden berühren, durch eine enumerative Regelung entgegengetreten ist[148].

Eine mittelbare Beschränkung von Selbstverwaltungskompetenzen der Gemeinden ist daher nicht zu befürchten. Wegen der Aufteilung der Gemeinschaftsaufgaben auf Bund und Länder ohne direkte Beteiligung der Gemeinden wird schließlich auch die verfasungsrechtliche Problematik direkter Beziehungen des Bundes zu den Gemeinden nicht berührt.

6. Die unmittelbare Veranlassung besonderer Einrichtungen in den Gemeinden durch den Bund gem. Art. 106 VIII GG[149]

Auch mit *einzelnen* Gemeinden[150] kann der Bund in direkten Kontakt treten. Veranlaßt er nämlich in den Fällen des Art. 106 VIII GG besondere Einrichtungen und werden bei den Kommunen dadurch unmittelbar Mehrausgaben oder Mindereinnahmen verursacht, so ist der Bund verpflichtet, unmittelbar an die Gemeinden den hierfür erforderlichen Ausgleich zu gewähren. Diese Berechtigung des Art. 106 VIII zur Aufnahme unmittelbarer finanzieller Beziehungen mit einzelnen Gemeinden über die Länder hinweg räumt dem Bund im Gesamtaufbau des Grundgesetzes insofern eine Sonderstellung[151] ein, die von der Verfassung ausdrücklich vorgesehen ist, als sie die sog. Funktionssperre der Länder aufhebt. Beim Vorliegen der Voraussetzungen trifft den Bund darüber hinaus auch die Pflicht zur Aufnahme derartiger direkter finanzieller Beziehungen zu den von den Sonderbelastungen betroffenen Gemeinden.

---

[147] Zur allgemeinen verfassungsrechtlichen Problematik der Gemeinschaftsaufgaben s. neuerdings *Tiemann*, Gemeinschaftsaufgaben zwischen Bund und Ländern in verfassungsrechtl. Sicht 1969, 305 ff., ders. in DÖV 1970, 161 ff.: Die neuen Gemeinschaftsaufgaben (Art. 91 a, 91 b GG) im System des GG.

[148] Für den Bund ist diese allerdings insofern von begrenztem Wert als sie unvorhersehbare spätere Probleme nicht erfassen kann.

[149] Die Fassung des früheren Art. 106 VII wurde beinahe unverändert übernommen s. dazu *Strauß*, Die Finanzverfassung (1969) S. 131; der im Wortlaut nahezu gleichlautende Abs. 7 des Art. 106 GG ist zusammen mit Abs. 6 durch das Gesetz zur Änderung u. Ergänzung des Art. 106 GG v. 24. 6. 56 (BGBl. I 1077) eingefügt worden (= 8. Änderungsgesetz z. GG).

[150] Natürlich auch mit einzelnen Ländern, vgl. die Fassung des Art. 106 VIII GG.

[151] *Heckt*, DÖV 1957, 164 ff. (167).

Diese in Art. 106 VIII GG[152] eingeräumte Sonderkompetenz in Form einer Sonderbelastung von Gemeinden i. V. sowohl mit einer Entschädigungsberechtigung als auch einer Entschädigungsverpflichtung ist als Weiterentwicklung eines erstmals in § 62 des Reichsfinanzausgleichsgesetzes von 1923[153] ausgesprochenen Grundsatzes[154], der lediglich den Charakter einer unverbindlichen Richtlinie besaß, deren Einhaltung Sache der Gesetzgebung war[155], zu begreifen.

Während die Vorschrift des § 62 RFAusglG weder einen unmittelbaren Rechtsanspruch der Länder oder Gemeinden begründen konnte[156], noch in der Vergangenheit große praktische Bedeutung erlangt hat, sollte durch Übernahme dieses Gedankens in das Bonner Grundgesetz seine unmittelbare Anwendung durch die Verwaltung und Beachtung durch den Bundesgesetzgeber erreicht werden[157]. Nach dem Grundgesetz ist danach sowohl die direkte Belastung einzelner Gemeinden durch den Bund als auch die daraus resultierende unmittelbare Geltendmachung von Ausgleichsansprüchen der Gemeinden durch Berufung auf Art. 106 VIII möglich[158]. Der bis zur Verabschiedung des Finanzreformgesetzes geltende Wortlaut in Art. 106 VII S. 1 2. Halbsatz[159] — in Übereinstimmung mit dem RFAuglG stehend — wurde nunmehr insofern abgeändert als es jetzt heißt: statt „... wird der Bund ... gewähren ...“, „gewährt der Bund ...“. Es handelt sich hierbei wohl nicht — wie Strauß meint[160] — um eine lediglich aus redaktionellen Gründen erfolgte Richtigstellung, sondern um eine klarere Umschreibung der finanziellen Ausgleichsverpflichtung gegenüber den betroffenen Ländern bzw. Gemeinden.

Die Bestimmung des Art. 106 VIII GG unterscheidet sich sowohl in ihrer rechtlichen Qualität als auch sachlich von der früheren reichsrechtlichen Fassung:

---

152 Früher Abs. 7.

153 Fassung v. 23. 6. 1923 (RGBl. I S. 535).

154 „Wenn einzelnen Ländern oder Gemeinden (Gemeindeverbänden) durch Verträge, Gesetze oder Verwaltungsmaßnahmen des Reichs besondere Kosten erwachsen, so wird das Reich entweder die Kosten übernehmen oder angemessene Zuschüsse leisten.“

155 *Heckt*, DÖV 1957, S. 164 ff.

156 Vgl. die vorsichtige Formulierung „wird ... übernehmen oder ... leisten“, die auf einen weiten Ermessensspielraum des Reiches hinweist; vgl. hierzu *Heckt* a.a.O. S. 164 ff. (167).

157 Vgl. *Heckt* a.a.O. S. 167.

158 Ebenso *Heckt* a.a.O. S. 167; ein im Klageweg verfolgbarer Anspruch ergab sich bereits trotz der früher in Art. 106 Abs. 7 gebrauchten Formulierung: ... wird ... leisten; vgl. *Giese-Schunck*, Anm. 36 zu Art. 106 Abs. 7 GG.

159 „... wird der Bund ... gewähren ...“

160 a.a.O. S. 131.

Sie hat verbindlichen Charakter und stellt konkretere Voraussetzungen für ihre Anwendung auf: Voraussetzung für ihre Anwendung ist einmal die Schaffung *besonderer* Einrichtungen in einzelnen Ländern oder Gemeinden[161], nicht generell in allen. Zum anderen müssen den Gebietskörperschaften dadurch besondere unmittelbare Mehrausgaben oder Minderausgaben entstehen. Insofern drängt sich der vom Bundesverfassungsgericht im Zusammenhang mit den Enteignungsgrundsätzen entwickelte Gedanke des „Sonderopfers" geradezu auf[162].

Allgemeine Mehrbelastungen und Mindereinnahmen der Länder und Gemeinden, die sie aus ihrem Steueraufkommen oder den Finanzzuweisungen der Länder decken können, sind schon nach Art. 106 IV GG (früher IV und V) vom Bund auszugleichen. Die finanzausgleichsrechtlichen Verpflichtungen, die dem Bund aufgrund seiner verfassungsrechtlichen Stellung als „Oberverband im Bundesstaat" gegenüber den Ländern und damit mittelbar auch gegenüber den Gemeinden obliegen, werden von der Vorschrift des Art. 106 VIII GG nicht berührt. Als weiteres Kriterium für die Anwendung des Art. 106 VIII kommt die *Unzumutbarkeit* der Mehrkostentragung durch die betroffene Gebietskörperschaft in Betracht. Wenn manche meinen, die Bestimmung sei durch dieses dehnbare Erfordernis überhaupt erst praktikabel[163], so argumentieren sie wohl ausschließlich von der Sicht des Bundes her. Von der Seite der betroffenen Gebietskörperschaften sinkt die Vorschrift dadurch auf den Rang einer „Billigkeitsmaßnahme" herab, die sich damit jeder justiziellen Überprüfung entzieht. Zumutbare Mehrbelastungen, die nicht der Bestimmung des Art. 106 VIII GG unterfielen, seien, so sagt man, solche, die von einer Gemeinde im Interesse der Gesamtheit des Bundesstaates erwartet werden könnten[164]. Daher sei die zu fordernde Unzumutbarkeit nicht mit Untragbarkeit gleichzusetzen. Vielmehr komme es auf das Verhältnis der Sonderbelastung zur Größe und Finanzkraft der einzelnen Gemeinde an[165].

Heckt stellt damit aber gerade auf die Tragbarkeit zusätzlicher Lasten durch eine bestimmte Gemeinde ab. Untragbare Belastungen überschreiten ohnehin die Grenze der Zumutbarkeit. Daß normale Lasten einer Gemeinde, also z. B. solche, die aus der Zunahme der Einwohnerzahl

---

[161] z. B. die Einrichtung einer Garnison der Bundeswehr in einer bestimmten Gemeinde; Errichtung von Kasernenanlagen usw.

[162] Vgl. die Formulierung bei *Schmidt-Bleibtreu/Klein*, RNr. 16 zu Art. 106 GG:
„Eine Sonderbelastung liegt vor, wenn einzelne Länder, Gemeinden oder Gemeindeverbände auf Grund von Maßnahmen des Bundes mit besonderen Opfern für die Allgemeinheit belastet werden ..."

[163] *Heckt* a.a.O. S. 168.

[164] *Heckt* a.a.O. S. 168.

[165] *Heckt* a.a.O. S. 168.

entstehen, stets auch zumutbar sind, wird wohl niemand bestreiten wollen. Art. 106 VIII GG spricht aber gerade von Sonderbelastungen, die die Grenze des Zumutbaren übersteigen. Er liegt damit auf derselben Linie, wie die vom Bundesverfassungsgericht[166] zur Eigentumsgarantie des Art. 14 entwickelten Grundsätze.

Trotz der Verschiedenartigkeit der Betroffenen — im Falle des Art. 14 ist es der einzelne Staatsbürger im Vergleich zu den übrigen, in Art. 106 VIII GG z. B. eine einzelne Gemeinde gegenüber allen anderen nicht betroffenen — ist eine analoge Anwendung dieser Grundsätze auf die Geltendmachung von Entschädigungen vertretbar. Handelt es sind doch innerhalb der gleichen Gruppe jeweils um die gleiche Relation. Auch im Bereich der Enteignung wird auf die Zumutbarkeit lediglich im Rahmen einer gewissen Verpflichtung gegenüber der Allgemeinheit abgestellt. Sobald es sich um ein besonderes Opfer gegenüber anderen nicht betroffenen handelt, wird ein Eingriff und damit ein Anspruch auf angemessene Entschädigung bejaht. Ein sog. Sonderopfer im Gesamtinteresse ist aber auch der einzelnen Gemeinde nicht zuzumuten, insbesondere dann nicht, wenn es im Rahmen ihres allgemeinen Haushalts untragbar wäre.

Die Größe und Finanzkraft einer Gemeinde ist daher zwar von besonder Bedeutung für evtl. Ausgleichsansprüche gegenüber dem Bund nach Art. 106 Abs. 8 GG, kann aber nicht allein den Ausschlag geben. Abzustellen ist daneben auch auf das Maß der finanziellen Beeinträchtigung, die die einzelne Gemeinde gegenüber anderen vergleichbaren durch die Maßnahme des Bundes erleidet. Dazu gehört auch, ihre Position innerhalb der gesamtwirtschaftlichen Entwicklung, ihre verkehrs- und wirtschaftliche Lage — Zonenrandgebiet-, Industrie- oder Agrargemeinde usw. — oder ihre sonstige Stellung innerhalb des Wirtschaftsgeschehens eines Landes. Eine ungleiche Belastung gegenüber anderen Gemeinden liegt vor, wenn ihr durch Sonderbelastungen unzumutbare Mehrausgaben entstehen, die nicht gleichzeitig durch mittelbare finanzielle Vorteile wieder ausgeglichen werden.

Eine Inanspruchnahme der Gemeinden durch den Bund, wie sie beispielsweise durch das Gesetz zum Schutz der Zivilbevölkerung erfolgt ist, fällt nicht unter die genannte Vorschrift. Daran ändert auch der Umstand nichts, daß der Schutz der Zivilbevölkerung eine Bundesaufgabe ist[167] und die behördlichen Luftschutzmaßnahmen in bundeseigener Verwaltung oder von den Ländern im Auftrage des Bundes ausgeführt werden[168]. Aus dieser Tatsache allein ergibt sich noch nicht die Ver-

---

[166] E 2, 270 ff.; vgl. auch *Maunz-Dürig*, RNr. 79 zu Art. 106 GG.
[167] § 2 S. 1 1. ZivSchG.
[168] Art. 87 b II GG.

pflichtung des Bundes, die Aufwendungen z. B. der anschlußpflichtigen Gemeinden zu tragen[169], auch wenn nur ein bestimmter Kreis von Kommunen, als einzelne, von diesen Maßnahmen betroffen werden. Eine derartige Inanspruchnahme der Gemeinden ist lediglich mit der Heranziehung auch privater Betriebe zur Erfüllung einer bundesgesetzlichen Verpflichtung zu vergleichen. Sie entspricht der Auferlegung von Lasten oder Verfügungsbeschränkungen, die zum Wohl der Allgemeinheit auch allen anderen durch ein Bundesgesetz zugemutet werden und dessen Belastungen sich aus der in Art. 14 II GG ausgesprochenen Gemeinschaftsbindung des Eigentums rechtfertigen lassen[170].

Das gleiche gilt für allgemeine Mehrbelastungen und Mindereinnahmen der Gemeinden, die schon nach Art. 106 IV S. 1 und 2 in dem erforderlichem Maße vom Bund auszugleichen sind und im übrigen bereits nach dem Wortlaut des Art. 106 VIII keine Sonderbelastungen darstellen.

Fraglich ist aber, ob der Vorschrift des Art. 106 VIII GG generell auch zu entnehmen ist, daß die Ausgleichspflicht des Bundes in allen Fällen sog. „negativer Maßnahmen“[171] und der daraus für eine Gemeinde entstehenden Mindereinnahmen entfallen müsse[172]. Hierunter wären z. B. die Verlegung einer Dienststelle des Bundes oder ähnliche Maßnahmen zu rechnen. In vielen Fällen wird hier eine Ausgleichspflicht schon an dem Erfordernis der Unmittelbarkeit der Einnahmenminderung zu der vom Bund angeordneten Maßnahme scheitern. Damit besteht aber vom Zweck der Vorschrift her kein Bedürfnis, negative Maßnahmen des Bundes von vornherein von einer evtl. Ausgleichsverpflichtung auszuklammern. Vielmehr ist in solchen Fällen — neben der Unmittelbarkeit des Einnahmeverlustes — darauf abzustellen, ob sich die durch die Maßnahme des Bundes für die einzelne Gemeinde entstehende Belastung als ein so schweres Opfer darstellt, daß die Grenze der Tragbarkeit zum Wohl der Allgemeinheit überschritten ist, d. h. die Tragung der Kosten einer Gemeinde im Vergleich zu anderen nicht zumutbar ist. Dabei kommt es auf eine genaue Abwägung zwischen der finanziellen Lage *vor* der Maßnahme und *nach* ihr an. Die Zeitdauer, für die die Gemeinde aus der Unterhaltung besonderer Einrichtungen durch den Bund finanzielle Vorteile ziehen konnte, wird nicht ohne Einfluß auf das Ergebnis der Entscheidung für oder gegen die Bejahung einer Ausgleichspflicht sein können.

---

169 Vgl. OVG Münster, DVBl. 1964, 362 f.

170 OVG Münster, DVBl. 1964, 362 f.

171 Gemeint ist der Entzug mittelbarer Einnahmequellen der Gemeinden durch Organisationsmaßnahmen des Bundes.

172 So *Heckt*, DÖV 1957, 164 ff. (168).

War eine Gemeinde z. B. schon seit jeher Sitz einer Garnison von Streitkräften und hat sie sich daher dauernd auf diese Tatsache eingestellt, die Ansiedlung von Gewerbebetrieben, sportlichen oder sonstigen Einrichtungen zugunsten ihres Garnisonscharakters unterlassen, so wird es sie mehr als zumutbar treffen, wenn der Bund plötzlich — vielleicht aus strategischen Gründen — derartige Einrichtungen aufhebt und an einen anderen Ort verlegt. In solchen — wohl mehr theoretischen Fällen — wird man der betroffenen Gemeinde für die erlittenen unmittelbaren Mindereinnahmen einen Entschädigungsanspruch nach Art. 106 III GG etwa in der Form einer angemessenen Überbrückungshilfe nicht verwehren können. Denn ein solcher Eingriff liegt nicht mehr im Rahmen dessen, was eine Gebietskörperschaft gemeinhin zum Wohl der Allgemeinheit hinnehmen muß, sondern stellt ein Opfer dar, das über dasjenige hinausgeht, das auch alle übrigen Gemeinden tragen müssen.

Auch wenn man den Erfahrungssatz, daß sich in demselben Maße, in dem Ausgabenverpflichtungen von den Gliedstaaten auf den Bund übergehen, regelmäßig auch dessen funktioneller Einflußbereich auf administrativem Gebiet verstärkt[173] zugrundelegt, kann man in unserem Fall nicht sagen, daß durch Art. 106 VIII GG dem Bund Verwaltungskompetenzen auf dem Gebiet des kommunalen Finanzausgleichs eingeräumt werden[174].

Art. 106 VIII GG ist somit lediglich als Normierung einer Entschädigungsverpflichtung anzusehen, die dem Bund gegenüber Ländern und Gemeinden obliegt, wenn er ihnen besondere Belastungen verursacht. Es handelt sich insoweit allerdings um eine *echte* Sonderkompetenz des Bundes. Man wird deshalb auch nicht pauschal sagen können, von den Gemeinden könne ein durchschnittlicher, modernen Ansprüchen genügender Verwaltungsaufbau verlangt werden[175], solange es Kommunen mit so unterschiedlicher Größe, Finanz- und Verwaltungskraft gibt, wie dies derzeit der Fall ist. Ob die einzelne Gemeinde eine zusätzliche Sonderbelastung entschädigungslos „verkraften" kann oder nicht, wird daher entscheidend von der Gemeindegröße abhängen. Die Behauptung von Heckt[176], aus Art. 106 VIII nF könne *niemals* ein voller Ausgleich hergeleitet werden, ist daher kaum haltbar[177]. Da es sich bei der fraglichen Grundgesetzbestimmung schon nach ihrem früheren Wortlaut (Art. 106 Abs. 7) um ein klagbares Recht der Gemeinde handelte[178] und dieser Anspruch durch die erfolgte Neuformulierung noch

[173] Vgl. *Seeger*, DÖV 1968, 781 ff. (781).
[174] Im Ergebnis ebenso *Heckt* a.a.O. S. 167
[175] Ebenso *Maunz-Dürig*, RNr. 82 zu Art. 106 GG.
[176] DÖV 1957, 169.
[177] Im Ergebnis ebenso *Maunz-Dürig*, RNr. 83 zu Art. 106 GG.
[178] Vgl. *Heckt* a.a.O. S. 167; *Giese-Schunck*, Anm. 36 zu Art. 106 GG; *Maunz-Dürig*, RNr. 85 zu Art. 106 GG; *Vialon*, Haushaltsrecht S. 172.

unterstrichen wird, würde der Sicherungszweck dieser Norm für die Gemeinden völlig verkannt, wenn man sie zu einer bloßen Billigkeitsvorschrift degradierte.

7. Sonderkompetenzen des Bundes zum Erlaß allgemeiner Verwaltungsvorschriften auf dem Gebiet der Finanz- und Steuerverwaltung gem. Art. 108 GG

Art. 108 GG ist eine Ergänzung zu den Verfahrenskompetenzen des Bundes nach Art. 83 ff. GG[179]. Er ist als Regelung auf dem Gebiete der Finanzverfassung, auf dem dem Bund eindeutig das Übergewicht an Zuständigkeiten gegenüber den Ländern zufällt, Sondervorschrift zum ganzen VIII. Abschnitt. Soweit er von diesen eine abweichende Regelung trifft, geht diese daher vor. Für Fragen der Finanzverwaltung, die nicht nach Art. 108 geregelt, sondern ausdrücklich offengelassen sind, sind dagegen die strengeren Vorschriften des VIII. Abschnittes ergänzend heranzuziehen[180].

Hinsichtlich des Behördenaufbaues und der Regelung des Verwaltungsverfahrens besteht in Art. 108 GG keine Regelungskonkurrenz zwischen Bund und Ländern[181].

---

179 *Maunz-Dürig,* RNr. 2 zu Art. 108 GG.
180 *Maunz-Dürig,* RNr. 50 zu Art. 108 GG.
181 *Maunz-Dürig,* RNr. 27 zu Art. 108 GG.

DRITTER ABSCHNITT

Verfassungsschranken, die die Sonderkompetenzen des Bundesgesetzgebers einschränken und seine direkten Lenkungsmöglichkeiten gegenüber den Gemeinden behindern

Den allgemeinen Auslegungsgrundsätzen kommt sowohl im Falle der dem Bund nach Art. 84 I, 85 I, 106 VIII, 108, 109 IV GG zustehenden echten Sonderkompetenzen als auch bei den nur scheinbaren Ingerenzrechten auf die Gemeinden nach Art. 104 a IV, 90 II GG eine erhebliche Bedeutung zu. Hängt doch von einer weiten oder engen Auslegung der fraglichen Begriffe das *Ausmaß* der dem Bund eingeräumten Rechte ganz entscheidend ab. Zu welchen Ergebnissen diese Grundsätze in den von uns angeschnittenen Fällen führen, wurde oben z. T. darzulegen versucht. Dabei ist auch wiederholt der Normzweck der jeweiligen Bestimmung als eines der Hauptkriterien zur genaueren Abgrenzung herangezogen worden. Dieser fällt insbesondere bei den recht unglücklich formulierten Bestimmungen der Art. 84 I, 85 I GG erheblich ins Gewicht[1], da sowohl der Wortlaut nicht eindeutig ist[2] als auch die Entstehungsgeschichte nur sehr spärliche Aufschlüsse gibt[3].

Diese steht damit zwar einer Erstreckung des bundesgesetzlichen Regelungsvorbehalts auf das Kommunalverfassungsrecht der Länder nicht entgegen, sie gibt aber auch keine Anhaltspunkte für eine bestimmte Lösung.

Bei dem hier zugrunde gelegten (föderativen) Verfassungsverständnis, das in Art. 79 III GG hinsichtlich der Gliederung des Bundes in Länder grundsätzlich eine Stütze findet, geht es weniger um die Frage, ob eine evtl. Ausweitung der direkten Beziehungen zwischen Bund und Gemeinden im Rahmen einer Stärkung der Zentralgewalt in Betracht zu ziehen ist als darum, auf welche Weise eine Ausdeutung und einheitliche Auslegung der dem Bund von dem Aufbau der Bundes-

---

1 Vgl. BVerfGE 22, 180 ff. (209), wenn es in erster Linie auf die ratio legis dieser Bestimmung als ausschlaggebendes Kriterium abstellt.

2 s. JÖR nF 1, 629 (Entstehungsgeschichte der Art. des GG).

3 a. M. *v. Hausen*, DÖV 1960, 1 ff. (2).

republik her gesetzten immanenten Schranken in sinnvoller Weise gefunden werden kann. Denn durch die Art. 84 I, 85 I sind dem Bund intensive direkte Zugriffsmöglichkeiten auf die Gemeinden eingeräumt, die bei der bisherigen uneinheitlichen Praxis des Bundesgesetzgebers die Gefahr einer noch größeren Zersplitterung des ohnehin uneinheitlichen Gemeindeverfassungsrechts heraufbeschwören, abgesehen davon, daß sie die Kompetenzen der Länder beeinträchtigen und gegebenenfalls das bundesstaatliche Gleichgewicht in Gefahr bringen können.

Die Ausübung der direkten Ingerenzen durch den Bund auf die Gemeinden bedarf daher über die unklare Auslegung der Art. 83 ff. GG hinaus einer Verdeutlichung und Vereinheitlichung in Form einer weniger zweifelhaften Auslegung als sie allein aufgrund des betreffenden GG-Artikels erfolgen kann. Hierzu bieten sich jene über die Einzelbestimmungen des Grundgesetzes hinausreichenden allgemeinen Verfassungsgrundsätze und sonstige allgemeine Auslegungskriterien an.

Gegenüber der Ansicht nämlich, die eine Ausweitung der direkten Einflußnahme des Bundes auf die Gemeinden fordert und die derzeitige Regelung des Grundgesetzes für unzureichend hält[4], verdient die Meinung, daß sich die bundesstaatlich relevanten Regelungen bewährt haben und die Art. 84 I, 85 I dem Bund ausreichende Einflußmöglichkeiten auf das Gemeindeverfassungsrecht zur Verfügung stellen[5], die aber wegen der bereits praktisch gewordenen Gefahr unterschiedlicher und weitgehend unübersichtlicher, systemloser Einzelregelungen der Konkretisierung, genaueren Ausdeutung und Steuerung bedürfen, den Vorzug. Dies beruht nicht zuletzt auf dem hier zugrunde gelegten föderalistischen Verfassungsverständnis, das es trotz der hauptsächlich (primär) vorgebrachten Einwände, allzuviel Nebeneinander und Gegeneinander schadeten bundesstaatlicher Effektivität[6], als Preis heutiger demokratischer Freiheit zu verteidigen gilt. Die Schaffung weiterer politischer Schwerpunkte neben der Zentralgewalt[7], die sich solange als nützliches Gegengewicht gegen eine übermächtige Zentralgewalt erweisen, als ein bestimmtes Volumen nicht überschritten wird und der Gedanke der Bundesstaatstreue im Vordergrund steht, verlangt eine derartige nähere Konkretisierung.

Um die dem Bund gezogene Grenze für ein unmittelbares Durchgreifen auf die Gemeinden aufzuzeigen, ist es erforderlich, weitere

[4] s. z. B. die große Anfrage von 41 Abgeordneten des DBT v. 27. 6. 68, Drucks. V/3099 an die Bundesregierung betreffend die „Weiterentwicklung des föderativen Systems".

[5] Vgl. die Antwort der Bundesregierung auf die genannte „große Anfrage".

[6] Vgl. *H. Dichgans*, Vom GG zur Verfassung S. 122.

[7] Vgl. *Dichgans* a.a.O. S. 122.

Konkretisierungshilfen, die sich mittelbar auch aus der Gesamtverfassung ergeben, aufzuzeigen. Denn unbegrenzt kann die dem Bund in den Art. 83 ff. GG eingeräumte Einflußnahme auf die Landesorganisation nicht sein, da mit der Beeinträchtigung des Kerngehalts ausschließlicher Landeskompetenzen der in Art. 79 III GG im Prinzip[8] vorgezeichnete bundesstaatliche Aufbau überhaupt in Frage gestellt werden könnte.

Alle herkömmlichen Auslegungskriterien (Wortsinn, Entstehungsgeschichte, Zweck) sind besonders im Falle der sehr unklar gefaßten und daher bis heute umstrittenen Bestimmungen der Art. 84 I, 85 I GG allein nicht ausreichend, um zu klaren Ergebnissen zu führen. Insbesondere reicht das Kriterium des Sachzusammenhangs mit den materiellen Gesetzgebungskompetenzen des Bundes nicht aus, um evtl. unberechtigte Eingriffe des Bundes auf die Gemeinden und das Organisationsrecht der Länder auszuschließen. Der Sachzusammenhang ist selbst nicht genau abgrenzbar und hat in der Vergangenheit zu mancherlei Zweifeln Anlaß gegeben.

Erster Unterabschnitt

Generelle Verfassungsschranken, die die Ausnahmekompetenzen (Ingerenzrechte) des Bundes einengen

I. Materielle Akzessorietät und sonstige allgemeine Auslegungsregeln

Eine Einschränkung der organisations- und verfahrensrechtlichen Sonderkompetenzen des Bundes nach Art. 84 I, 85 I GG hat sich — wie wir gesehen haben — auch aus dem Erfordernis des Vorliegens ausschließlicher oder aus der Natur der Sache herrührender Sachkompetenzen ergeben. Dieser Grundsatz der Akzessorietät der organisations- und verfahrensrechtlichen Zuständigkeiten von den materiellen Gesetzgebungskompetenzen des Bundes wird heute im allgemeinen aner-

---

[8] Vgl. die letzte Entscheidung des BVerfG DVBl. 1971, 49 ff.: nach der Art. 79 III verletzt ist, wenn eines der dort aufgestellten Prinzipien grundsätzlich preisgegeben wird (Stimmenverhältnis 5 : 3).

Das föderative System ist in den USA und in der Schweiz unbestritten. Auch in Frankreich, dem Modellfall eines extremen Zentralismus, ist derzeit eine deutliche Tendenz zur „Regionalisierung“ u. a. in Form der Errichtung von Regionalparlamenten festzustellen, vgl. *Dichgans* a.a.O. S. 122.

kannt[9]. Er wird dadurch, daß der Bund die verfahrensrechtlichen Regelungen rein technisch für mehrere zur selben Zeit verabschiedete Gesetze gleichzeitig trifft, nicht preisgegeben.

Dem Erfordernis der Akzessorietät zur materiell-rechtlichen Gesetzeskompetenz ist allerdings mit einem bloß formellen Zusammenhang der Verfahrensvorschriften mit den Sachzuständigkeiten des Bundes noch nicht Genüge getan. Es muß sich vielmehr auch um eine sachlich untrennbare Verflechtung zwischen der materiellen Zuständigkeit des Bundes und der im Einzelfall ihm eingeräumten Sonderkompetenz zur Verfahrensregelung handeln. Daß die Grenzen hier fließend und daher schwer zu ziehen sind, wird dabei nicht verwundern. In der Vergangenheit wurde das Vorliegen eines derartigen materiellen Zusammenhangs vom Bund beabsichtigter Verfahrensregelungen mit den Gesetzgebungskompetenzen des Bundes daher wiederholt vom Bundesrat in Zweifel gezogen[10].

II. Über die allgemeinen Auslegungsgrundsätze hinausreichende Verfassungsschranken

Für eine richtige Sinngebung der einzelnen z. T. widersprüchlichen Bestimmungen des Grundgesetzes — der Gegensatz zwischen dessen unitarischen und föderalistischen Tendenzen ist offenbar — ist neben den allgemeinen Auslegungsregeln auch auf die in der Verfassung selbst enthaltenen Verfassungsgrundsätze zurückzugreifen. Ihre Heranziehung ist dann geboten, wenn — wie in unserem Fall — kein eindeutiges Ergebnis erzielt werden kann. Dabei verhält es sich aber nicht so wie v. Hausen meint[11], daß bei diesem Verfahren sämtlichen, in der Verfassung enthaltenen Grundentscheidungen, Gleichrang zukommt. Eine Lösung von Konflikten wäre dann für alle Zeit ausgeschlossen. Vielmehr ist manchen prinzipiellen Entscheidungen der Verfassung grundsätzlich Vorrang vor anderen einzuräumen, jene müssen dagegen

[9] Vgl. *Becker*, BayVBl. 1961, 66; *v. Hausen-v. d. Heide*, DÖV 1958, 753 (755); *Köttgen*, Gemeinde S. 88, 91 u. JÖR 11, 173 (228), S. 231 Anm. 27; *Rohwer-Kahlmann*, AÖR 79, 221; *Hohrmann* a.a.O. S. 88; a. M. *Maunz-Dürig*, RNr. 30 zu Art. 84; *Klein*, AÖR 88, 377 (401).

[10] So bei den geplanten Landwirtschaftskammern; im Falle des inzw. außer Kraft getretenen FlNotLG (§ 3 III); bei der Einrichtung des Jugendamts u. des JWA; hinsichtl. d. Vorrangentscheidung d. Bundes zugunsten d. freien Verbände im BSHG u. JWG.

Im Falle bundesgesetzlicher Eingriffe in das Komm. Verfassungsrecht wurde allerdings nicht, wie *Hohrmann* a.a.O. S. 90 meint, das Fehlen eines sachlichen Zusammenhangs, sondern die Beeinträchtigung der landesstaatlichen Organisationsgewalt gerügt(Beisp. n. *Hohrmann* a.a.O. S. 90).

[11] DÖV 1960, 1 ff. (2).

zurücktreten. Dem steht nicht entgegen, daß das Grundgesetz nur als Einheit begriffen werden kann und auf Verfassungsebene ranghöhere und rangniedere Normen in dem Sinne, daß sie aneinander gemessen werden könnten, *in der Regel* nicht denkbar sind[12]. Diese „Rangordnung" ist aber nicht starr, sondern für jeden Einzelfall in dem Gesamtzusammenhang, in dem sie Geltung beanspruchen soll, zu untersuchen.

1. Die Organisationsgewalt als generelle Funktionssperre für den Bund

Darauf, daß die Länder aufgrund ihrer selbständigen Organisationsgewalt[13] dem Bund gewissermaßen eine Funktionssperre entgegensetzen, die generelle Kontakte zu den Gemeinden unmöglich macht, sofern nicht die Voraussetzungen der besonders eingeräumten Ingerenzrechte vorliegen, wurde schon hingewiesen[14]. Der Ausnahmecharakter der Sonderrechte des Bundes in Bezug auf die Gemeinden wird damit hinreichend deutlich. Diese Begrenzung ist jedoch — wie die Praxis des Bundesgesetzgebers zeigt — nicht ausreichend. Nach anderen Kriterien, die evtl. herangezogen werden können, ist Ausschau zu halten. Unter anderem ist hier auf den Gedanken der Subsidiarität aufmerksam zu machen[15]. Denn der mögliche Anwendungsbereich des Subsidiaritätsprinzips kann auch zwischen sozialen Einheiten liegen, die wie Bund, Land und Gemeinde in einem hierarchischen Über- und Unterordnungsverhältnis zueinander stehen oder wie Bund und Gemeinde einen konkurrierenden Kompetenzbereich, z. B. in Form örtlicher und bundeseinheitlicher Aufgaben besitzen und auf ein gemeinsames Ziel, nämlich das Wohl der Allgemeinheit hin bezogen sind. Durch die Zuständigkeitsbegrenzung der oberen, größeren Einheit soll dabei im Rahmen des Subsidiaritätsprinzips ein gewisser Freiheitsschutz der unteren, kleineren gewährleistet werden. Bezogen auf das Verhältnis zwischen Bund und Gemeinden würde das bedeuten: der Bund darf erst dann unmittelbar gegenüber den Kommunen tätig werden, wenn die Koordinierungskraft der Länder nicht ausreicht, um die Aufgaben in der Einheitlichkeit und Effektivität zu bewältigen, wie sie die Chancengleichheit jedes Gemeindebürgers und das Gemeinwohl erfordern.

---

12 Vgl. *Leibholz-Rinck*, Einführung z. GG, Anm. 16; der Vorrang der speziellen gegenüber der allgem. Norm ist bereits eine Ausnahme von obiger Regel.

13 Zur Herleitung u. zum Problem d. „Organisationsgewalt im gewaltenteilenden Bundesstaat" s. im übrigen *Hohrmann* a.a.O. S. 51 ff. insbes. S. 70 ff., der diesem Begriff einen breiten Raum widmet.

14 s. oben Abschnitt 2.

15 Vgl. z. B. *Gaß*, DÖV 1960, 778: Das Subsidiaritätsprinzip als Verfassungsgrundsatz des Mindesteingriffs; *Nawiasky*, Staatslehre I S. 30, 80; II 1, 192 f.: das Subsidiaritätsprinzip als Begrenzung der Staatsgewalt.

2. Das Subsidiaritätsprinzip als Eingriffsschranke?

Voraussetzung für eine Anwendung des Subsidiaritätsprinzips als Eingriffsschranke ist einmal seine Geeignetheit für unseren Zweck und zum anderen die Anerkennung seiner Gültigkeit im Grundgesetz.

a) Ursprung, Wesen und Inhalt des Subsidiaritätsprinzips

Das Subsidiaritätsprinzip ist nichts anderes als eine Kompetenzordnung, bei der der umfassendere Bereichsträger erst dann zuständig wird, wenn der engere die Aufgaben nicht mehr bewältigen kann[16].

Dieser Grundsatz des ersatzweisen Beistands der höheren Einheit für den Fall, daß die Kräfte der unteren Einheit nicht ausreichen, hat seine Wurzeln nicht, wie vielfach angenommen wird[17], in der mittelalterlich-christlichen Soziallehre, sondern entstammt dem Naturrecht[18].

Daß dieses Prinzip vorwiegend und ausdrücklich in der christlichen Soziallehre zur Geltung gekommen ist[19], kann daran nichts ändern. Sie hat diesen Grundsatz nicht hervorgebracht, sondern lediglich formuliert.

Das Subsidiaritätsprinzip ist ein politisches *und* soziales Ordnungsprinzip, ein Gesetz für den Aufbau von Staat *und* Gesellschaft. Verdienst Papst Pius XI ist lediglich, dieses Prinzip als durchgängiges gesellschaftliches Ordnungsprinzip zur systematischen Abgrenzung der *gesellschaftlichen* Rechtskreise innerhalb der vertikalen Gewaltenhierarchie herangezogen und definiert zu haben[20]. Das Subsidiaritätsprinzip hängt daher nicht von den spezifischen Prämissen der katholischen Sozialphilosophie ab[21, 22], sondern ist im Gegenteil ursprung-

---

16 *Küchenhoff*, BayVBl. 1958, 65 ff. (65).

17 So z. B. *Maunz-Dürig*, Staatsrecht 16. Aufl. 1968 S. 70; *Peters*, Die kommunale Selbstverwaltung u. das Subsidiaritätsprinzip, AfK 1967, 5 ff. (5); *Hohrmann* a.a.O. S. 100; *Herzog* in „Der Staat" S. 399 ff. (422).

18 *Hamann*, Diss. S. 6; *Lind*, Subsidiaritätspr. S. V, 18, 23, 96; *Zuck*, Subsidiaritätsprinzip u. Grundgesetz (1968) S. 8; *Isensee*, Subsidiaritätspr. u. Verfassungsrecht (1968) S. 12; *Zuck* widerspricht sich m. E., wenn er das Subsidiaritätspr. zuerst als Naturrechtssatz bezeichnet (S. 8) u. dann von ihm als kath. Grundsatz ausgeht, indem er beanstandet, die Rechtslehre hätte durchweg verkannt, daß das Subsidiaritätsprinzip erst einmal auf einen weltlichen Rechtssatz reduziert (neutralisiert) werden müsse, bevor die Frage seiner Geltung als Verfassungsrechtssatz beantwortet werden könne (S. 50).

19 Vgl. z. B. die Enzyklika „Quadragesimo Anno" Papst Pius XI (1931) u. „Pacem in Terris" über die gesellschaftl. Ordng. der kath. Kirche; s. dazu *v. Nell-Breuning*, Enzyklika S. 251, 253.

20 Vgl. *Süsterhenn*, Vom Bonner Grundgesetz zur gesamtdeutschen Verfassung, Festschr. z. 75. Geburtstag von Hans Nawiasky, München 1956, S. 141.

21 *Isensee* a.a.O. S. 71; anders vor allem *Herzog* in „Der Staat" (1963) S. 399 ff. (422 ff.; 415) u. JUS 1967, S. 194; vgl. auch *Lerche*, Gutachten S. 27;

haftes Gut der deutschen Staatslehre in ihren föderalen und liberalen Spielarten.

Da Papst Pius IX seine Darlegungen über dieses Prinzip nicht primär auf theologische Gesichtspunkte oder kirchliche Dogmen gestützt hat, sondern seine Auffassung als Staats- und Sozialphilosoph mit Argumenten der allgemeinen menschlichen Vernunft begründete, ist auch das Subsidiaritätsprinzip christlicher Prägung keine spezifisch kirchliche Doktrin[23].

Damit geht das Subsidiaritätsprinzip auf den Grundbestand gemeinsamer Werte des Menschen zurück. Da über einen solchen Grundbestand gemeinsamer Wertvorstellungen sowohl die Vertreter christlicher und liberal-humanitärer als auch jene freiheitlich-sozialistischer Anschauungen verfügen, ist das Subsidiaritätsprinzip in seiner ursprünglichen Gestalt, also in seiner allgemeinsten Form als weltanschaulich nicht gebundenes Vorrangprinzip, neutral.

So wurde das Subsidiaritätsprinzip z. B. auch bei den Beratungen zum Grundgesetz zur Abgrenzung der föderalen und unitarischen Tendenzen herangezogen[24, 25].

Das Subsidiaritätsprinzip ist ideologisch völlig offen. Es ist nicht auf einen engen religiösen Bereich beschränkt, sondern genießt infolge seiner der jeweiligen Wirklichkeit angepaßten Elastizität *umfassende* Geltung. Es kann daher nicht schon von vornherein ausgeschlossen werden, daß sich das Subsidiaritätsprinzip auch den Strukturen des Grundgesetzes anpassen kann und dort in irgendeiner Weise einen Niederschlag gefunden hat[26].

Primär ist das Subsidiaritätsprinzip nicht Rechtsbegriff, sondern lediglich ein gesellschaftspolitischer Grundsatz. Es ist zunächst nur eine politische Idee, nicht aber ein auf den Einzelfall anwendbarer Rechtssatz[27].

Thieme, Subsidiarität, S. 17/21 u. *Gruson*, Bedürfniskompetenz S. 81 wenden in Anlehnung an Herzog ein, daß das GG überhaupt nicht in der Lage gewesen sei, auf eine verbindende gemeinsame Staats- u. Gesellschaftsideologie zurückzugreifen, halten das Subsidiaritätspr. also ebenfalls für zu einseitig christl. orientiert.

22 *Zuck* meint nichts anderes, wenn er die Forderung erhebt, das Subsidiaritätsprinzip zunächst auf einen weltlichen Grundsatz zu reduzieren, es also zu neutralisieren, bevor man die Frage beantworten kann, ob es im Grundgesetz einen Niederschlag gefunden hat, vgl. Subsidiaritätsprinzip und Grundgesetz S. 50.

23 *Süsterhenn*, Festschrift S. 142.

24 *Isensee* a.a.O. S. 143.

25 Damit ist aber noch nicht gesagt, daß zwischen Subsidiaritätsprinzip u. Föderalismus ein notwendiger Zusammenhang bestünde, vgl. *Hesse*, Grundzüge S. 87.

26 a. M. vor allem *Herzog* s. FN 21.

27 *W. Thieme*, Subsidiarität u. Zwangsmitgliedschaft, Sbr. 1962 S. 16 ff.;

Negativ bestimmt, bedeutet es Nachrangigkeit der Gesellschaft: nur wenn das Individuum eine bestimmte Aufgabe nicht bewältigen kann, *darf* die übergeordnete Gemeinschaft eingreifen. Positiv ist das Subsidiaritätsprinzip ein Gesetz der Hilfeleistungs*pflicht* der Größeren gegenüber der kleineren Gemeinschaft für den Fall, daß die genannten Voraussetzungen vorliegen[28]. Insofern stellt sich das Subsidiaritätsprinzip als durchgehendes Aufbau- und Gestaltungsgesetz des gesellschaftlichen Lebens überhaupt dar[29]. Die Einzelpersönlichkeit soll nicht einer einzigen ihr völlig überlegenen Organisation „Staat" gegenüberstehen, sondern es sollen sich dazwischen Gebilde einschalten, die eine stufenweise Entfaltung der Macht von unten nach oben ermöglichen[30].

Auf die Schwierigkeiten, die sich bei einer genauen Inhaltsbestimmung hinter dem Subsidiaritätsbegriff wegen seiner Vieldeutigkeit verbergen[31], kann hier nicht näher eingegangen werden.

Im Ergebnis wird man sagen können, daß dem Subsidiaritätsprinzip die Funktion eines formellen Ordnungsprinzips innewohnt. Es weist aber nicht die Bestimmtheit auf, die anderen Normen im rechtstechnischen Sinne eigen ist[32]. Seine konkrete Verwirklichung ist von der historischen Entwicklung der jeweiligen Lebensbereiche abhängig. Als allgemeines Prinzip kann es ferner nur Richtschnur sein, nicht aber positivrechtliche Regelungen ersetzen. Es könnte, wenn überhaupt, nur subsidiäre Wirkungen entfalten oder zur Sinnausfüllung gewisser zweifelhafter Normen herangezogen werden.

Eine Untersuchung, ob und wenn ja, wieweit das Subsidiaritätsprinzip dem Grundgesetz immanent ist und in welcher Weise es der Begrenzung bundesrechtlicher Sonderkompetenzen dienlich gemacht werden kann, wäre müßig, wenn sich später herausstellte, daß diesem Grundsatz keine materielle Aussagekraft innewohnt und er damit überhaupt nicht Gegenstand einer positiven Verfassungsentscheidung sein kann[33].

Als naturrechtliches Grundprinzip bedarf das Subsidiaritätsprinzip zu seiner Geltung ferner einer positiv-rechtlichen Anerkennung, Ausgestaltung und Begrenzung im Grundgesetz[34].

H. Peters, Die kommunale Selbstverwaltung u. das Subsidiaritätspr., AfK 1967, 5 ff. (6); *P. Lerche*, Verfassungsfragen z. BSHG u. JWG, Bln. 1963 S. 26.

[28] Diese Unterscheidung gebrauchen auch *Zuck*, Subsidiaritätspr. u. Grundgesetz (1968) S. 6, 7; *Isensee* a.a.O. S. 71.

[29] *Utz*, Sozialethik S. 281 (283); *Link*, Subsidiaritätspr. S. 4, 83; *Hengstenberg*, Subsidiaritätspr. S. 71; *Zuck* a.a.O. S. 7.

[30] *Maunz*, Dt. Staatsrecht S. 70.

[31] Vgl. *Isensee* a.a.O. S. 13.

[32] *Isensee* a.a.O. S. 73.

[33] Ähnlich *Isensee* aa.O. S. 72.

[34] Nicht wie *Zuck*, Subsidiaritätsprinzip u. Grundgesetz S. 50 u. 65 meint, einer Reduktion u. Neutralisation auf einen weltlichen Grundsatz.

b) Hat das Subsidiaritätsprinzip im Grundgesetz einen Niederschlag gefunden?

Diese Frage wird sehr verschieden beantwortet. Es werden alle drei möglichen Meinungen vertreten: Anerkennung im Grundgesetz[35], Teilanerkennung[36] oder auch mittelbares Zugrundeliegen[37] und völlige Leugnung eines Niederschlags in der Verfassung[38].

Auf Einzelheiten dieses Streits kann hier nicht näher eingegangen werden. Lediglich der Hinweis sei angefügt, daß auch Art. 72 II GG, der oft als Hauptbeispiel für die grundgesetzliche Anerkennung des Subsidiaritätsprinzips angeführt wird[39], einer ernsthaften Prüfung in dieser Richtung nicht standhält. Nach Art. 72 II GG wird der Bund nämlich nicht, wie das nach dem Subsidiaritätsprinzip der Fall wäre, automatisch zuständig, wenn das Land eine Angelegenheit nicht regeln kann[40], sondern erst dann, wenn er selbst ein Bedürfnis zu einer bundeseinheitlichen Regelung bejaht. Art. 72 II stellt für den Bund auch keine Pflicht zum Tätigwerden auf, während das Subsidiaritätsprinzip bei Unvermögen der kleineren eine Hilfspflicht der übergeordneten Verwaltungseinheit begründet. Bereits in diesen Punkten bestehen also entscheidende Unterschiede zwischen der Regelung des Art. 72 II GG und dem allgemeinen Subsidiaritätsprinzip.

Während Art. 72 II Nr. 1—3 dem Bund ein „pflichtgemäßes Ermessen“[41] bzw. zumindest einen Beurteilungsspielraum innerhalb des unbestimmten Rechtsbegriffes „Bedürfnis“ einräumt, ihm aber selbst bei Bejahung des Vorliegens eines Bedürfnisses keine Pflicht zum Tätigwerden durch Erlaß eines Gesetzes obliegt, *muß* die höhere Instanz im Falle des Subsidiaritätsprinzips eingreifen, wenn sie bei ihrer Beurteilung der Lage ein Versagen der niedrigeren Instanz feststellt.

Auch aus anderen Einzelvorschriften des Grundgesetzes kann man die Ausprägung des Subsidiaritätsprinzips in der Verfassung nicht herleiten. Insbesondere stellen Art. 30 GG[42] oder der Grundsatz der Ver-

---

[35] *Küchenhoff*, BayVBl. 1958, 65 ff.

[36] *Peters*, AfK 1967, 5 ff.

[37] *Maunz*, Dt. Staatsrecht, S. 70.

[38] Insbesondere *Herzog* in „Der Staat“ 1963 S. 399 ff. u. JUS 1967, 194 ff.

[39] Vgl. *Küchenhoff*, BayVBl. 1958, 65 ff. (65); *Glum*, Die staatsrechtliche Struktur der Bundesrepublik Deutschland S. 47 ff. (1965); *Link*, Das Subsidiaritätsprinzip (1955) S. 96; *Glaser*, Das Subsidiaritätsprinzip, Diss. Berlin 1965; *Bemzen*, Das Subsidiaritätsprinzip als Prinzip des deutschen Staatsrechts, Kiel (1966) u. a.

[40] *Gruson*, Bedürfniskompetenz S. 80.

[41] So das BVerfG in Bd. 2, 244 ff.; 4, 127; 10, 245; 13, 233 ff.; vgl. auch *Rudolf*, Bund und Länder, S. 23 FN 42.

[42] Vgl. *Zuck*, Subsidiaritätsprinzip, S. 56, 4.

hältnismäßigkeit[43] keine Ausprägung des Subsidiaritätsgedankens dar. Sog. „subsidiaritätsfreundliche Grundstimmungen“ bei der Entstehung des Grundgesetzes, wie sie in den genannten Artikeln zum Ausdruck kommen, lassen zwar ein Minimum „politischer Weltanschauung“ des Grundgesetzes erschließen, stellen aber keine Fixierung des Subsidiaritätsprinzips in der Verfassung dar[44]. Daß das Subsidiaritätsprinzip damit als „pragmatische Abgrenzungsmaxime zur Ausbalancierung der föderalen und unitarischen Tendenzen“[45] der Verfassung herangezogen wurde und diese Maxime nie in Frage gestellt war, sagt über die Aufnahme dieses Prinzips in die spätere Verfassung nichts aus[46].

Eine Bejahung der Anerkennung dieses Prinzips in der Verfassung kann sich somit nicht schon aus der Existenz dieser zugegebenermaßen ähnlichen Grundgesetzbestimmungen ergeben[47].

c) Das Subsidiaritätsprinzip als ungeschriebener Verfassungsgrundsatz?

Da der Text des Grundgesetzes auch sonst keine ausdrückliche Bestimmung über das Subsidiaritätsprinzip enthält, wird die Frage nach dessen verfassungsrechtlicher Gültigkeit von außen an das Verfassungsrecht herangetragen[48]. Dieses Prinzip könnte damit nur als ungeschriebener Grundsatz Bestandteil der Verfassung sein. Es würde dann nicht zum überpositiven Recht zählen, sondern gehörte zu den Sätzen, die ohne in einem positiven Rechtssatz konkretisiert zu sein, der Verfassung zugrunde liegen. Denn das Verfassungsrecht besteht nicht nur aus den einzelnen Sätzen der geschriebenen Verfassung, sondern auch aus gewissen, diese verbindenden, sie innerlich zusammenhaltenden Grundsätzen und Leitideen, die der Verfassungsgeber, obwohl sie das vorverfassungsmäßige Gesamtbild, von dem er ausgegangen ist, geprägt haben, nicht in einem besonderen Rechtssatz konkretisiert hat[49].

Die Anerkennung des Subsidiaritätsprinzips als ungeschriebenen Verfassungsgrundsatz würde aber voraussetzen, daß diesbezüglich eine Lücke im Grundgesetz vorhanden ist[50].

Die Entstehungsgeschichte des Grundgesetzes gibt darüber keinerlei Aufschlüsse. Sie ist nach beiden Seiten hin offen. Weder läßt sich aus

---

43 s. unten II 5 (Übermaßverbot).
44 *Isensee*, Subsidiaritätsprinzip u. Grundgesetz, S. 148.
45 *Isensee* a.a.O. S. 147.
46 Vgl. dazu im einzelnen *Isensee* S. 143 ff.
47 Mit den verschiedenen Meinungen im einzelnen zu der Frage derAnerkennung des Subsidiaritätsprinzips setzt sich insbesondere *Zuck* a.a.O. S. 50—65 ausführlich auseinander.
48 *Isensee* a.a.O. S. 12.
49 BVerfGE 2, 403.
50 Vgl. *Isensee* a.a.O. S. 106.

ihr die Geltung des Subsidiaritätsprinzips als stillschweigend „mitgeschriebene" Verfassungsnorm entnehmen noch sein völliger Ausschluß[51]. Der damalige Versuch einiger[52], dem Subsidiaritätsprinzip eine ausdrückliche Aufnahme in den Verfassungstext des Grundgesetzes zu verschaffen, mißlang einmal wegen der Schwierigkeit, den Subsidiaritätsgrundsatz angemessen zu formulieren[53]. Zum anderen spielte sowohl die Befürchtung, daß es sich dabei um einseitig konfessionelles Gedankengut handeln könnte als auch die „vorläufige" Natur des Grundgesetzes, die es zuließ, gesellschaftspolitische Fragen z. T. einer späteren verfassungsmäßigen Regelung zu überlassen, eine nicht unwesentliche Rolle[54].

Da bei den Beratungen des Grundgesetzes durch den Parlamentarischen Rat die künftigen wirtschaftlichen und kulturellen Entwicklungen noch nicht abzusehen waren, schob der Verfassungsgeber die Entscheidung über die gesellschaftliche Ordnung dem einfachen Gesetzgeber zu und hat sich offenbar damit begnügt, diesem lediglich die rein formalen Kompetenzen im Bereich der Gesetzgebung und Verwaltung, aufgeteilt auf Bund, Länder und Gemeinden zuzuerkennen[55].

Für die Anerkennung des Subsidiaritätsprinzips als ungeschriebenen Verfassungssatz liefert das Grundgesetz somit ebenfalls keinerlei Anhaltspunkte.

Selbst wenn man aber dennoch aus einzelnen grundrechtlichen und kompetenzrechtlichen Bestimmungen im Wege der Rechtsanalogie folgern wollte, das Subsidiaritätsprinzip sei als durchgehendes Regulativ des Verfassungsrechts in einer aufsteigenden Stufenfolge vom einzelnen (Art. 1 GG) über Familie (Art. 6) und freie Verbände (Art. 9) zu den innerstaatlichen Gliederungen (Gemeinde und Gemeindeverbände [Art. 28]), Länder, Bund (Art. 20, 79 GG) verwirklicht, wie manche meinen[56], so könnte dies an der Ablehnung des Subsidiaritätsprinzips als Begrenzungsmittel für bundesgesetzliche Ingerenzen nichts ändern.

---

[51] Anders *Herzog* in „Der Staat" Bd. 2 S. 399 ff. (1963): er leugnet bereits die Rezeption des Subsidiaritätspr. in das Grundgesetz aufgrund der Entstehungsgeschichte u. einer Einzelexegese (S. 412); das ist nur richtig, wenn man wie er vom Subsidiaritätspr. i. S. d. kath. Soziallehre ausgeht (422), was m. E. zu Recht verneint werden muß (s. oben FN 21) vgl. auch *Zuck* a.a.O. S. 64: Das Subsidiaritätspr. wird von Herzog „stricto sensu" übernommen; er versäumt, ihm einen eindeutigen Inhalt zu geben.

[52] Süsterhenn u. Kauka im Verfassungskonvent von Herrenchiemsee s. b. *Isensee* S. 143.

[53] Vgl. *Süsterhenn*, Festschr. f. Höffner S. 432, 433; *Isensee* a.a.O. S. 143.

[54] *Isensee* a.a.O. S. 144.

[55] Ebenso *Isensee* a.a.O. S. 145.

[56] So *Dürig*, JZ 1953, 98 unter Berufung auf Art. 1, 6, 20, 28 u. 79 GG; *Maunz-Dürig*, RNr. 53, 54 zu Art. 1; u. 1 zu Art. 28; für Art. 2, 6, 9, 28, 30, und zwar vor allem unter Bezugnahme auf das Verhältnis der Gemeinden (Gemeindeverbände) und Länder zueinander; ähnlich in Staatsrecht § 10 II 7; *Geiger*, DVBl. 1958, 65 (67) u. NJW 1968, 435 (436); *Koellenberg*, DÖV 1968, 233.

Denn als abstrakter Grundsatz kann das Subsidiaritätsprinzip allein niemals ausreichen, um die konkreten Rechtsfragen zu entscheiden, die sich bei einer direkten Kontaktaufnahme zwischen Bund und Gemeinden ergeben.

d) Anwendung des Subsidiaritätsprinzips i. V. mit dem Übermaßverbot?

Ins Auge fallend ist die Nachbarschaft des Subsidiaritätsprinzips zum Übermaßverbot. Gemeinsam für beide ist, daß sie das gesetzliche Handeln begrenzen. Deshalb wird der Grundsatz der Erforderlichkeit auch häufig mit dem der Subsidiarität gleichgesetzt[57]. Trotz dieser Gemeinsamkeiten bestehen aber auch wesentliche Unterschiede zwischen diesen beiden Prinzipien[58]. Während das Übermaßverbot, als dessen Bestandteil man neben dem Verhältnismäßigkeitsgrundsatz auch die Erforderlichkeit ansehen muß, die *Mittel* bezeichnet, die bei Eingriffen des Bundesgesetzgebers in den Gemeinde- und Landesorganisationsbereich noch oder nicht mehr zulässig sind, ist das Subsidiaritätsprinzip mehr auf den *Zweck* hin ausgerichtet. Das Übermaßverbot setzt einen Maßstab voraus, der die Relation erkennen läßt, was milder und angemessener ist[59]. Das Subsidiaritätsprinzip liefert einen solchen Maßstab im Leistungsvorrang nach Maßgabe der Leistungsfähigkeit. Erst in Verbindung mit dem Übermaßverbot könnte das Gebot subsidiärer Zweckverwirklichung daher normativ effizient werden[59].

Da sich das Übermaßverbot als solches aber auf jede mögliche Zweck-Mittel-Relation beziehen läßt, seiner Natur nach also formal ist[60], ist seine Geltung im Grundgesetz unbestritten. Gleiches kann für das Subsidiaritätsprinzip aber nicht gelten, da es selbst eine inhaltliche, also materielle Grundentscheidung umschließt. Eine solche hat der Grundgesetzgeber aber in keiner der an den Subsidiaritätsgedanken erinnernden Vorschriften ausdrücklich treffen wollen, auch wenn der Gedanke der Subsidiarität zur endgültigen Ausgestaltung mancher Bestimmungen verholfen haben mag.

Ein durchgängiges Verfassungsprinzip der generellen Subsidiarität liegt dem Grundgesetz daher weder unmittelbar noch mittelbar oder

---

[57] So z. B. *R. Schmid*, DÖV 1957, 491; *Stern*, DÖV 1961, 330; *Küchenhoff*, NJW 1968, 455 u. ähnl. *Groß*, DÖV 1960, 778: das Subsidiaritätsprinzip sei identisch mit dem Verfassungsgrundsatz des Mindesteingriffs.

[58] *Isensee* a.a.O. S. 89 hebt die Eigenständigkeit der Erforderlichkeit gegenüber dem Subsidiaritätsprinzip hervor.

[59] *Isensee* a.a.O. S. 91.

[60] *Lerche*, Übermaß S. 81 FN 1 u. 316, 317; *Schnur*, Pressefreiheit, VVDStRL 22, 101 (1965).

teilweise in der Form zugrunde, daß es i. V. mit anderen formalen Verfassungsgrundsätzen zu justiziabler Geltungskraft erstarken könnte.

Da dem Grundgesetz aber auch keine prinzipielle Alternative zum Subsidiaritätsprinzip zwischen den innerstaatlichen Gliederungen nachgewiesen ist, es sich insofern also indifferent verhält, widerspricht der Subsidiaritäts*gedanke* nicht schon schlechthin der Verfassung[61].

e) Keine Begrenzung bundesgesetzlicher Ingerenzen durch das Subsidiaritätsprinzip

Für unser Problem der Begrenzung bundesgesetzlicher Eingriffe auf die Gemeinden und das Organisationsrecht der Länder kann das Subsidiaritätsprinzip als solches weder als selbständiges Prinzip noch i. V. mit dem Verhältnismäßigkeitsgrundsatz dem Bund eine wirksame Schranke entgegensetzen und seine Einwirkungsmöglichkeiten auf die Gemeinden behindern[62]. Als verfassungsrechtliches Leitprinzip ist es nicht geeignet, die Wirkungen eines konkreten Rechtssatzes zu entfalten[63]. Die vieldeutige Natur des Subsidiaritätsprinzips macht diesen Grundsatz zwar anpassungsfähig und ermöglicht eine gleitende konkurrierende Kompetenzzuordnung, die von den Erfordernissen der historischen und jeweiligen tatsächlichen Lage abhängt. Dadurch ist das Subsidiaritätsprinzip zwar sehr elastisch, ausschließende Funktionsvorbehalte können aber nur dann mit dem Subsidiaritätsprinzip begründet werden, wenn man eine Unwandelbarkeit bestimmter Begebenheiten unterstellt[64]. Nur dann handelt es sich um eine sog. starre Subsidiarität. Für das Selbstverwaltungsrecht der Gemeinde trifft diese Unwandelbarkeit nicht einmal für deren unmittelbaren Kernbereich zu. Der von der Wesensgarantie nicht umfaßte Randzonenbereich ist dagegen noch veränderlicher und wird von der historischen Entwicklung der Selbstverwaltung bestimmt[65].

Ähnliches gilt für das Organisationsrecht der Länder. Es handelt sich hier nicht um einen absolut geschützten Bereich. Hinzu kommt, daß sich eine brauchbare Kompetenzabgrenzung durch das Subsidiaritätsprinzip erst bei dessen Justiziabilität ergeben könnte. Diese entfällt aber mangels positiver gesetzlicher Fixierung der Subsidiarität als Ordnungsidee im Grundgesetz.

---

[61] Ebenso *Isensee* a.a.O. S. 218.

[62] a. M. *Küchenhoff*, BayVBl. 1958, 66 ff.: „Das Subsidiaritätsprinzip ist vom Bund ... (auch) ... in den unmittelbaren Beziehungen des Bundes zur Gemeinde ... zu beachten ...“ (Klammerzusatz vom Verfasser).

[63] Ähnl. *Peters*, AfK 1967, 5 ff. (13): Subsidiaritätsprinzip zwar teilweise im Grundgesetz mitberücksichtigt, aber kein geltendes Verfassungsrecht.

[64] *Isensee* a.a.O. S. 72.

[65] Vgl. BVerfGE 17, 172 ff.

Daß der Bund dort, wo es sich um einwandfreie örtliche Aufgaben der Gemeinden handelt, die diese auch in eigener Verantwortung bewältigen können, selbst keine Aufgaben für sich in Anspruch nehmen kann, ergibt sich schon aus der Fassung des Art. 28 II GG. Das Subsidiaritätsprinzip als naturrechtliches Grundprinzip braucht dazu nicht bemüht zu werden[66], auch wenn es beim Zustandekommen dieser Bestimmung Pate gestanden haben mag.

Ebensowenig bedarf die Feststellung, der Bund sei nicht generell befugt, durch direkte Kontaktaufnahme zu den Gemeinden die Landesorganisation auszuschalten, der Rechtfertigung durch das Subsidiaritätsprinzip. Daß dies nur in Ausnahmefällen zulässig sein kann, ergibt sich aus dem bundesstaatlichen Aufbau der Bundesrepublik sowie der positiven Regelung durch die Art. 83 ff. GG.

f) Das Subsidiaritätsprinzip als Auslegungskriterium des „vorverfassungsmäßigen Bildes"

Mit dieser Feststellung ist aber nicht ausgeschlossen, daß das Subsidiaritätsprinzip als nutzbringendes Kriterium für die Auslegung der Art. 84 I, 85 I GG mit herangezogen werden kann, soweit dies der Zweck dieser Bestimmungen zuläßt oder sogar fordert. Obwohl man nicht sagen kann, daß der Verfassungsgeber den Gedanken der Subsidiarität im Auge gehabt hat, als er die Vorschriften der Art. 84 I, 85 I formulierte[67], ergibt der objektive Sinn und Zweck dieser Bestimmungen eine „Hilfszuständigkeit" des Bundes nur in dem Ausmaß als dies zur Erreichung eines effektiven und einheitlichen Gesetzesvollzugs gegenüber allen Gemeindebürgern erforderlich ist, also nur dann, wenn dieser auch vom Bundesverfassungsgericht anerkannte berechtigte Zweck[68] nicht schon bei mittelbarer Beauftragung der Gemeinden über die Länder erreicht werden kann, d. h. über deren Koordinierungsmöglichkeit und -kraft hinausgeht. In diesen Fällen darf der Bundesgesetzgeber nicht nur von den ihm nach Art. 84 I, 85 I GG eingeräumten Möglichkeiten Gebrauch machen, sondern er ist hierzu nach dem Grundgedanken des Art. 72 II GG, der insofern doch als gewisse Ausprägung des Subsidiaritätsprinzips anzusehen ist, sogar verpflichtet[69].

---

[66] So aber *Küchenhoff*, BayVBl. 1958, 61 ff. (66), der das Subsidiaritätspr. bei der Abgrenzung von Zuständigkeiten zwischen Bund, Ländern u. Gemeinden zur Ausfüllung unzureichender Bestimmungen mit konkretem Inhalt heranziehen will.

[67] Er ist im Gegenteil davon ausgegangen, daß dem Bund auch die Verwaltungskompetenz zusteht.

[68] Vgl. Bd. 22, 180 ff. (209).

[69] Anders wohl BVerfGE 12, 205 ff. (Fernseh-Urteil): Überregionalität einer Aufgabe habe keine Bundeszuständigkeit zur Folge, sondern führe zunächst zur Länderkooperation s. hierzu aber die berechtigte Kritik von *Grawert*, Der Staat 1968, S. 70 FN 21: damit werde die Bundesstaatsordnung in „zufällige Vertragsbeziehungen" aufgelöst.

Abschließend kann man sagen, daß das Subsidiaritätsprinzip sowohl einer Unitarisierung als auch der bundesstaatlichen Gliederung in gleicher Weise dienlich sein kann, je nachdem, was das Gemeinwohl im konkreten Falle erfordert[70]. Als effektive Schranke für den Bundesgesetzgeber zur Begrenzung seiner Ingerenzrechte ist es wegen seiner Unbestimmtheit sowie seiner mangelnden Justiziabilität aber nicht geeignet.

In seiner Zweckrichtung stimmt der Subsidiaritätsgedanke jedoch mit dem Normzweck der bundesgesetzlichen Ingerenzrechte der Art. 84 I, 85 I nahezu überein. Es steht nichts entgegen, ihn als Auslegungskriterium zu einer vernünftigen Sinngebung der Art. 84 I, 85 I GG heranzuziehen[71]. Dies umso mehr als auch das Bundesverfassungsgericht das „vorverfassungsmäßige Bild", von dem der Verfassungsgesetzgeber ausgegangen ist, mit zur Auslegung späterer Einzelbestimmungen herangezogen hat[72].

3. Der Bedürfnisgedanke des Art. 72 II GG zur Begrenzung bundesgesetzlicher Ingerenzen?

a) Entsprechende Anwendung im Bereich der Verwaltung?

Die Regelung, die die bundesgesetzliche Zuständigkeit gegenüber den Ländern von dem Vorliegen eines Bedürfnisses nach bundeseinheitlicher Regelung abhängig macht, findet sich ausschließlich im Bereich der Gesetzgebung (Art. 72 II, 105 II GG).

Eine gleichartige Bestimmung für das Gebiet der Verwaltungszuständigkeiten enthält das Grundgesetz nicht.

Es ist daher sehr fraglich, ob diese für den Bereich der Gesetzgebung getroffene Regelung entsprechend auch auf die dem Bund eingeräumten Sonderkompetenzen Anwendung finden kann. Die Ingerenzrechte des Bundes nach Art. 83 ff. müßten dann wie die Gesetzgebungskompetenzen nach Art. 74 GG mit den Verwaltungskompetenzen der Länder auf diesem Gebiet konkurrieren[73].

Entgegen der Ansicht von Hohrmann[74] handelt es sich bei den Verwaltungskompetenzen des Bundes aufgrund der Art. 83 ff. aber nicht um eine sog. Vorrangzuständigkeit des Bundes, sondern um eine Aus-

---

70 Vgl. dazu *Isensee* a.a.O. FN 13 S. 225, *Zacher*, VVDStRL 21 (1964) S. 131.

71 Ähnl. *Huber*, Diss. S. 75: der die Heranziehung des Subsidiaritätspr. als „Hilfsmittel" für die Lösung organisatorischer Probleme zuläßt; anders wohl *Gruson*, Die Bedürfniskompetenz S. 81 f.; vgl. dazu Bespr. durch *H. Schäfer*, DVBl. 1968, 926.

72 Vgl. Bd. 21 S. 24; vgl. ferner *P. Schneider* u. *Ehmke*, VVDStRL Heft 20 S. 1—134 „Prinzipien der Verfassungsinterpretation."

73 Für eine Konkurrenz *Hohrmann*, Diss. S. 103.

74 Diss. S. 101/102.

nahmekompetenz, die lediglich in ganz bestimmten, eng umgrenzten Fällen zur Anwendung kommt. Die grundsätzliche Verwaltungszuständigkeit der Länder wird dadurch nicht beeinträchtigt.

Auch nach dem Aufbau des Grundgesetzes sind der VII. Abschnitt über die Gesetzgebung, dem die Bedarfskompetenz des Art. 72 zuzurechnen ist, und der VIII. Abschnitt über die Verwaltungszuständigkeiten schon äußerlich scharf voneinander getrennt. Das Bundesverfassungsgericht[75] hat daher auch — allerdings speziell für Art. 87 III GG — entschieden, daß der Bundesgesetzgeber hier auch dann nicht an die Voraussetzungen des Art. 72 GG gebunden sei, wenn die Sachregelungskompetenz in den Bereich der konkurrierenden Zuständigkeiten des Art. 74 GG falle. Denn wegen der absoluten Trennung zwischen VII. und VIII. Abschnitt hätte es das Grundgesetz ausdrücklich vorschreiben müssen, wenn es auch den Bereich der bundesgesetzlichen Verwaltungskompetenzen von dem Bedürfnis nach Art. 72 abhängig machen wollte. Zur Errichtung von eigenen Mittel- und Unterbehörden für neu hinzugekommene Aufgaben stellt Art. 87 III GG selbständig das Erfordernis eines „dringenden Bedarfs" für den Bundesgesetzgeber auf.

b) Ist eine analoge Anwendung im Verwaltungsbereich zweckmäßig?

Aber auch wenn man dieser Ansicht nicht folgen wollte[76], würde sich aus einer evtl. entsprechenden Anwendung des Art. 72 II GG auf die Verwaltungszuständigkeiten des Bundes keine effektive Ausübungsschranke ergeben. Ob dies daran liegen mag, daß Art. 72 ein Bedürfnis nur „in abstracto", nicht „in concreto" voraussetzt, ist sehr zweifelhaft. Denn diese Bestimmung verlangt nicht nur das Vorliegen eines Bedürfnisses für eine bundesgesetzliche Regelung überhaupt, sondern stellt für den *Einzelfall* drei Voraussetzungen auf, deren Konkretisierung das Bundesverfassungsgericht bisher abgelehnt hat[77]. Der Grund für die mangelnde Effektivität dieser Bestimmung dürfte daher nicht so sehr beim Verfassungsgesetzgeber als vielmehr bei der Auslegung dieser Vorschrift durch das Bundesverfassungsgericht zu suchen sein[78].

---

75 Bd. 14 S. 197 ff.; vgl. ferner *Kölble*, DVBl. 1962, 658 f.; *Heinze*, DVBl. 1962, 786.

76 So *Hohrmann* a.a.O. S. 102/103; *Bettermann*, VVDStRL 17, 159; *Huber*, Diss. S. 73; *v. Hausen*, DÖV 1960, 442; *Kalkbrenner*, JZ 1963, 210 (213).

77 Vgl. *Gruson* a.a.O. S. 113.

78 Bedenken gegen die Abstempelung des Art. 72 II GG zur beschränkt justiziablen Ermessensangelegenheit durch das BVerfG (E 2, 213 [224 f.]; 4, 115 [127 f.]; 10, 20 [40]) wurden schon 1954 v. BayVerfGH (nF 7 I S. 160 [165]) geltend gemacht; s. auch *Fröhler*, DVBl. 1950, 492; *Kratzer*, DVBl. 1950, 396 f.; *Lerche*, Übermaß S. 346.

Das Bundesverfassungsgericht war ursprünglich dem Bundesgesetzgeber mit der von ihm anerkannten weiten Auslegung der Bestimmungen der Art. 72 II GG sehr entgegengekommen. Es hat lange Zeit die Frage, ob ein Bedürfnis nach bundeseinheitlicher und damit bundesgesetzlicher Regelung besteht, für eine solche pflichtgemäßen Ermessens des Bundesgesetzgebers und damit nur im Falle eines Ermessensfehlgebrauches[79] für justiziabel gehalten[80, 81]. Im Südweststaat-Urteil[82] führte es dann aus, der Bundesgesetzgeber könne sich im Rahmen des Art. 72 II *nicht* auf sein freies Ermessen, auf Zweckmäßigkeitsgründe, auf die staatspolitische Notwendigkeit einer bundesgesetzlichen Regelung oder auf Gesichtspunkte berufen, „unter denen das von ihm erlassene Gesetz vernünftig und gut erscheine"[83].

Die damit begonnene Tendenz des Bundesverfassungsgerichts, seine frühere weite Auslegung allmählich wieder einzuschränken und den Begriff des Bedürfnisses nunmehr als unbestimmten Rechtsbegriff mit geringerem Beurteilungsspielraum zu begreifen[84], hat bisher in der Praxis allerdings kaum irgendwelche Auswirkungen gezeigt. Da es dem Bundesgesetzgeber auch nach dieser neuen Konkretisierung des Bedürfnisinhalts als Handelndem allein überlassen bleibt, diesen Beurteilungsspielraum zu gestalten, stellt Art. 72 II GG auch heute noch keine effektive und unüberwindliche Schranke für den Bundesgesetzgeber zum Erlaß von Gesetzen im konkurrierenden Bereich auf. Damit liegt es nach wie vor im (Handlungs-) Ermessen des Bundesgesetzgebers, ob, wann und auf welche Weise er von seiner ihm in Art. 72 II eingeräumten „Gestaltungsfreiheit"[85] oder „Regelungsfreiheit"[86] Gebrauch machen will. Die gerichtliche volle Nachprüfbarkeit der in Art. 72 II GG verwendeten unbestimmten Rechtsbegriffe[87] kann daran nichts ändern.

Da sich die Rechtsprechung bisher also weder um eine Interpretation der in Art. 72 II GG enthaltenen unbestimmten Rechtsbegriffe noch um eine Konkretisierung der Grenzen des gesetzgeberischen Ermessens bemüht hat, hat sich damit die Bedürfnisschranke schon im Bereich der Gesetzgebung überhaupt nicht zugunsten der Länder ausgewirkt[88]; sie ist schon im Gesetzgebungsbereich zur Bedeutungslosigkeit herabgesun-

---

[79] *Rudolf* a.a.O. S. 23 FN 42 (1968) hält diese Vorschrift fälschlicherweise auch heute noch für überhaupt nicht gerichtlich nachprüfbar.

[80] Vgl. BVerfGE 2, 224 f.; 4, 127; 10, 245.

[81] Kritisch hierzu *Lerche*, Übermaß S. 346 m. Nw.

[82] E 14, 35.

[83] E 14, 35; 18, 407 (415); vgl. auch *Achterberg*, DVBl. 1967, 218 Nr. 3; *Gruson*, Die Bedürfniskompetenz (1967) S. 30.

[84] Vgl. *Lerche*, Verfassungsfragen S. 34, *Gruson* a.a.O. S. 118 f.

[85] s. *Gruson* a.a.O. S. 60 FN 228.

[86] *Bettermann*, Staat 1962 S. 92.

[87] Vgl. *Gruson* a.a.O. S. 118.

[88] *Gruson* a.a.O. S. 112; *Herzog*, JUS 1967, 195 II 2; *Hesse*, Grundzüge S. 94.

ken[89]. Selbst wenn man ihre entsprechende Anwendung auf dem Gebiet der Verwaltungszuständigkeiten bejahen wollte, bliebe sie daher völlig unwirksam.[90].

Art. 72 II Nr. 3 GG, der ursprünglich als Ausübungsschranke gedacht war, ist heute im Gegenteil zum eigentlichen Träger bundesgesetzlicher Kompetenzerweiterung geworden[91].

4. Bundesstaatlichkeit und wechselseitige Loyalitätspflicht zwischen Bund und Gliedstaaten als Ausübungsschranke

Bei der Anwendung der dem Bund in Form von Sonderkompetenzen, insbesondere im Bereich der Verwaltung gewährten Ingerenzrechte, darf der Grundsatz der Bundesstaatlichkeit nicht aus den Augen verloren werden.

a) Heutiges Verständnis und Wesen des Bundesstaatsprinzips

Das Bundesstaatsprinzip ist in den Art. 20 I, 79 III GG (Gliederung des Bundes in Länder) festgelegt.

Die Frage nach Sinn und Zweck dieses Grundsatzes wird heute nicht mehr einheitlich beantwortet, da die Länder der Bundesrepublik Deutschland als historisch gewachsene Staatswesen, die jeweils einen eigenen durch die Geschichte herausgebildeten Charakter haben, mit Ausnahme von Bayern, Hamburg und Bremen, kaum mehr bestehen[92]. Zudem treten solche landsmannschaftlichen Besonderheiten mehr und mehr hinter die Erfordernisse des modernen Sozialstaates zurück[92].

Aus diesem Grunde wird heute z. T. die Forderung nach einem neuen Verständnis des Bundesstaats erhoben[93]. Hauptforderung eines neuen Bundesstaatsbegriffs ist dabei aber auch der Effekt einer Gewaltenteilung und Aufgabenabgrenzung zwischen Bund und Gliedern in den Bereichen, in denen die ursprüngliche Gewaltenteilung nicht mehr funktioniert, weil der Verwaltung insbesondere im sozialen Bereich des modernen Staates eine außerordentliche Machtfülle zugefallen ist und das Gleichgewicht zwischen ihr und der Gesetzgebung in Unordnung zu geraten scheint[94].

---

[89] *Gruson* a.a.O. S. 113.

[90] s. BVerfGE 13, 233 ff., in der das BVerfG sich zwar von seinem früheren Standpunkt, daß Art. 72 II nicht justiziabel sei, gelöst hat, gleichzeitig aber die primäre Beurteilungskompetenz des Bundes (Beurteilungsspielraum) hervorgehoben hat.

[91] *Scheuner*, DÖV 1966, S. 517.

[92] *Hesse*, Grundzüge S. 88.

[93] Vgl. *Hesse*, Der unitarische Bundesstaat; ders. Grundzüge § 7 I 2 (S. 88, 89); *Herzog*, JUS 1967, 193; *Liebrecht*, DVBl. 1969, 97 m. w. Nw.

[94] Vgl. *Groß*, DVBl. 1969, 96 m. w. Nw. in FN 67; *Liebrecht*, DVBl. 1969, 99.

Die vom Grundgesetz vorgesehene Aufgabenverteilung, die sich sowohl nach Sachgebieten als auch nach Funktionen[95] richtet und die das Schwergewicht der Gesetzgebung dem Bund, das der Verwaltung aber den Ländern vorbehalten hat, ist dadurch, daß der Bund auf einem Sachgebiet die Gesetze erläßt, die Länder sie aber (in der Regel unter Aufsicht des Bundes) ausführen, zwischen Bund und Ländern aufs engste verzahnt. Dieses Ineinandergreifen ist ein besonderes Kennzeichen unseres deutschen Bundesstaates.

Wegen der unterschiedlichen Aufgaben, die die Ordnung eines Bundesstaats zu erfüllen hat und wegen der unterschiedlichen historischen, politischen, sozialen und wirtschaftlichen Bedingtheiten müssen dem jeweiligen Bundesstaat ganz verschiedene Ausprägungen zukommen[96]. Auch die Bundesstaatlichkeit der Bundesrepublik Deutschland ist eine konkret-geschichtliche Individualität.

Hesse[97] behauptet sogar, der heutige deutsche Bundesstaat habe sich gewandelt. Der Bundesstaat des Grundgesetzes diene nur noch in engen Grenzen der Bewahrung regionaler Vielfalt.

Neben diesen politischen Aufgaben vervollständigt der bundesstaatliche Aufbau aber auch die Ordnung des sozialen Rechtsstaats, wie ihn die Bundesrepublik Deutschland darstellt. Dies geschieht durch die gewaltenteilenden Wirkungen der Bundesstaatlichkeit, die sich sowohl auf die Zuordnung der Funktionen innerhalb der bundesstaatlichen Glieder als auch auf die Beschränkung bundesgesetzlicher Aufgabenausweitung beziehen. Diese Wirkungen sind dem Bundesstaat des Grundgesetzes auch unter den gewandelten Voraussetzungen der Gegenwart nicht verlorengegangen. Die bundesstaatliche Ordnung ist daher heute nicht überholt, es hat sich lediglich ihre Funktion verschoben[98].

Danach sind die Länder als Glieder des Bundes Staaten mit eigener, wenn auch gegenständlich beschränkter, nicht vom Bund abgeleiteter, sondern von ihm anerkannter staatlicher Hoheitsmacht[99]. Die Gestaltung der verfassungsmäßigen Ordnung im Lande — also auch die Verfassungsordnung der Gemeinden — gehört, solange sie sich im Rahmen des Art. 28 I hält, in den Bereich der Länder. Insbesondere ist die Bestimmung der Regeln, nach denen sich die Bildung der Landesverfassungsorgane, ihre Funktionen und ihre Zuständigkeiten bemessen,

---

95 Im Gegensatz zu den USA vgl. *Hohrmann* a.a.O. S. 94.

96 *Hesse*, Grundzüge, S. 86.

97 Grundzüge S. 89.

98 *Zinn*, Das Bundesstaatsprinzip heute S. 11.

99 BVerfGE 1, 14 (34).

ausschließlich Ländersache[100]. Die Verfassungsräume des Bundes und der Länder stehen grundsätzlich selbständig nebeneinander[101]. Denn das Grundgesetz will nicht Konformität oder Uniformität, sondern nur eine gewisse Homogenität zwischen dem Bund und seinen Gliedern[102].

Der Typ des im Grundgesetz verankerten föderativen Bundesstaates stellt die äußerste Schranke für die jeweiligen Befugnisse des Bundes dar. Diese sehr schwer zu ziehende Grenze kann vom Bundesgesetzgeber auch nicht mit Zustimmung des Bundesrats überschritten werden[103]. Der Umstand, daß sich damit die Rechte der Länder auf die Einwirkungsmöglichkeiten des Bundesrats verlagern und dadurch ihr Einfluß auf den Bundeswillen bei der Gesetzgebung verstärkt werde, bietet für eine Ausdehnung von Bundeskompetenzen noch keine Rechtfertigung.

b) Die wechselseitige Loyalitätspflicht im Bundesstaat als konkrete Konfliktverhütung

Der im Grundgesetz verwirklichte verfassungsrechtliche Grundsatz der Bundesstaatlichkeit enthält außerdem die Rechtspflicht des Bundes und aller seiner Glieder zu bundesstaatsfreundlichem[104] Verhalten: danach sind alle an dem verfassungsrechtlichen Bündnis Beteiligten, nämlich Bund, Länder und Gemeinden, gehalten, dem Wesen dieses Bündnisses entsprechend zusammenzuwirken und zu seiner Festigung und zur Wahrung der Belange des Bundes und der wohlverstandenen Interessen seiner Glieder beizutragen[105].

Aus diesem Grundsatz sog. Bundestreue hat das Bundesverfassungsgericht[106] eine Reihe konkreter Rechtspflichten für die Beteiligten entwickelt. So hat es beispielsweise im Zusammenhang mit Erwägungen zum sog. horizontalen Finanzausgleich ausgeführt, daß das Bundesstaatsprinzip nicht nur Rechte, sondern auch Pflichten der Glieder begründe und daß der Gedanke der Bundestreue bei der Ausübung von Gesetzesbefugnissen des Bundes oder der Länder als Rechtsschranke

---

100 BVerfGE 1, 14, (34).

101 BVerfGE 4, 178 (189).

102 BVerfGE 9, 268 (279).

103 *Hohrmann*, Diss. S. 97; *Forsthoff*, Körperschaft S. 53; *Geiger*, BayVBl. 1957, 301 (303); *v. Hausen-v. d. Heide*, DÖV 1958, 755.

104 Gebräuchlich aber mißverständlich ist der Ausdruck „bundesfreundliches" Verhalten, da er nur auf die Pflicht der Glieder gegenüber dem Bund, nicht auch auf diejenigen des Bundes gegenüber den Gliedern hindeutet, s. oben 1. Abschnitt II 1.

105 Vgl. BVerfGE 1, 299 (315) im Anschluß an *Smend*, Ungeschriebenes Verfassungsrecht im monarchischen Bundesstaat in der Festgabe für O. Mayer 1916, 247 ff. (261).

106 s. insbesondere E 12, 205 ff. (254).

zutage trete[107]. Ebenso muß der Landesgesetzgeber beispielsweise Rücksicht auf die Interessen des Bundes und der übrigen Länder nehmen, wenn die Auswirkungen einer gesetzlichen Regelung nicht auf seinen Raum begrenzt bleiben. Aus der Bundestreue entspringt ferner die Pflicht, für Länder und Gemeinden zu optimaler Ausführung der Bundesgesetze[108]. Optimal bedeutet sowohl die Berücksichtigung der Interessen des Bundes als auch der der betroffenen Bürger. Umgekehrt hat aber auch der Bundesgesetzgeber die Pflicht, bei Eingriffen in den Bereich der Länder und Gemeinden im Wege der Gesetzgebung — vor allem auch beim Erlaß von Organisations- und Verfahrensgesetzen auf die Interessen der Gemeinden und auf die Belange der Länder zu achten, d. h. auf die Organisationsinteressen der Länder und die Selbstverwaltungsbelange der Gemeinden Rücksicht zu nehmen. Ebenso wie die Gemeinden gegenüber dem Bund zur Bundestreue verpflichtet sind, besteht diese Pflicht auch für den Bund gegenüber den Kommunen als essentiellen Bestandteil des Bundesstaats[109]. Eine Einschränkung zu Lasten der Gemeinden würde dem Ziel dieses ungeschriebenen Verfassungssatzes widersprechen, nach dem das verfassungsrechtliche Verhältnis zwischen dem Gesamtstaat und allen seinen Gliedern von der wechselseitigen Loyalitätspflicht beherrscht wird[110]. Das gilt trotz des zweistufigen Aufbaus der Bundesrepublik Deutschland, nach dem die Gemeinden nur als Teile der Länder anzusehen sind. Die Verpflichtung des Landes, evtl. im Wege der Kommunalaufsicht gegen die Gemeinden einzuschreiten, die durch ihre Maßnahmen z. B. in eine ausschließliche Bundeskompetenz eingreifen[111], wird damit nicht illusorisch.

Die bisherige Rechtssprechung zum Bundesstaatsprinzip, insbesondere die Betonung der Pflicht zu gegenseitiger Loyalität läßt erkennen, daß sich aus diesem Grundsatz konkrete Obliegenheiten des Bundes sowohl gegenüber den Ländern als auch gegenüber den Gemeinden entwickeln lassen.

Als konkrete Beschränkung in der Ausübung[112] der dem Bund zustehenden Gesetzgebungs- und Verwaltungskompetenzen[113] kann daher das Prinzip der Bundesstaatstreue auch im Verhältnis von Bund und Land (bei unzulässiger Beeinträchtigung landesrechtlicher Organisationsgewalt) oder Bund und Gemeinde (ohne daß schon das Selbstver-

---

107 E 4, 115 (140).

108 Vgl. BVerfGE 4, 140; 8, 138.

109 Vgl. zuletzt *Konow*, DÖV 1970, 22 ff. (26).

110 Vgl. BVerfGE 12, 205 (254); *Smend*, Ungeschriebenes Verfassungsrecht S. 247 ff.

111 Vgl. BVerfGE 8, 122 (138 ff.).

112 Vgl. BVerfGE 14, 197 (215); 8, 122 LS 7.

113 Vgl. *Hohrmann* a.a.O. S. 99.

waltungsrecht in Mitleidenschaft gezogen sein muß) als Gebot bundesstaatlicher Gemeindefreundlichkeit zum Tragen kommen. Diese sog. Bundestreue, zu der auch ein gewisses Maß an Gemeindefreundlichkeit des Bundes zu zählen ist, hat die Funktion, die aufeinander angewiesenen Teile des Bundesstaates, nämlich Bund, Länder *und* Gemeinden unter der gemeinsamen Verfassungsrechtsordnung stärker aneinander zu binden und das bundesstaatliche Gefüge zu einer gewissen Homogenität zu führen. Er hat in diesem Rahmen auch den Zweck, einer evtl. Übermacht des Gesamtstaates im Verhältnis zu seinen Gliedern feste — durch die Gerichte nachprüfbare — Schranken zu ziehen[114]. Der Grundsatz der Bundestreue ist jedoch an die bestehenden Kompetenzen gebunden und kann diese weder zugunsten eines Partners verlagern noch ausgestalten. Er stellt vielmehr nur die äußerste Schranke dar[115], die zu überschreiten dem Bund vewehrt ist, wenn er nicht Gefahr laufen will, sich dem Vorwurf des Mißbrauchs seiner Zuständigkeiten auszusetzen.

Die Frage, ob die Pflicht des Bundes zur Gemeindefreundlichkeit[116] als Ausfluß der Bundestreue verletzt ist, ist nicht bloß eine Frage politischen Ermessens[117], sondern eine Rechtsfrage, die vom Bundesverfassungsgericht in vollem Umfang nachgeprüft werden kann[118]. Der Grundsatz der Bundestreue, dessen Wurzel in der Bundesstaatlichkeit zu suchen ist, kann damit auch im Rahmen der direkten Beziehungen zwischen Bund und Gemeinden als Instrument konkreter Konfliktverhütung in Form einer Rechtsausübungsschranke für den Bund Bedeutung erlangen[119]. Voraussetzung für eine derartige Anwendung dürfte jedoch zumindest die Gefahr einer Störung der bundesstaatlichen Ordnung[120] und damit des bundesstaatlichen Gleichgewichts sein. Eine solche liegt sicher vor, wenn der Bund die Länder überwiegend ihrer Organisationsgewalt durch Bestimmung der Verwaltungseinrichtungen beraubt[121]. Gleiches muß auch für die Organisation der Gemeindebehörden durch den Bund gelten. Schließlich handelt der Bund mißbräuchlich und verstößt dadurch gegen das Prinzip der Bundestreue (Gemeinde-

---

114 Vgl. BVerfGE 4, 140; 8, 138.

115 *Maunz-Dürig*, RNr. 23 zu Art. 20; BVerfGE 4, 115 (142); *Hohrmann* a.a.O. S. 99.

116 *Stern*, AfK 1964, 81 (93) fordert in entsprechender Anwendung zur Bundestreue eine „Gemeindetreue" im Verhältnis von Staat u. Selbsverwaltungskörperschaft.

117 So aber *Geiger*, BayVBl. 1957, 339.

118 *Maunz-Dürig*, RNr. 23 zu Art. 20; BVerfGE 4, 140.

119 Vgl. *P. Werner* 1967, 52, 53.

120 Vgl. BVerfGE 8, 122 (138 ff.).

121 Ebenso *Lerche*, Gutachten S. 68 in Anlehnung an BVerfGE 12, 205 ff.

freundlichkeit), wenn er sich beim Erlaß von Organisationsregelungen gegenüber den Gemeinden von sachfremden Motiven leiten läßt.

So hat der Bundesgesetzgeber bei der unmittelbaren Einschaltung der Gemeinden auf jeden Fall auf die Länderverantwortlichkeit bei dem Vollzug von Bundesgesetzen auch durch die Gemeinden zu achten. Er hat die Ausübung der ihm eingeräumten Ingerenzrechte dann zu unterlassen, wenn er dadurch die Verantwortung der Länder für den Vollzug durch die Gemeinden praktisch unmöglich machen würde.

5. Das Übermaßverbot als Begrenzung bundesstaatlicher Ingerenzen

Die prinzipielle Verwertbarkeit dieses aus dem Rechtsstaatsprinzip hergeleiteten Grundsatzes[122] ist allgemein dort gegeben, wo eine der gesetzgeberischen Gewalt gegenüberstehende Rechtssphäre als Eigenwert empfunden wird, in die der Gesetzgeber *unberechtigterweise* eingreift[123]. Einen solchen Eigenwert hat das Grundgesetz sowohl für die Länder als Staaten mit eigener Gesetzgebungs- und Verwaltungskompetenz als auch für die Gemeinden im Rahmen ihrer eigenverantwortlichen örtlichen Aufgabenerledigung (Art. 28 II GG) ausdrücklich anerkannt. Der Gedanke des Übermaßverbots als Oberbegriff für die beiden Komponenten Erforderlichkeit und Verhältnismäßigkeit hat zwar im Grundgesetz bisher hauptsächlich im Bereich der Grundrechte als ein „gesetzesbegrenzender Faktor" Anwendung gefunden[124]. Er könnte aber in gleicher Weise außerhalb dieses engen Bereichs in dem uns interessierenden Fragenkreis zwischen Bund und Gemeinden tauglich sein.

a) Begriffliche Abgrenzung und Unterscheidung zwischen der Erforderlichkeit und der Verhältnismäßigkeit

Oberbezeichnung für den Grundsatz der Erforderlichkeit wie auch den der Verhältnismäßigkeit ist der von Lerche[125] geprägte Begriff des Übermaßes. Gemeinsam ist beiden ihre Wirkung als Bewahrer grundgesetzlicher Normen: Veränderungen des Normalen in Richtung auf eine Ausweitung können von ihnen bis zur Ausnahme verengt werden.

Der Grundsatz der Verhältnismäßigkeit bezieht sich dabei auf eine bestimmte Relation von Zweck und Mittel zueinander. Die Handhabung eines bestimmten Instruments muß zur Erreichung eines kon-

---

122 Wegen seiner Rechtfertigung im Verfassungsrecht s. vor allem *Lerche*, Übermaß 1961, insbes. S. 29 ff. u. S. 61 ff., 77.

123 Vgl. *Lerche* a.a.O. S. 26/27.

124 *Lerche* a.a.O. S. 26/27.

125 a.a.O. S. 21.

kreten Zwecks „angemessen" sein. Der Verhältnismäßigkeitsgrundsatz ist insofern nicht starr, sondern nach dieser jeweiligen Relation manipulierbar. Um überhaupt zur Anwendung gelangen zu können, setzt er einen Mittel und Zweck umspannenden Maßstab voraus[126]. Die Abwägung der Angemessenheit dieser Mittel-Zweck-Relation ist in concreto nichts anderes als spezifische Rechtsgüterabwägung. Nur in dieser Form ist dieser Grundsatz rechtlich verwertbar[127].

Der Grundsatz der Erforderlichkeit oder Notwendigkeit schreibt dagegen vor, daß unter mehreren möglichen und zur Zweckerreichung geeigneten Instrumenten nur dasjenige gewählt werden darf, das den geringsten Eingriff in fremde Eigenbereiche und Rechtssphären darstellt und die geringsteinschneidenden Folgen hervorruft[128]. Auch hier ist für die konkrete Anwendung ein Maßstab Voraussetzung, der angibt, welches Mittel mehr und welches weniger eingreift und welche Sphäre im Rahmen des Eingreifens höher zu bewerten ist: diejenige des Eingreifers oder diejenige des Betroffenen. Das Verhältnis des gewählten Instruments, die Schwere und Intensität des Eingriffs ist hier aber nicht von seinem Verhältnis zum erstrebten Zweck abhängig. Es gibt hier — wenigstens der Idee nach — zur Erreichung eines konkreten Zweckes unter allen geeigneten Mitteln immer nur *ein* erforderliches. Bei mehreren geeigneten haben diese in der Regel gleiches Gewicht, gleiche Auswirkungen und gleichstark einschneidende Kraft. Im Gegensatz zur Verhältnismäßigkeit (Angemessenheit) fehlt hier ein Spielraum, da im konkreten Fall nur ein einziges, nämlich das geringst einschneidende Mittel, zulässig ist.

b) Heranziehung des Übermaßverbots zur Begrenzung bundesgesetzlicher Ingerenzrechte

Im Gegensatz zum Subsidiaritätsprinzip, das nicht nur ein formelles Rangfolgeprinzip darstellt, sondern für seine Anwendung gleichzeitig auch den materiellen Maßstab liefert, zur Heranziehung also einer ausdrücklichen grundgesetzlichen Anerkennung bedarf, sind das Verhältnismäßigkeitsprinzip und der Grundsatz der Erforderlichkeit völlig frei von materiellen Ausprägungen und daher ohne Einschränkung auf alle Bestimmungen des Grundgesetzes anwendbar, die einen sachlichen Maßstab für ihre Verwendung liefern. Daß diese Anwendung bisher hauptsächlich und ausschließlich im Bereich der Grundrechte — insbesondere zur Begrenzung ungerechtfertigter Eingriffe in ihren Schutzbereich —

---

126 Vgl. *Lerche* a.a.O. S. 19.

127 *Lerche* a.a.O. S. 22: Verhältnismäßigkeit als Anwendungsfall des Güterabwägungsprinzips.

128 *Lerche* a.a.O. S. 19.

erfolgt ist, steht einer Anwendung auch auf andere, einen materiellen Maßstab zur Verfügung stellende Vorschriften der Verfassung noch nicht entgegen.

Selbständige Normen materiellen Inhalts sind auch diejenigen des Art. 83 ff., 84 I, 85 I GG soweit sie konstitutive (nicht lediglich deklaratorische) Bedeutung haben. Das ist — wie wir gesehen haben — zumindest für den Bereich der Eingriffe des Bundes in das Kommunalverfassungsrecht der Fall. Die Art. 84 I, 85 I GG liefern hier insbesondere durch den Normzweck einen selbständigen Maßstab für die Intensität bundesgesetzlicher Eingriffe in das Kommunalverfassungsrecht, der i. V. mit dem Prinzip des Übermaßverbots konkrete durch das Bundesverfassungsgericht nachprüfbare Grenzen der bundesgesetzlien Ingerenzrechte hervorbringt.

Für den Bereich des Verhältnismäßigkeitsgrundsatzes gewinnt dabei die vom Bundesverfassungsgericht i. V. mit dem Apothekenurteil[129] entwickelte Stufentheorie Bedeutung. Diese ist nichts anderes als die Konkretisierung des Verhältnismäßigkeitsgrundsatzes und besagt, daß jeweils nur diejenige Stufe, diejenige Intensität einer eingreifenden Maßnahme zulässig ist, die den geringsten Zugriff für den Betroffenen und dessen geschützter Eigensphäre bringt. Der nächste intensivere Grad des Eingriffs ist erst dann gerechtfertigt, wenn mit hoher Wahrscheinlichkeit dargetan werden kann, insbesondere bei späteren Streitigkeiten vor dem Bundesverfassungsgericht, daß befürchtete Gefahren, mit den Mitteln der vorhergehenden Stufe nicht bekämpft werden können. Das „telos“ der jeweiligen materiellen Bestimmung wird damit zum zentralen Ausgangspunkt für die Intensität der Ausübung bundesgesetzlicher Ingerenzrechte.

Es ist kein Grund ersichtlich, der es verbietet, diese auf Grundrechtseinwirkung durch den Staat entwickelten Prinzipien[130] im Verhältnis von Bund und Gemeinde als Selbstverwaltungskörperschaft auszudehnen. Dies umso mehr als der Bundesgesetzgeber schon sehr früh auch den Gemeinden mit der ausdrücklichen Codifizierung einer gemeindlichen Verfassungsbeschwerde[131] eine den Grundrechtsträgern ähnliche Stellung eingeräumt hat und diese erst in jüngster Zeit[132] auch in der Verfassung bestätigt und verankert worden ist[133]. Es wäre zudem unverständlich, warum zwar *nach* erfolgter Einflußnahme des Bundes

---

129 BVerfGE 7, 377 ff.

130 *Lerche*, Übermaß S. 135: Entfaltung des Übermaßverbots im Grundrechtsbereich als Mißbrauchswehr.

131 s. § 92 BVerfGG.

132 s. das 19. ÄndG z. GG v. 29. 1. 69 (BGBl. I S. 97).

133 s. Art. 93 Abs. 1 Nr. 4 b GG.

eine gerichtliche Nachprüfung der Verfassungsmäßigkeit stattfinden könnte, der Bundesgesetzgeber aber *vor* Schaffung von Organisations- und Verfahrensgesetzen gem. Art. 84 I, 85 I GG an den allgemeinen Verfassungssatz der Verhältnismäßigkeit nicht gebunden sein sollte. Daß die Befürchtung der Nichtbeachtung dieses Grundsatzes berechtigt ist, zeigen zahlreiche bisher in der Praxis ergangene Vorschriften in Bundesgesetzen, die im Ernstfall einer verfassungsgerichtlichen Nachprüfung nicht standhalten würden. Der Bundesgesetzgeber ist jedoch in neuerer Zeit bei Abfassung solcher sowohl die Organisationsgewalt der Länder als auch den Eigenbereich der Gemeinden berührenden Bestimmungen vorsichtiger geworden und hat Eingriffe in solche Bereiche nur noch im Falle eines unabweisbaren auf andere Weise nicht zu befriedigenden Bedürfnisses, wie etwa für den Fall der Gefährdung des gesamtwirtschaftlichen Gleichgewichts[134] sowie für Maßnahmen in Fällen des Ausnahmezustands (Notstand) zugelassen[135].

Der Grundsatz der Erforderlichkeit (Notwendigkeit) setzt für seine Anwendung ebenfalls einen Maßstab materiellen Inhalts voraus. Einen solchen liefern die Bestimmungen der Art. 83 ff. GG insbesondere Art. 84 und 85, indem sie aufzeigen, welches Mittel mehr und welches weniger in die Sphäre der Länder und Gemeinden eingreift und welche Sphäre im Einzelfall die höher zu bewertende ist. Letzteres ergibt sich vor allem aus dem Zweck dieser dem Bundesgesetzgeber eingeräumten Ingerenzrechte. Im Rahmen des Erforderlichkeitsgrundsatzes erstreckt sich das Maß der Beeinträchtigung im Gegensatz zum Verhältnismäßigkeitsgrundsatz nicht zugleich auf das Ziel des Eingriffs. Dieses steht hier außerhalb einer vergleichenden Abwägung mit dem auszuwählenden Instrument[136]. Die Mittel-Zweck-Relation entfällt. Für die praktische Anwendung dieses Grundsatzes ist eine Differenzierung jedoch ohne Bedeutung, da der Grundsatz der Erforderlichkeit hier mit dem der Verhältnismäßigkeit kombiniert werden muß[137]. Das führt dazu, daß zwar nach dem Verhältnismäßigkeitsgrundsatz für den Weg, den der Bundesgesetzgeber bei der Wahl seiner Eingriffsmöglichkeiten gegenüber Ländern und Gemeinden einzuhalten hat, immer mehrere Pfade „angemessen" sind, aber nach dem Grundsatz der Erforderlichkeit jeweils derjenige mit den geringst einschneidenden Wirkungen beschritten werden muß. Nur bei gleichstarker Beeinträchtigung kann der Bundesgesetzgeber daher zwischen innerhalb dieses engen Spielraums gleichen Möglichkeiten wählen.

---

[134] Art. 109 Abs. 4 GG u. StabG.

[135] s. die Art. 115 a ff GG u. die hierzu ergangenen Einzelgesetze.

[136] vgl. *Lerche*, Übermaß S. 19.

[137] Vgl. *Stern*, Gesetzesauslegung u. Auslegungsgrundsätze des Bundesverfassungsgerichts, Diss. 1956 S. 225.

Das Prinzip der Erforderlichkeit ist gleichzeitig ein allgemein-ökonomisches Prinzip, dessen Beachtung auch für den Bundesgesetzgeber nicht nur ein „nobile officium“ darstellt: mit geringstem Aufwand soll das erstrebte Ziel erreicht werden. Geringster Aufwand wird aber nur dann geleistet, wenn die *bestehenden* Organisationsformen und Verfahrensregelungen insofern sinnvoll genützt und eingesetzt werden als es der Bundesgesetzgeber den Ländern überläßt, die erforderlichen Maßnahmen für einen optimalen und effektiven Gesetzesvollzug durch die Gemeinden zu gewährleisten. Erst wenn der Erfolg auf diese Weise nicht erreicht werden kann und eine gleichmäßige Anwendung von Bundesgesetzen gegenüber dem einzelnen Staatsbürger in Frage steht, ist es dem Bund erlaubt, mit organisatorischen Sonderregelungen in den Vollzugsablauf unmittelbar einzugreifen. Eine solche Situation hat sich für den Bund vor allem auf dem Gebiet der Jugendwohlfahrt und des Lastenausgleichs für die Errichtung unabhängiger Ausschüsse in den Gemeinden ergeben[138].

Die Frage, ob der Bund überhaupt von den ihm eingeräumten Ingerenzrechten Gebrauch machen darf oder nicht, läßt sich dagegen nicht schon aus dem Übermaßverbot beantworten, sondern erfährt nur aus den jeweiligen sachlichen Maßstab-Bestimmungen selbst eine Antwort. Sie ist eine Vorfrage, die der Prüfung der Erforderlichkeit und Verhältnismäßigkeit gesetzgeberischer Maßnahmen vorauszugehen hat[139].

Sowohl für diese Vorfrage als auch für die Entscheidung der Hauptfrage ist der Einfluß des jeweiligen Verfassungsraumes, in dem der Grundsatz des Übermaßverbots Anwendung finden soll, zu beachten. Dies ist im vorliegenden Fall sowohl das Verhältnis von Bund und Ländern in der Eigenart wie es vom Grundgesetz ausgestaltet worden ist als auch der Grundsatz des allgemeinen bundesstaatlichen Gleichgewichts.

Die Anwendung der Grundsätze der Erforderlichkeit und Verhältnismäßigkeit auf die unmittelbaren Rechtsbeziehungen zwischen Bund und Gemeinden wären aber wenig ertragreich, wenn nicht auch ihre gerichtliche Nachprüfbarkeit bejaht werden könnte.

c) Die gerichtliche Nachprüfbarkeit von Mißbräuchen des Übermaßverbots durch den Bundesgesetzgeber

Zunächst wäre es ein Trugschluß anzunehmen, was noch maßvoll = erforderlich ist, bestimme der Gesetzgeber, und was diese Grenze überschreite, also nicht notwendig ist, stelle das Bundesverfassungsgericht fest. Denn in der Bestimmung des Noch-Maßvollen liegt gleichzeitig

---

138 Vgl. dazu im einzelnen unten S. 169.

139 *Lerche*, Übermaß S. 346.

die negative Bestimmung des Übermäßigen und umgekehrt[140]. Mit diesem Trugschluß hängt unmittelbar die verfehlte wechselseitige Einordnung des Übermaßverbots in die Kategorie der Ermessensnachprüfung und der gerichtlichen Behandlung des Beurteilungsspielraums unbestimmter Rechtsbegriffe zusammen[141]. Sogar mit der Frage der Nachprüfbarkeit bloßer „Zweckmäßigkeit" wurde die gerichtliche Kontrolle der Erforderlichkeit verwechselt[142, 143].

Solche Bemühungen um die Einordnung des Übermaßverbots in das Bild der vollen und begrenzten gerichtlichen Nachprüfbarkeit dieses Grundsatzes können deshalb nicht zum Ziel führen, weil die beiden Begriffe Erforderlichkeit und Verhältnismäßigkeit schon ihrer Natur nach eine Fülle verschiedenster Fallgestaltungen umfassen. Erst von diesen Sachverhalten her entsteht die Aussicht einer gerichtlichen Nachprüfungsmöglichkeit.

Einen Maßstab dafür, was im einzelnen als „erhebliche" Sachverhaltseigenart anzusehen ist, kann nicht allein aus der Maßnahmestruktur der jeweils in Frage stehenden Normen, also der Normen über die Einräumung bundesgesetzlicher Ingerenzrechte in Bezug auf die Kommunen, entnommen werden. Eine ergänzende Orientierung muß sich hier vielmehr zusätzlich aus den systematischen Einzelstrukturen der Gesamtverfassung ergeben: solche zind z. B. das rechts- und bundesstaatliche Gedankengut und der daraus sich ergebende Verantwortungsbereich des jeweiligen Aufgabenträgers. Wesentliche Sachverhaltseigenart der Art. 83 ff ist ein abgewogenes Maß bundesstaatlicher Ausgeglichenheit. Die Einhaltung dieser Maxime muß prinzipiell verfassungsgerichtlich nachprüfbar sein.

Allerdings erleidet diese Grundsätzlichkeit auch Einschränkungen. Dies ist insbesondere dort der Fall, wo es sich um eine Überprüfung der inneren Motivation des Gesetzgebers durch das Bundesverfassungsgericht handeln würde[144].

Gerichtlich voll nachprüfbar ist aber die Frage, ob die Art. 83 ff., 84 I, 85 I GG überhaupt auf Erforderlichkeit gerichtet sind. Ferner diejenige, ob der Bundesgesetzgeber zur Feststellung des geringsten Eingriffs, sich um die Verschaffung ausreichenden Tatsachenmaterials (evtl. in

140 *Lerche,* Übermaß S. 322.

141 Dieser Trugschluß führte bisweilen dazu, die Frage des Übermaßes zugleich als Ermessens- und Rechtsfrage zu beurteilen (vgl. etwa BayVGH n. F. 1 I, 32 [33 f.]).

142 So z. B. die Entsch. d. BVerwG Bd. 3 S. 21 (27), in der das Gericht ausführt: "ob der Gesetzeszweck etwa auch mit anderen Mitteln hätte erreicht werden können, unterliegt nicht der richterlichen Nachprüfung".

143 Vgl. *Lerche* a.a.O. FN 44 S. 331.

144 *Lerche,* Übermaß S. 340.

Form statistischer Erhebungen) für die oft aufgestellte Behauptung eines andernfalls nicht genügend effektiven oder nicht genügend gleichmäßigen Gesetzesvollzugs durch die Gemeinden bemüht hat[145]. Grenze solcher zu fordernder Bemühungen des Bundesgesetzgebers ist die Zumutbarkeit, wobei sog. Meinungsumfragen größeren Stils, wie sie heute insbesondere vor Land- oder Bundestagswahlen üblich geworden sind, diese Grenze noch nicht überschreiten.

Schließlich muß auch die Frage, *ob* solches vom Bundesgesetzgeber verwendetes Material vor Erlaß eines in Länder- und Gemeindehoheit einschneidenden Gesetzes überhaupt ein richtiges Bild liefern kann, gerichtlicher Nachprüfung unterliegen[146], während für die *Bewertung* des aufgrund solchen Materials gewonnenen Eindrucks der Bundesgesetzgeber allein zuständig sein und letztlich Verantwortlichkeit übernehmen muß, es sei denn, diese ist bloß rechnerischer Natur[147].

Da sich der Grundsatz der Verhältnismäßigkeit von vornherein nur auf grobe Mißverhältnisse bezieht, gilt für ihn die volle gerichtliche Nachprüfbarkeit ohne jede Einschränkung.

Die zur Begrenzung *unberechtigter* bundesgesetzlicher Eingriffe in Landes- und Gemeindekompetenzen heranzuziehenden Rechtssätze der Erforderlichkeit und Verhältnismäßigkeit erweisen sich somit auch hinsichtlich ihrer verfassungsgerichtlichen Nachprüfbarkeit als voll tauglich. Allerdings gilt dies nicht in Form einer selbständigen prozessualen Durchsetzbarkeit[148], sondern lediglich in enger Verbindung mit den bereits aufgezeigten verfassungsrechtlichen Prinzipien der Bundestreue[149] und dem jeweiligen Sinngehalt einer positiven Verfassungsnorm.

Im Gegensatz zu dem oben abgelehnten Subsidiaritätsprinzip hat der Übermaßgrundsatz Rechtssatzcharakter[150]. Er ist echter Verfassungssatz des Grundgesetzes, nicht nur Leitidee und bedarf wegen seiner formalen Natur in Abweichung zu dem sachgebundenen Satz der Subsidiarität keiner weiteren Konkretisierung. Seine Ausrichtung auf die Umstände des Einzelfalls ist eo ipso gegeben.

Zusammenfassend kann dem Grundsatz des Übermaßverbots auch im Bereich zwischen Bund und Gemeinde neben seiner ausgleichsfördernden Funktion und seiner auslegungsleitenden Kraft auch der Charakter

---

145 Im Grundsatz ebenso *Lerche* a.a.O. S. 344 für die allgemeine Nachprüfbarkeit des Übermaßverbots.

146 Vgl. BVerwGE 8, 343 (349 f.) für verwaltungsrechtl. Fälle.

147 Vgl. im einzelnen hierzu *Lerche*, Übermaß S. 344.

148 *Lerche* a.a.O. S. 316.

149 Dieser „ungeschriebene" Verfassungssatz ist dem Übermaßverbot nicht von vornherein entzogen, vgl. *Lerche*, Übermaß S. 160; das wird auch vom BVerfGE 3, 407 (421) unterstrichen.

150 *Lerche* a.a.O. S. 316.

einer gerichtlich nachprüfbaren Ausübungsschranke i. S. eines „Funktionsschlüssels“ (Lerche) für die bundesgesetzliche Verfassungsordnung zuerkannt werden.

Das gilt in erster Linie für die dem Bundesgesetzgeber nach Art. 83 ff. GG eingeräumten Sonderkompetenzen. Es kann aber nicht in diesem Ausmaß für die Kernbereiche des Wirtschaftsverfassungsrechts gelten. Da der Bundesgesetzgeber in diesem Raum nicht bloß auf die Abwehr von Störungen beschränkt ist, sondern wegen der wirtschaftsverfassungsrechtlichen Neutralität des Grundgesetzes z. T. auch befugt ist, neue Ordnungen und selbständige Programme zu entwickeln[151], bleibt hier das Übermaßverbot dem Grundsatz nach erfolglos[152]. Aus dem Schweigen des Grundgesetzes wird man folgern können, daß die Verfassung das Wirtschaftsverfassungsrecht nicht einer Abwägung nach Verhältnismäßigkeitsgrundsätzen unterwerfen wollte. Dieses Stillschweigen der Verfassung rechtfertigt vielmehr den Schluß, daß der Bundesgesetzgeber innerhalb der Schranken einer freiheitlich demokratischen Verfassungsordnung ermächtigt ist, jede mögliche Wirtschaftsverfassung zu entwickeln und zu verwirklichen, ohne daß darin eine besondere Eingriffsvorstellung, wie sie das Übermaßverbot voraussetzt, zu sehen wäre.

Zweiter Unterabschnitt

Spezielle Verfassungsschranken, die die Ingerenz des Bundes auf die Gemeinden behindern

Direkte bundesgesetzliche Einflußnahmen auf die Gemeinden sind trotz der Bestimmungen der Art. 83 ff. GG, die dem Bund Vorrechte in bezug auf eine Umgehung der vom Grundgesetz prinzipiell vorgesehenen Länderfunktionssperre einräumen, erst zulässig, wenn dem Art. 28 II GG nicht entgegensteht. Eingriffe, die den Kernbereich des Selbstverwaltungsrechts der Gemeinden verletzen, sind unzulässig[1].

---

151 Insbesondere auf dem Gebiet des wirtschaftl. Wachstums u. der wirtschaftl. Stabilität s. oben S. 62.

152 Im Ergebnis ebenso *Lerche* S. 146.

1 Heute wohl allgem. Meinung s. für viele BVerfG in st. Rspr. seit Bd. 1, 167 ff. (174); *Köttgen*, Gemeinde S. 48 (1957) stellt dagegen noch die Frage, ob sich aus Art. 28 ein „verfassungsrechtl. Limit für die Normierungsintensität“ des Bundesgesetzgebers ergibt, während *Isensee* a.a.O. S. 245 ff. diese Minimalschranke für Einschränkungen des gemeindlichen Selbstverwaltungsrechts für unzureichend hält.

Das gilt nicht nur für den Landesgesetzgeber, obwohl Art. 28 II GG sinngemäß nur die Länder unmittelbar anspricht, sondern in gleicher Weise für den Bund. Daß auch er die Selbstverwaltungsgarantie als geltendes Strukturprinzip des Grundgesetzes zu berücksichtigen hat[2], folgt aus seiner in Art. 28 III GG übernommenen Gewährleistungspflicht[3].

I. Das Selbstverwaltungsrecht der Gemeinden

1. Begriff und geschichtliche Entwicklung der Selbstverwaltung in Deutschland

Die Gemeinden und die ihnen garantierte Selbstverwaltung sind Bestandteile der verfassungsmäßigen Ordnung der Länder. Dies ist aus Art. 28 GG unmittelbar zu entnehmen[4]. Was aber ist unter garantierter Selbstverwaltung im einzelnen zu verstehen?

Für das Verständnis des heutigen Bedeutungsinhaltes dieses Begriffes ist es unerläßlich, kurz auf seine historische Entwicklung einzugehen. Denn nach dem Grundgesetz ist der Begriff der Selbstverwaltung weder ausreichend definiert noch läßt sich ein konkreter Bedeutungsinhalt aus anderen Bestimmungen der Verfassung ableiten.

Außer in Art. 28 II wird das Wort „Selbstverwaltung" nur noch in Art. 90 II GG verwendet, in dem von den Gemeinden und Gemeindeverbänden als den nach Landesrecht zuständigen „Selbstverwaltungskörperschaften" die Rede ist. Selbstverwaltungsgarantien finden sich ferner in den einzelnen Länderverfassungen, und zwar nicht nur für Gemeinden, sondern auch für andere Bereiche des öffentlichen Lebens[5], ohne daß aus diesen Bestimmungen Details über den Selbstverwaltungsbegriff gewonnen werden könnten.

Der Bedeutungsinhalt der Selbstverwaltung ist in der Literatur daher nach wie vor umstritten[6]. Das rührt vornehmlich daher, daß es keinen konstanten und einheitlichen Selbstverwaltungsbegriff gibt. Vielmehr war die Selbstverwaltung als Umschreibung einer bestimm-

---

[2] Vgl. *Gönnenwein*, Gemeinderecht S. 28; *Maunz-Dürig*, RNr. 34 zu Art. 28; *Schäfer*, DÖV 1951, 575; *Göb*, Diss. S. 66 ff.; *Hohrmann*, Diss. S. 145; BVerfGE 1, 167 ff.; (175); Bd. 1, 33 ff.

[3] *Hohrmann*, Diss. S. 145.

[4] Vgl. *Lerche*, BayVBl. 1965, 145.

[5] Vgl. Art. 138 II BV; Art. 60 I HessVerf; Art. 16 I Verf NRW; Art. 39 I VerfRhlPf für die Hochschulen; Art. 142 III BV; Art. 59 II BrVerf; Art. 53 IV VerfRhlPf für die Sozialversicherung; Art. 155 BV; Art. 69 VerfRhlPf für die Wirtschaft; Art. 71 I VerfBaden-Württbg, Art. 44 I NdsVerf für alle bestehenden Selbstverwaltungseinrichtungen.

[6] Vgl. *Hohrmann*, Diss. S. 21; *Isensee*, Subsidiaritätsprinzip u. Verfassungsrecht 1968, S. 101.

ten soziologischen Form menschlichen Zusammenlebens entsprechend den jeweiligen politischen und gesellschaftlichen Veränderungen einem ständigen Wandel unterworfen und ist es noch.

Definitionen des Begriffs Selbstverwaltung reichen bis in unsere Zeit ohne im einzelnen ein konkretes und eindeutiges Ergebnis gezeitigt zu haben. Solche Versuche sind z. B. von Peters[7], Becker[8] Gönnenwein[9], dem Bundesverfassungsgericht[10] und dem Bayerischen Verwaltungsgerichtshof[11] bekannt. Poul Meyer[12] grenzt die Selbstverwaltung von der Autonomie ab: während letztere bis zu einem gewissen Grad in die politische Ebene gehöre, sei Selbstverwaltung ein rein administrativer Begriff[13]. Er bedeute, daß die Gemeindebehörden nicht der hierarchischen Gewalt der Zentralverwaltung unterworfen seien, die deshalb auch nicht bestimmen könne, wie Einzelfälle von den Gemeindebehörden entschieden werden müßten[14].

Isenee[15] nennt sechs Bereiche, die alle in irgendeiner Form Ausprägung des heutigen Selbstverwaltungsbegriffs sein können:

a) Die Ausgliederung staatlicher Funktionen auf verselbständigte Rechtsträger, die aber dem Staat einverleibt bleiben (mittelbare Staatsverwaltung)
b) die korporative Erfassung gesellschaftlicher Lebensbereiche (gesellschaftliche Selbstverwaltung)
c) die Eigenverantwortlichkeit des Verbandes nach außen (körperschaftliche Selbstverwaltung)
d) die Beteiligung der Verbandsmitglieder an der Verantwortung (organschaftliche Selbstverwaltung)
e) die formale Verselbständigung eines Rechtsträgers gegenüber dem Staat (formale Selbstverwaltung) und schließlich
f) die Zuordnung eigener Angelegenheiten (materielle Selbstverwaltung).

Der Ausdruck „Selbstverwaltung" stellt sich somit als weitgehend komplexer, den verschiedenartigsten Kriterien zugänglicher Begriff dar, wobei ein Verständnis unter lediglich einem dieser Gesichtspunkte wie

---

7 Grenzen S. 6—36.
8 Grundrechte S. 613 ff.
9 Gemeinderecht S. 10 ff.
10 Bd. 11, 266 ff.
11 VerwRspr. Bd. 2, 163 ff.
12 Verwaltungsorganisation, 1962 S. 223.
13 Ebenso *Forsthoff* a.a.O. § 24.
14 *Poul Meyer* a.a.O. S. 223.
15 a.a.O. S. 110.

z. B. der rein formale Selbstverwaltungsbegriff den wahren Bedeutungsinhalt nicht hinreichend erfaßt[16].

2. Der Selbstverwaltungsbegriff in der Rechtsprechung

Nach „Wesen und Intention" bedeutet kommunale Selbstverwaltung, so wie sie heute verstanden wird, nach Meinung des Bundesverfasungsgerichts[17] eine „Aktivierung der Beteiligten für ihre besonderen Angelegenheiten, die die in der örtlichen Gemeinschaft lebendigen Kräfte des Volkes zur eigenverantwortlichen Erfüllung öffentlicher Aufgaben der engeren Heimat zusammenschließt, mit dem Ziel, das Wohl der Einwohner zu fördern und die geschichtliche und heimatliche Eigenart zu wahren". Das Bundesverfassungsgericht beruft sich bei seiner Definition auf Peters[18] und fährt unter Hinweis auf Köttgen[19] fort, die örtliche Gemeinschaft habe nach dem Leitbild des Art. 28 II GG ihr Schicksal selbst in die Hand zu nehmen und dieses in eigener Verantwortung solidarisch zu gestalten.

Wesentlich für unsere späteren Untersuchungen ist die Feststellung des Bundesverfassungsgerichts[20], daß das letzte Urteil darüber, von wem die Verwaltung der örtlichen Gemeinschaften im Einzelfall am besten wahrgenommen wird, in einer freiheitlichen Demokratie dem *Bürger* überlassen bleiben müsse.

Selbstverwaltung in bezug auf die Gemeinde bedeutet also im wesentlichen die eigenverantwortliche Führung der gemeindlichen Angelegenheiten[21]. Diese steht der Gemeinde jedoch nur im Hinblick auf die Aufgaben des örtlichen Wirkungskreises zu; das sind nur solche, „die in der örtlichen Gemeinschaft wurzeln" oder einen spezifischen Bezug zu dieser haben und von der örtlichen Gemeinschaft eigenverantwortlich und selbständig bewältigt werden können[22, 23]

Allgemeine überörtliche Fragen unterfallen somit nicht der gemeindlichen Selbstverwaltung.

---

16 Zum rein formalen Verständnis der Selbstverwaltung durch Forsthoff s. die Kritik von *Hohrmann* a.a.O. S. 27 ff.

17 Bd. 11, 266 (275).

18 Lb der Verwaltung 1949 S. 292.

19 Sicherung der gemeindl. Selbstverwaltung 1960 S. 9.

20 Bd. 13, 1 (17).

21 BVerfE 6, 19 (22).

22 Vgl. BVerfGE 8, 122.

23 Zum Begriff der örtl. Gemeinschaft s. neuerdings *H. P. Conrady*, Angelegenheiten der örtl. Gemeinschaft nach Art. 28 II S. 1 GG, DVBl. 1970, 408 ff., dessen Umschreibung d. örtl. Angelegenheiten als Aufgaben „die typisch durch das Zusammenleben in nachbarlicher Gemeinschaft entstehen" nicht viel einbringt.

3. Modernes Verständnis und Inhalte heutiger kommunaler Selbstverwaltung

Die kommunale Selbstverwaltung ist somit nicht mehr wie früher gesellschaftlich verwurzelte antistaatliche Institution, sondern eine ebenso durch Demokratie wie Gewaltenteilung legitimierte Verwaltungsform inmitten eines gestuften homogenen bundesstaatlichen Aufbaus[24]. Seit dem Jahre 1918 beruht sie auf dem gleichen politischen Prinzip wie der Gesamtstaat und hat keinen anderen politischen Auftrag[25]. Neben der systematischen Stellung der kommunalen Garantienorm des Art. 28 GG im Abschnitt über Bund und Länder, ergibt sich dies vor allem durch eine sinnvolle Auslegung des Art. 28 I 2 GG selbst, der den Gemeinden eine eigene demokratische Vertretung durch seine Bürger zubilligt.

Art. 28 II 1 GG garantiert nicht nur ein Mindestmaß an Selbstverwaltungswirksamkeit, sondern ebenso eine geschlossene Ausgestaltung der gemeindlichen Selbstverwaltung[26], wobei man die Gemeinde in unserer Zeit weniger nach geschichtlicher Tradition[27] als nach ihren heutigen Funktionen, die sie in einer vielfältig veränderten Welt zu erfüllen hat, sehen muß[28].

Der modernen Selbstverwaltung werden damit auch neuartige, faktisch und rechtlich relevante Funktionen zugewiesen, die durchaus geeignet sind, der Garantienorm des Art. 28 II noch weiterreichende Legitimationsgründe zu erschließen.

Einer dieser Legitimationsgründe ist die innere Berechtigung einer bevölkerungsnahen Verwaltung[29] i. S. von Art. 28 II 1 und 2 auf der Grundlage des Bestehens einer modernen Industriegesellschaft[30]. Andere Teile der verfassungsrechtlichen Garantie der Selbstverwaltung,

---

[24] *Stern*, Konjunktur 1968, S. E 45.

[25] *J. Bertram*, Staatspolitik u. Kommunalpolitik — Notwendigkeit u. Grenzen ihrer Koordinierung 1967 in Bespr. v. A. v. Campenhausen in „Der Staat“ 1968 S. 378.

[26] Ähnl. *Lerche*, Die Verfassungsposition d. Landkreise, BayVBl. 1969, 46 ff. (48).

[27] So das BVerfGE 11, 266 (274); 17, 172 (181).

[28] *Lerche*, BayVBl. 1969, 46 ff. (53) drückt dies so aus: „Der Wechsel der Verhältnisse u. der Wandel des umfassenden Verfassungsbildes haben dem Antlitz d. Selbstverwaltung nicht nur verschiedene (neue) Lichter aufgesetzt, sie haben auch tiefe Narben (Ablehnung von traditionellen Funktionen) hinterlassen.“ (Klammerzusätze vom Verfasser.)

[29] Vgl. zuletzt *Heinze*, BayVBl. 1970 S. 7 ff. (10 FN 29): Zum Wesen der Selbstverwaltung gehört „jedenfalls eine unmittelbare ideelle u. praktisch gestaltende Teilhabe d. Bürger an ihren kommunalen Gemeinwesen“ s. auch VerfGRhlPf, DVBl. 1969, 805.

[30] Zum ganzen s. *Lerche*, Moderne Gehalte der Selbstverwaltung, im Buch der dt. Gemeinden 1965, 14 ff.

die z. T. noch auf Vorstellungen der alten Reichsverfassung beruhen, sind hingegen durch die heutige Verfassungswirklichkeit in Frage gestellt, denn Vorstellungen des Agrarzeitalters sind nicht immer auf unseren heutigen industrialisierten Staat zu übertragen[31]. Es kann daher nicht ausbleiben, daß der bisherigen Gestalt der Selbstverwaltung so manches geraubt werden muß, was zu ihrer sog. ursprünglichen Berechtigung und Rechtfertigung gehörte. Hierher zählen vor allem die traditionellen Funktionen der gemeindlichen Selbstverwaltung[32]. Dazu gehört ferner die schwindende Entfaltungsmöglichkeit bürgerschaftlicher Aktivität im kommunalen Bereich durch die zunehmende Verrechtlichung auf allen Gebieten des gemeindlichen Zusammenlebens.

Die Selbstverwaltung der Gemeinde und damit die Bestimmung des Art. 28 GG ist deswegen aber keineswegs überflüssig geworden. Gerade jene Gehalte nach Möglichkeit zu sichern, die aus der „hautnahen" Beziehung zwischen Behörde und Bevölkerung zu gewinnen sind, muß heute Aufgabe dieser Verfassungsbestimmung sein[33]. Darüber hinaus kommt es vor allem darauf an, die bisherige Substanz der kommunalen Selbstverwaltung zu beleben, ohne sie — mehr als durch die heutige Gesellschaftsstruktur unbedingt erforderlich — zu begrenzen[34].

Einer der wichtigsten der neuen Inhalte sinnvoller Selbstverwaltung im Bereich der Gemeinden ist die Koordinierung der Vielzahl verschiedenster von außen einströmender Ordnungssätze für das soziale Leben[35]. Diese neuartigen Koordinationsaufgaben der Gemeinde[36] werden durch eine anwachsende und immer weiter um sich greifende Verrechtlichung nahezu aller Lebensbereiche auf kommunaler Ebene geradezu gefordert.

Die grundgesetzliche Vorschrift des Art. 28 II umfaßt daher nach sinnvoller zweckorientierter Deutung auch den verfassungsmäßigen Schutz aller den Kommunen *neu* zuwachsenden Aufgaben und Funktionen,

---

31 Hierin liegt eine der Wurzeln für das derzeitige Unbehagen in der kommunalen Selbstverwaltung, vgl. *v. d. Heide*, DÖV 1968, 408 ff. (409).

32 z. B. sind Raumordnungs- u. Planungsaufgaben heute überwiegend der gemeindl. Selbstverwaltung entzogen, da sie in ihrer Größenordnung den örtl. Bereich zumeist verlassen haben.

33 Vgl. *Lerche*, Die Verfassungsposition d. Landkreise S. 54.

34 So verstanden läßt sich auch zu der vom BVerfG vertretenen Auffassung, wonach die gemeindl. Selbstverwaltung an ihrem historischen traditionellem Leitbild zu orientieren sei, eine Brücke schlagen; eine strikte Bindung allein an das einmal geprägte traditionelle Bild der Gemeinde ist dagegen als fortschritthemmend abzulehnen; im Ergebnis ebenso *Lerche* a.a.O. S. 48.

35 *Lerche* a.a.O. S. 54 bezeichnet diese neuartige kommunale Integrationsaufgabe als „kommunale Harmonisierung gemeindeexterner Richtsätze".

36 Dabei darf jedoch nicht verkannt werden, daß diese „Harmonisierungs- u. Koordinierungsfunktionen" (Lerche) kaum Produkte selbstschöpferischer Initiative sind. Dies hebt *Lerche* a.a.O. S. 54 zu Recht hervor.

soweit sie zu ihren typischen und z. T. auch historisch geprägten Kern noch in irgendeinen Bezug gebracht werden können[37].

Finale Bezugspunkte und zugleich wesentliche Legitimationsgründe eines heutigen umfassenden Verständnisses der Selbstverwaltung sind damit in erster Linie der Gedanke einer vertikalen Gewaltenteilung[38], das Bewahren historisch gewachsener Eigenarten gegenüber einer Nivellierung durch eine monokratisch gesteuerte Zentralgewalt, die Gelegenheit zu besonderer Bürgerinitiative und der Einsatz spezifischer Sachkunde ortsansässiger Bürger, ferner die Schaffung eines zusätzlichen Verantwortungsbewußtseins. Gesellschaftliche Kräfte, die anderenfalls brach lägen, können auf diese Weise nutzbringend mobilisiert werden[39]. Schließlich bieten Sachnähe und Individualisierung im Gemeindebereich eine echte freiheitliche Form der Integration[40].

Eine so verstandene Selbstverwaltung schafft die Möglichkeit, gesellschaftliche Mannigfaltigkeit und pluralistischen Ideenreichtum mit den Forderungen des zentralen Gemeinwohls zu verbinden und zu versöhnen[41].

Keine andere als diese liberal-rechtsstaatliche Deutung der gemeindlichen Selbstverwaltung liegt auch der Verfassungsgarantie des Art. 28 zugrunde[42]. Zwar wird auch die kommunale Selbstverwaltung von dem Bedürfnis nach zentraler Steuerung berührt. Sie ist im Bewußtsein des Bürgers jedoch stärker verankert als beispielsweise die Gliederung des Bundesgebiets in Länder und dürfte daher in dem Prozeß der „Aufsaugung" von Kompetenzen durch Bund und europäische Organisationen die größere Überlebenschance haben[43].

---

[37] Ähnl. *Lerche*, Gemeinden in Staat u. Gesellschaft als Verfassungsproblem, Buch d. Gemeinden 1965, 9 ff. (24), der den durch Art. 28 II gewährten Verfassungsschutz der Gemeinden auch auf neu zuwachsende Funktionen erstreckt, ihn aber gleichzeitig auf ihren typischen Kern reduziert.

[38] Vgl. *Salzwedel* FN 54 S. 232; *Isensee* a.a.O. S. 104.

[39] Vgl. z. B. die heutigen Bestrebungen zur Regionalisierung u. Dezentralisation in Italien, wo man vom „Wunder der Selbstverwaltung" zur Lösung der großen Entwicklungsprobleme spricht, an denen der „traditionelle Zentralstaat" gescheitert sei. Ein rechtzeitiger Ausbau der Selbstverwaltung hätte Zug um Zug für die Demokratisierung des öffentlichen Lebens, den wirtschaftl. Aufbau u. den sozialen Ausgleich bedeutsam werden können, vgl. *A. Wucher* Südd. Zeitung v. 25. 7. 70 S. 2.

[40] Zum ganzen s. *Isensee* a.a.O. S. 104.

[41] Ähnlich *Isensee* a.a.O. S. 104.

[42] *v. d. Heide*, DÖV 1968, 408 ff. (409).

[43] Vgl. *v. d. Groeben*, Besprechung v. Bertram; Staats- u. Kommunalpolitik 1967 in Die Verwaltung 1968 S. 104; Bertram hält dagegen die kommunale Eigenständigkeit von den gleichen „Verfallserscheinungen" bedroht wie die Föderalstruktur.

II. Die Garantie der kommunalen Selbstverwaltung als Eingriffsschranke für den Bund

1. Die Rechtsqualität der Selbstverwaltungsgarantie

Die rechtliche Qualifikation des Selbstverwaltungsrechts ist umstritten.

Sicher ist Art. 28 II GG kein bloßer Programmsatz unserer Verfassung ohne unmittelbare Gültigkeit[44]. Daß diese Meinung für den ähnlichen Art. 127 der Weimarer Reichsverfassung[45] vertreten wurde[46], ist für unser heutiges Verständnis des Art. 28 II GG ohne Bedeutung. Sie war spätestens mit der Entscheidung des Reichsgerichts[47] aufgegeben worden. Durch die Lehre C. Schmitts von den institutionellen Garantien der Verfassung[48] ist sie auch dogmatisch als überholt anzusehen[49]. Stellte Art. 28 II lediglich einen Programmsatz dar, so bedürfte es nicht der Garantie dieses Satzes durch den Bund in Art. 28 II GG[50].

Es spielt keine große Rolle, daß in Art. 28 II für die Gemeinden nicht das Wort „Selbstverwaltung" gebraucht ist, denn die eigenverantwortliche Regelung aller örtlichen Angelegenheiten[51] bedeutet nichts anderes[52].

Das Selbstverwaltungsrecht ist ferner kein ursprüngliches, vom Staat unabhängiges und durch ihn nicht einschränkbares Naturrecht[53, 54, 55, 56],

---

44 Vgl. BVerfGE 1, 167 (174).

45 „Gemeinden- u. Gemeindeverbände haben das Recht der Selbstverwaltung innerhalb der Schranken der Gesetze."

46 So z. B. von *Anschütz* bis zur 10. Aufl. Anm. zu Art. 127 u. *Peters*, Grenzen S. 42.

47 RGStGH in RGZ S. 126 (1930).

48 *C. Schmitt*, Freiheitsrechte u. institutionelle Garantien S. 143.

49 *Hohrmann* a.a.O. S. 146.

50 Der Charakter der Selbstverwaltungsgarantie als institutionelle Garantie entspricht der noch hM (vgl. z. B. *Maunz-Dürig*, Staatsrecht 16. Aufl. [1968] S. 209; *Gönnenwein*, Gemeinderecht [1963] S. 217 u. a.), obwohl sich in letzter Zeit eine neue Auffassung, die in Art. 28 II ein über die kommunale Verfassungsbeschwerde des Art. 93 I Nr. 4 b nF GG, 93 BVerfGG hinaus gerichtlich durchsetzbares subjektives Recht der Kommunen auf Achtung ihres Selbstverwaltungsrechts sieht, deutlich abzuzeichnen beginnt (vgl. *Stern*, BK 2. Bearb. RNr. 174 zu Art. 28; *Scholtissek*, DVBl. 1968, 826 ff.).

51 Art. 28 II S. 1.

52 Dieses Ergebnis entnehmen manche der Wortinterpretation des Art. 28 II S. 2: aus dem Wort „auch" zu Beginn des 2. Satzes entnehmen sie zu Recht, daß die Gemeinden ebenso wie die Gemeindeverbände das Recht auf Selbstverwaltung haben.

53 Vgl. *Maunz*, Dt. Staatsrecht 12. Aufl. (1963) S. 188.

54 So aber die Rspr. des BayVGH in VerwRspr 2 S. 163 (170); AS 7 (II) S. 115 (118) sowie DÖV 1958, S. 216 ff. ebenso VGH Rhld-Pf. in OVG E 3, 34 ff. u. VerwRspr E 3, 529; ferner *Linckelmann*, DÖV 1959, 561; *Süsterhenn*-

da auch die kommunale Selbstverwaltung diese Rechtsqualität nicht beanspruchen kann.

Inhalt und Schranken des Selbstverwaltungsrechts müssen daher aus den staatlichen Gesetzen abgeleitet werden. Daß es durch sie grundsätzlich eine Einschränkung erfahren kann, ist unbestritten[57].

2. Die Einschränkbarkeit des Selbstverwaltungsrechts

Ergibt sich aber bereits aus Art. 28 selbst eine verfassungsrechtliche Grenze, wieweit der Bundesgesetzgeber durch Gesetze in das Selbstverwaltungsrecht der Gemeinden eingreifen kann[58]?

Institutionell garantiert ist den Kommunen die Allzuständigkeit im örtlichen Bereich. Hierin liegt jedoch noch kein Verbot für die Länder, Aufgaben lokaler Natur auch durch andere als Gemeindebehörden wahrnehmen zu lassen[59]. Im Gegensatz zu den Bestimmungen einiger Länderverfassungen[60] ist den Gemeinden in Art. 28 II nicht die Eigenschaft von Trägern *sämtlicher* Verwaltungsangelegenheiten auf der Ortsstufe zugedacht worden. Vielmehr sollte nur ein gewisser, die kraftvolle Eigenbetätigung ermöglichender Bestand ortsbezogener Angelegenheiten garantiert werden[61].

Für den Bundesgesetzgeber besteht eine Befugnis zur Einschränkung der gemeindlichen Selbstverwaltung generell jedoch nicht[62].

Schäfer, Komm. z. Rhld.-Pf.Verf. Bem. 1 u. 2 zu Art. 49; *Öttinger*, Diss. S. 31 — s. außerdem Art 11 II BV u. Art. 49 Verf. v. Rhld.-Pf.

55 Zu den Begriffen „Eigenständigkeit", „Ursprünglichkeit", „Selbständigkeit" und „Vorstaatlichkeit" als juristischen Relationsbegriffen, „deren jeweiliger Sinn meist ganz unklar ist", vgl. *Heinz Wagner*, Die Vorstellung der Eigenständigkeit in der Rechtswissenschaft, S. 82 ff., 83:

„Eigenständigkeit oder ursprünglich ist nichts anderes als: vom Staate vorgefunden, vorstaatlich ..."

Nach der sog. organischen Theorie ist die normative Ausbildung der Ursprünglichkeit nicht eigentliche Normierung, sondern „Anerkennung und bloße Deklaration des Vorgefundenen". Wenn nach ihr der Staat den Rechtskreis der Gemeinden normiert, verleiht er lediglich dem der Eigenständigkeit bereits immanten Recht positiven Ausdruck, s. bei *Heinz Wagner*, Eigenständigkeit S. 83, Nachweise s. dort FN 89.

56 Durch die detaillierten Regelungen des geltenden Rechts ist dem Theorienstreit jede Bedeutung genommen, vgl. *Heinz Wagner*, Eigenständigkeit, S. 12.

57 *Maunz*, Dt. Staatsrecht 12. Aufl. (1963) S. 188; s. ferner den Gesetzesvorbehalt des Art. 28 II „im Rahmen der Gesetze".

58 *Köttgen*, Gemeinde S. 48, spricht von einem „verfassungsrechtlichem Limit der Normierungsintensität".

59 Vgl. *Maunz*, Staatsrecht S. 188; so z. B. staatliche Sonderbehörden im Ortsbereich wie das Finanzamt, Gesundheitsamt, Arbeitsamt etc.

60 z. B. Art. 137 I Hess. Verf.; Art. 44 III vorl. Nds. Verf.

61 *Huber*, Diss. S. 4; BVerfGE 1, 137 ff. (178).

62 *Maunz*, Staatsrecht S. 188.

Ein Vorrecht des Bundes zur gesetzlichen Einschränkung der Selbstverwaltung kann jedoch im Einzelfall gegeben sein. Bezüglich ihrer Intensität unterliegt eine derartige Einschränkungsmöglichkeit dann aber denselben Schranken wie sie auch für den Landesgesetzgeber gelten.

Wieweit heute im einzelnen in das kommunale Selbstverwaltungsrecht eingegriffen werden darf, wurde durch Literatur und Rechtsprechung im großen und ganzen rein theoretisch und weitgehend formelhaft geklärt: man ist sich einig, daß der Kernbereich[63] der Selbstverwaltung nicht angetastet, geschweige zerstört werden darf. Darüber hinausgehende Randzonen aber sind zumindest punktuellen Eingriffen von außen zugänglich. Damit spitzt sich die Frage aber auf diejenige des örtlichen Aufgabenbereichs der Gemeinde als Wesenselement ihrer Selbstverwaltung zu.

Generell-systematisch läßt sich diese Frage überhaupt nicht beantworten, da der Begriff Selbstverwaltung kein vorgegebener, feststehender ist[64].

Aufgaben, die noch vor nicht allzu langer Zeit klare Angelegenheiten der örtlichen Gemeinschaft waren, können heute von der Gemeinde kaum noch allein bewältigt werden[65]. Verkehrsverhältnisse und deren wachsende Probleme, Bevölkerungszunahme und die damit zusammenhängende Raumplanung, Technisierung und Industrialisierung unserer heutigen Massengesellschaft spielen hierbei eine erhebliche Rolle.

Verbunden ist damit gleichsam auch eine Verschiebung und Reform in der Zuständigkeit des jeweiligen Aufgabenträgers: während der heutige Sozialstaat nach möglichst gleichmäßiger und soziologisch wie geographisch möglichst weitreichender[66] Versorgung der Bundesbürger strebt, bleibt das Bedürfnis nach einer Berücksichtigung und Respektierung gerade regionaler örtlicher insbesondere geographischer und struktureller Verschiedenheiten bestehen[67].

Welche konkreten Aufgabengruppen heute daher zu dem von der Selbstverwaltungsgarantie mitumfaßten und vor Eingriffen geschützten Selbstverwaltungsbereich gezählt werden können, scheint jedoch nur für den jeweiligen Einzelfall definitiv bestimmbar zu sein.

---

[63] Auch als „Wesensgehalt", „Fundamentalsubstanz" etc. bezeichnet.

[64] Vgl. *Eissing*, Gemeinschaftsaufgaben von Staat u. Gemeinden S. 107 (1968) u. oben S. 154 ff.

[65] So z. B. die Raumordnung.

[66] *Eissing* a.a.O. S. 108; *Stern*, BK RNr. 26 zu Art. 28 GG.

[67] Vgl. *Heubl*, BayVBl. 1968 S. 413 ff. (414) für den föderativen Staatsaufbau.

Das Bundes*verfassungs*gericht hat sich mit dieser Frage wiederholt befassen müssen[68].

Nach seiner Ansicht ist eine Einschränkung des kommunalen Selbstverwaltungsrechts dann unzulässig, wenn dieses innerlich ausgehöhlt würde, die Gemeinde die Gelegenheit zu kraftvoller Betätigung verlöre und — dadurch — nur noch ein Schattendasein führen[69] könnte. Es könnte aber nicht „die Gesamtheit der Normen und Grundsätze, die den historisch gewachsenen, gemeindeutschen Begriff der Selbstverwaltung inhaltlich näher bestimmen, als unabänderlich gelten"[70].

Nach Ansicht des Bundes*verwaltungs*gerichts[71] kann der Kern der Selbstverwaltung nur darin bestehen, daß den Gemeinden und Gemeindeverbänden die Erledigung der Masse der Aufgaben belassen wird, die ihrem Wesen nach Angelegenheiten der örtlichen Gemeinschaft sind oder die herkömmlich von den Gemeindeverbänden erledigt werden; daß ihnen ferner die Führung der Geschäfte unter eigener Verantwortung überlassen wird und eine Schmälerung des Aufgabenbereichs und ein Abgehen von dem Grundsatz der eigenverantwortlichen Verwaltung nur durch Gesetz, beim Vorliegen eines Notstandes und unter Beschränkung auf das zeitlich und sachlich Notwendige angeordnet wird.

Das Bundes*verfassungs*gericht hat schließlich Beschränkungen der gemeindlichen Selbstverwaltung durch Gesetz auch dann zugelassen, wenn weder eine Notlage bestand noch das Herkommen eine derartige Einschränkung gefordert hatte und lediglich noch einen fundamentalen Kern- oder Wesensbereich des kommunalen Selbstverwaltungsrechts für unantastbar erklärt[72].

Die Frage ist damit theoretisch i. S. einer Faustregel beantwortet. Die Zweifel, welche Aufgaben diesem Bereich unterfallen und welche nicht, sind damit nicht geringer geworden.

Das mag daran liegen, daß die Selbstverwaltung kein denkmalartiges Rechtsinstitut darstellt, sondern ein Bündel verschiedener Einzelrechte ist, der Schutz durch das GG sich aber nicht auf diese Einzelbefugnisse, sondern lediglich auf deren Gesamtbestand bezieht. Ist die Selbstverwaltung aber wandelbar, lebendig, verliert sie alte Bedeutungsinhalte zugunsten neu hinzukommender, ist sie kein unwandelbarer, aus einem

---

68 Vgl. z. B. E 11, 266 ff.; 13, 1 ff.; 11, 351 ff.; 1, 167 ff.; 17, 172 ff.; 6, 19 ff.; 8, 122 ff.; 7, 247 ff.

69 So bereits in E 1, 167 (174).

70 E 17, 172 (181).

71 Bd. 6 S. 19 (27).

72 Vgl. E 9, 268 (290) (Wesensgehalt); E 17, 172 (185) (Kernbereich); vgl. ferner E 21, 117 (130) und NJW 67, 1796.

einzigen fest umrissenen Bedeutungsinhalt bestehender, sondern komplexer Rechtsbegriff, so ist die Rechtsprechung des Bundesverfassungsgerichts, die Historie und Tradition mit den heutigen Bedeutungsinhalten der Selbstverwaltung verbinden will und nur dem Gesamtinstitut „Selbstverwaltung" Pauschalschutz einräumt, mindestens „ohne Präzision, wenn nicht gar peripher, flach, gehaltlos oder ungenügend"[73]. Einerseits ist der z. Z. gegen die Aufweichung der kommunalen Selbstverwaltung bestehende Verfassungsschutz ungenügend, andererseits werden durch diese undifferenzierte Rechtssprechung notwendige Einzeleingriffe des Bundes zum Scheitern verurteilt. Es wäre daher zu begrüßen, wenn sich das Bundesverfassungsgericht auf die beschriebene dynamische Eigenart der Selbstverwaltung besinnen könnte, um daran ausgerichtete Rechtsgrundsätze für noch zulässige Einschränkungen der *Einzel*bestandteile der heutigen kommunalen Selbstverwaltung zu entwickeln.

Dazu ist aber weder die quantitative[74] — welcher Rest an Selbstverwaltung nach erfolgtem Eingriff noch übrigbleibt — noch eine sog. qualitative Methode[75], die nur den Typus der Gemeinde als Selbstverwaltungskörperschaft erhalten will, voll tauglich. Vielmehr ist zumindest eine Kombination beider Denkmodelle zu fordern. Es muß gefragt werden: welche Mindesterfordernisse sind an eine gut funktionierende, lebenskräftige kommunale Selbstverwaltung *heute* zu stellen, in Bezug auf Organisation, Personalverwaltung, Finanzhoheit, Autonomie und aller übrigen Aufgaben innerhalb eines individuellen lokalen Bereichs. Das Wohl der Allgemeinheit = Wohl des einzelnen als Bundes-, Staats- und Gemeindebürger — hat bei einer Abwägung zwischen gesamtstaatlichen und örtlichen Sonderinteressen im Vordergrund zu stehen.

Es mag dahinstehen, ob hierzu eine Aufgliederung des komplexen Aufgabenbereichs, der sich hinter der Garantie des kommunalen Selbstverwaltungsrechts verbirgt, in zwei Bereiche, nämlich einen institutionellen und einen funktionellen[76], wesentlich weiterführt und die von uns angestrebte Abgrenzung erleichtert oder andere Aufgliederungen sinnvoller sind.

Mindestens aber ist es zweckmäßig, für die Untersuchung innerhalb einheitlicher, im wesentlichen organisch abgegrenzter Aufgabengruppen der Gemeinde zu trennen, wobei die Frage, ob ein Tätigkeitsbereich mehr institutionellen i. S. von verfaßtem oder mehr funktionellen i. S.

---

[73] *Isensee* a.a.O. S. 245.

[74] Sog. Subtraktionsmethode des BVerwG s. z. B. E 6, 19 (25) u. NJW 1964, 1537 (1593).

[75] Vgl. *Lerche,* Gutachten S. 105; *Stern,* BK RNr. 123 zu Art. 28 GG.

[76] So *Köttgen,* Gemeinde S. 49; und im Anschluß an ihn *Lerche,* Gutachten S. 96; *Hohrmann,* Diss. S. 147.

administrativem Charakter hat, im einzelnen gar keiner näheren Klärung bedarf[77]. Greifen doch alle Gemeindeaufgaben in irgendeiner Weise in das benachbarte Aufgabengebiet über und sind als reiner Typus in der Form, die ihr eine willkürliche Aufgliederung zugrundelegt, gar nicht vorhanden.

Man könnte zwar — allerdings lediglich der Übersichtlichkeit halber — z. B. die gemeindliche Organisationsgewalt, ihre Personalhoheit, die Finanzhoheit und evtl. auch die Satzungsgewalt[78] der Kommunen als anerkanntermaßen[79] zu den Grundpfeilern der Selbstverwaltung gehörende und damit sog. institutionelle Aufgaben bezeichnen. Doch auch sie sind nicht ausschließlich und in ihrer Gesamtheit institutionellen Charakters und, wie die Beispiele aus der Praxis des Bundesverfassungsgerichts zeigen, nicht gegen jede staatliche Einwirkung geschützt[80]. Damit ist die Methode solcher rein willkürlich vorgenommener schematischer Abgrenzungen aber bereits in Frage gestellt.

Da uns im Gegensatz zur Rechtsprechung konkrete Einzelfallgruppen nicht vorliegen[81], wollen wir dennoch mindestens den institutionellen Aufgabenbereich der Gemeinde von den Aufgaben funktioneller Art unterscheiden[82]. Dabei kann man diejenigen Aufgaben, die sich auf die Erhaltung und Funktionsfähigkeit der Kommunen beziehen, als institutionelle, diejenigen, die die Gemeinden im Rahmen ihrer örtlichen Zuständigkeit zu bestimmter Zweckerreichung wahrnehmen, als sog. funktionelle Angelegenheiten bezeichnen[83].

Ganz allgemein läßt sich feststellen, daß der sog. institutionelle Bereich mehr gegen Eingriffe von außen geschützt ist als der bloß funktionelle. Diese Regel wird aber durch eine umfangreiche Zahl von Ausnahmen durchbrochen.

a) Die Einschränkbarkeit des institutionellen Aufgabenbereichs

Zu den institutionellen Fundamenten einer Gemeinde kann man insbesondere deren innere Organisation und die Personalhoheit rechnen.

---

[77] Die bei den unter FN 76 genannten Verfassern auftretende zusätzliche Schwierigkeit — nämlich die kaum mögliche Abgrenzung zwischen diesen beiden Bereichen — stellt sich damit nicht; sie bedeutete auch nichts anderes als die Verlagerung eines Abgrenzungsproblems in einen anderen kaum einfacher zu lösenden Bereich.

[78] Ob auch die komm. Satzungsbefugnis durch Art. 28 GG institutionell garantiert ist, ist bestritten: Nachweise s. unten FN 86.

[79] Vgl. *Eissing* a.a.O. S. 113.

[80] s. im einzelnen unten S. 141.

[81] Zur Verfassungsmäßigkeit bundesgesetzlicher Einzelbestimmungen s. unten 4. Abschnitt II.

[82] In Anlehnung an *Köttgen*, Gemeinde S. 49.

[83] Ähnl. *Hohrmann*, Diss. S. 147; *Köttgen*, Gemeinde S. 49 ff.; *Lerche*, Gutachten S. 49.

Aber auch die Verwaltung des Gemeindevermögens und die kommunale Finanzhoheit fallen hierunter[84, 85]. Bestritten ist, ob die kommunale Satzungsbefugnis durch Art. 28 institutionell garantiert ist[86].

aa) Die Organisationshoheit

Daß das Selbstbestimmungsrecht der einzelnen Gemeinde auf dem Gebiet der Eigenorganisation nicht beliebig ausgeschaltet werden kann, ergibt sich bereits aus der durch Art. 28 Abs. 1 geforderten gewählten Gemeindevertretung. Dieser muß nämlich aus Gründen der mit einer Selbstverwaltung notwendig verbundenen Selbstentfaltung ein gewisses Mindestmaß an Zuständigkeiten im eigenen Bereich garantiert sein.

Der Bundesgesetzgeber findet, da das Kommunalverfassungsrecht Ländersache ist, die verfaßte Gemeinde bereits vor, er sieht sich daher grundsätzlich einer anderen Ausgangslage gegenübergestellt als der Landesgesetzgeber. Vorentscheidungen des Landesgesetzgebers in bezug auf die innere Organisation der Gemeinde wird er deshalb prinzipiell respektieren müssen, soweit er sich nicht auf evtl. Sonderkompetenzen berufen kann, die ihm den Zugriff auch auf die verfaßten institutionellen Fundamente der Gemeinden und deren Verwaltung gestatten[87].

Wie weit reicht nun aber die den Gemeinden zustehende, dem Bundesgesetzgeber nur in gewissen Ausnahmefällen zugängliche[88] Organisationsgewalt der einzelnen Gemeinde?

---

[84] *Köttgen*, Gemeinde S. 49 — vgl. auch *Lerche*, Gutachten S. 96 Anm. 245.

[85] Diese Aufgabenbereiche sind anerkannte Grundpfeiler der Selbstverwaltung, vgl. für viele zuletzt *Eissing* a.a.O. S. 113.

[86] *Nicht* garantiert:
Giese-Schunck GG 5. Aufl. 1960 S. 61 ff. (Die Satzungsgewalt sei nicht Ausfluß der Selbstverwaltung, sondern müsse durch Gesetz besonders verliehen werden); *Peters*, LB S. 287; *Forsthoff*, LB 129, 420; *Pagenkopf*, Einführung 85 f.; *J. David*, Die Satzungsgewalt der Gemeinden in NRW, 2. Aufl. Mnst 1961 S. 28 ff. (Aschendorffs juristische Handbücher Bd. 69): David will zwischen Selbstverwaltung im engeren Sinn, d. h. „der eigentlichen öffentlichen Verwaltung der Gemeinde und die der gesamten öffentlich-rechtlichen Befugnisse unter Einschluß der Satzungsgewalt umfassenden Selbstverwaltung in weiterem Sinne" unterscheiden; *Becker*, Kommunale Selbstverwaltung S. 723.
Für eine Garantie:
Gönnenwein, Gemeinderecht S. 144; BVerwGE 6, 247: Art. 28 II gewährleistet den Gemeinden ein Rechtsetzungsrecht in allen Angelegenheiten der örtlichen Gemeinschaft ...; BVerfGE 12, 319 (325): Das Recht ... Satzungen mit Rechtswirkung ... zu erlassen, ist ein *wesentliches* (Hervorhebung d. Verfassers) Element der Selbstverwaltung, in deren Verleihung die Länder durch das GG nicht beschränkt sind.

[87] Vgl. *Köttgen*, Gemeinde S. 51.

[88] *F. Mayer*, Ev. Staatslex. 1966 Sp. 1418 ff. (1419).

α) Begriff und Bedeutung der Organisationsgewalt

Nach dem derzeitigen Stand der Lehre ist der Inhalt des Begriffs Organisationsgewalt kein fest umrissener und allseits anerkannter[89]. Man versteht darunter die Gesamtheit der Befugnisse eines Inhabers öffentlicher Gewalt, Maßnahmen zur Begründung (Bildung und Errichtung), inneren Ordnung (Zuweisung und Verteilung von Aufgaben), Einrichtung (Zuweisung von Räumen, Sachmitteln und Personal) oder Änderungen seiner Organisation zu treffen. In ihrem Kern ist die Organisationshoheit eine Ermächtigung zur Selbstgestaltung[90], nämlich die alleinige Befugnis zur Koordination und Abstimmung von Aufgaben und Zuständigkeiten sowie der zu verwendenden Sachmittel und der mit diesen Tätigkeiten betrauten Personen. Insofern ist sie eine „Hilfstätigkeit der Gesetzesvollziehung“[91]. Denn sie schafft die Einrichtungen, die den Vollzug der Gesetze ermöglichen. Gegenüber dem materiellen Recht sind die Organisationsnormen daher sekundäre, nämlich sog. Rechtsverwirklichungsnormen[92].

β) Umfang, Ausgestaltung und Einschränkung

Umfang und Ausgestaltung der Organisationsgewalt werden von der in der Verfassung festgelegten Grundordnung bestimmt.

Das Grundgesetz enthält keinen allgemeinen institutionellen Gesetzesvorbehalt. Jedoch erhält die Organisationshoheit ihre besondere Gestaltung aus dem Wesen des Bundesstaats. Danach ist die Organisationsgewalt der Länder nach dem Aufbau und der Konzeption des Grundgesetzes die primäre, die des Bundes nur eine subsidiäre[93]. Der überwiegende Teil des kommunalen Organisationsrechts liegt als Gemeindeverfassungsrecht im Kompetenzbereich der Länder und wurde daher von diesen geregelt. Das Landesrecht hat dabei aber nirgends Anspruch auf erschöpfende Regelung der Gemeindeorganisation erho-

---

[89] *F. Mayer* a.a.O. S.1418; *Forsthoff*, öffentl. Körperschaft S. 28 u. Verwaltungsrecht S. 384 definiert die Organisationsgewalt als „das Recht ..., innerhalb der gesetzlichen Schranken ohne besondere gesetzliche Ermächtigung und ohne Mitwirkung der gesetzgebenden Körperschaften organisatorische Anordnungen zu erlassen“. Damit ist eine neue Unbekannte, nämlich die „organisatorischen Anordnungen“ eingeführt, so daß der eigentliche Inhalt der Organisationsgewalt weiter fraglich bleibt; anders als Forsthoff *Ermacora*, Organisationsgewalt S. 231 f.

[90] Vgl. *Forsthoff*, Lb Bd. 1 6. Aufl. S. 362.

[91] *Böckenförde*, Die Organisationsgewalt im Bereich d. Regierung 1964 S. 38.

[92] *Böckenförde* a.a.O. S. 38; vgl. ferner BVerfGE 12, 205 ff. (FS-Urteil): von der Zuständigkeit zur Regelung der Angelegenheiten des Rundfunks (Art. 73 Nr. 7) wird auf die Befugnis zu Regelungen über die Organisation der rundfunktechnischen Anlagen geschlossen; s. dazu auch OVG Lüneburg AS 11, 287.

[93] *F. Mayer*, Ev. Staatslex. 1966 Sp. 1422.

ben[94]. Bestimmte Organisationsfragen wurden von den einzelnen Gemeindeordnungen der Länder im Gegenteil bewußt offengelassen, so daß in diesem Bereich den Gemeinden eine satzungsrechtliche Ergänzung der Gemeindeordnung unbenommen bleibt. Innerhalb dieses gesetzlichen und satzungsrechtlichen Rahmens ist die *eigene* Organisationshoheit der Gemeinden angesiedelt.

Daraus, daß die Kommunen von den Ländern bereits verfaßt vorliegen und ihre eigene Organisationshoheit von diesen ableiten, soweit sie nicht auf ihrer Satzungsautonomie beruht, folgt, daß dem Bundesgesetzgeber jeder Eingriff in den Organisationsbereich des Art. 28 verwehrt ist. Weil Art. 28 GG aber nach ganz überwiegender Meinung nur den Kernbereich der gemeindlichen Selbstverwaltung gewährleistet und das Grundgesetz für das Verwaltungsverfahren Ausnahmebestimmungen zugunsten des Bundes z. B. in den Fällen der Art. 83 ff. getroffen hat, sind Eingriffe, die den Funktionskern der gemeindlichen Organisationshoheit unangetastet lassen, unter den eng begrenzten Voraussetzungen der Art. 83 ff. zulässig. Dabei darf der Bund die den Ländern verfassungsrechtlich zugestandene und dem Bund vorrangige Organisationsgewalt aber nicht behindern.

Dasselbe gilt im Verhältnis des Bundes zu den Gemeinden. Eine Einschränkung der Organisationshoheit der Gemeinde ist somit nur innerhalb dieses engen Rahmens unbedenklich. Daher ist eine Schmälerung der gemeindlichen Organisationshoheit durch die Bundesregierung zwar aufgrund der Art. 84 II, 85 II GG in Form von Verwaltungsvorschriften zulässig, nicht aber ihre gänzliche Beseitigung. Solche Verwaltungsvorschriften des Bundes müssen den Gemeinden noch genügend Raum zu eigenverantwortlicher Ausübung ihrer Organisationsgewalt belassen[95].

bb) Die Personalhoheit und ihre Verletzung

Inhalt und heutiger Umfang der gemeindlichen Personalhoheit

In der Personalhoheit[96] sind sowohl normative wie auch administrative Befugnisse enthalten. Als Teilbereich der Organisation ist sie Bestandteil des durch Art. 28 II GG geschützten institutionellen Bereichs der kommunalen Selbstverwaltung[97].

---

[94] *Köttgen,* Gemeinde S. 83.

[95] Ebenso *Hohrmann,* Diss. S. 167.

[96] Vgl. hierzu *Dressler,* Die Organisations- u. Personalhoheit der Gemeinden, Diss. Tüb. 1962/63.

[97] *Hohrmann,* Diss. S. 172; BVerfG st. Rspr. (z. B. E 1, 167 [175]); NJW 1964, 491; BVerwGE 2, 329 (333); 6, 19 (24); BayVGH VerwRspr. E 2, 163 ff.; *Henrichs,* DVBl. 1954, 733; *Ipsen,* DÖV 1955, 225 ff.; *Lerche,* Gutachten S. 96 u. Anm. 245 a; *Wolff,* LB II, 161; *a. M.* aber *Köttgen,* Gemeinde S. 41.

In erster Linie umfaßt die Personalhoheit die Freiheit in der Anstellung, Beförderung und Entlassung der Gemeindebediensteten, die Ausübung der Dienstaufsicht und der Disziplinargewalt[98]. Schließlich gehören der Sache nach auch Umstände, wie, wieviele und welche Bedienstete die Gemeinde zur Erledigung ihrer Aufgaben einstellt, in welchem Rechtsverhältnis diese zur Gemeinde stehen sollen[99], wie hoch ihre Vergütungen bzw. Versorgungsbezüge zu bemessen sind und ähnliches, zur gemeindlichen Personalhoheit[100].

Aus der sowohl normative wie administrative Elemente enthaltenden Zusammensetzung der kommunalen Personalhoheit läßt sich der Umstand erklären, daß die Personalhoheit wohl am meisten Einschränkungen durch die staatliche Gesetzgebung erfahren hat[101]. Der „Rahmen" der Gesetze ist hier ungewöhnlich weit gespannt[102].

Ein Großteil solcher Einschränkungen ist historisch bedingt, so daß sich ihre Vereinbarkeit mit dem Wesenskern des Art. 28 II GG nur dann rechtfertigen läßt, wenn man die Selbstverwaltung als einen geschichtlich gewordenen Begriff versteht, wie dies das Bundesverfassungsgericht wiederholt getan hat[103].

So galten Einschränkungen für die Gemeindebeamten schon das ganze 19. Jh. hindurch [104, 105]. Die Regelung ihrer Rechtsverhältnisse ist daher bis heute in allen Ländern Sache der staatlichen Gesetzgebung geblieben.

Insbesondere sind heute das Besoldungs- und Disziplinarrecht als Teile der rechtssetzenden Personalhoheit der Gemeinde stark eingeschränkt[106]. Ausdrücklich wurde dem Bund in Art. 75 Nr. 1 GG das Recht der Rahmengesetzgebung für die Rechtsverhältnisse der im öffentlichen Dienst der Gemeinden stehenden Personen eingeräumt. Durch den Erlaß

---

98 *Gönnenwein* a.a.O. S. 122.

99 Als Arbeiter, Angestellte, Beamte.

100 Als Ausfluß der gemeindl. Personalhoheit wird auch das Recht den Titel eines „städt. Kammersängers" zu verleihen angesehen s. Südd. Zeitung v. 7. 9. 70 S. 13.

101 Für bundesgesetzliche Einflußnahmen gilt dies nicht in gleicher Weise, da ihr die Sperrwirkung der Landesstaatlichkeit entgegensteht.

102 *Gönnenwein* a.a.O. S. 122; vgl. auch *Ipsen,* Gemeindl. Personalhoheit unter Selbstverwaltungsgarantie, DÖV 1955, 225 ff.

103 Vgl. E 7, 358 ff (364); 8, 332 ff. (359 f.).

104 *Gönnenwein* a.a.O. S. 122.

105 Das 19. Jh. war noch von dem aus dem Preuß. Allg. Landrecht § 69 II GO stammenden Begriff der „mittelbaren Staatsbeamten" beherrscht. Bekämpft wurde dieser Begriff vor allem von H. Preuß, Das Städt. Amtsrecht in Preußen Berlin 1902, 138 ff. zit. nach *Gönnenwein* a.a.O. S. 123.

106 a. M. wohl *Hohrmann* a.a.O. S. 172, der meint, den Gemeinden stehe auf dem Gebiet der Personalhoheit noch ein „erhebliches Maß an Entscheidungsfreiheit" zu und dies damit begründet, daß die Bundesgesetze den Gemeinden „freie Hand" bei der Auswahl ihrer Beamten lassen.

des Beamtenrechtsrahmengesetzes[107] hat er von dieser Möglichkeit ausgiebig Gebrauch gemacht. Die Länder haben hierzu ausfüllende Beamtengesetze erlassen, so daß für die Gemeinden eine Rechtsetzungsbefugnis auf dem Gebiet des Beamtenverhältnises, der rechtlichen Stellung des Beamten, der Versorgung und Unfallfürsorge nicht mehr besteht.

Gleiches gilt für das Recht der Ehrenbeamten und der leitenden Wahlbeamten.

Normative Befugnisse geringen Umfangs haben die Gemeinden nur noch bezüglich der streng an die Landesgesetze gebundenen Besoldungsordnungen, der Stellenpläne und der Entscheidung, ob einzelne Stellen ehren- oder hauptamtlich besetzt werden sollen[108]. Größere Freiheit ist den Gemeinden aber auf dem Gebiet der sog. administrativen Funktionen der Personalhoheit verblieben. Dies gilt vor allem für die Anstellung, Beförderung und Entlassung ihrer Bediensteten. Bis auf einen geringen Rest sind die auf diesem Bereich früher bestehenden sog. Bestätigungsvorbehalte des Staates weggefallen[109].

Eine Verletzung der Selbstverwaltungsgarantie des Art. 28 auf dem Gebiete der gemeindlichen Personalhoheit wird heute nur noch dann angenommen[110], wenn die Beschränkung „nach der geschichtlichen Entwicklung des Kommunalrechts als mit dem Wesen der Selbstverwaltung unvereinbar" anzusehen ist. Eine solche Unvereinbarkeit sehen manche nur dann, wenn ohne ausreichenden Grund und ohne Parallelbestimmung in der Vergangenheit z. B. die Amtszeit eines gewählten oder bestätigten Beamten durch den Staat abgekürzt würde[111].

Dieses unvermeidbare Festhalten am historischen Vorbild kann m. E. aber nur dann gerechtfertigt sein, wen es grundlegende Säulen der gewachsenen Selbstverwaltung betrifft, nicht aber bei jedem Einzelkriterium, das irgendwie mit der gemeindlichen Selbstverwaltung, hier also mit der Personalhoheit der Gemeinde als Bestandteil ihrer Selbstverwaltung zu tun hat. Andernfalls müßte jeder Fortschritt und jede Fortentwicklung permanent an steter Vergangenheitsorientierung scheitern.

---

[107] v. 1. 10. 61 (BGBl. I S. 1834).

[108] So vor allem Bürgermeister u. Beigeordnete, vgl. *Gönnenwein* a.a.O. S. 123.

[109] Bestätigungsvorbehalte bestehen z. B. noch für die Wahl des Oberkreisdirektors in NRW — LKrO § 38 I; für die Wahl u. Wiederwahl des Bürgermeisters u. der hauptamtlichen Magistratsmitglieder (Stadträte) in SH § 51 IV u. 64 IV; Nach BVerfGE 8, 332 ff. (359 ff.) verletzt die Wahl des Oberkreisdirektors in NRW nicht die institutionelle Garantie der Selbstverwaltung; Grund: Bestätigung durch die Landesregierung zulässig, da Oberkreisdirektor zugleich Träger eines Staatsamtes ist.

[110] Vgl. BVerfGE 7, 358 (364).

[111] So z. B. *Gönnenwein* a.a.O. S. 124; BVerfG 7, 358 (364).

Eine Einschränkung der Personalhoheit stellen auch die staatlichen Laufbahnbestimmungen und die Entscheidungsbefugnisse von sog. Landespersonalausschüssen dar. Der Wesensgehalt der Selbstverwaltung wird aber noch nicht angetastet, wenn sich der Staat Rechtsentscheidungen über Angelegenheiten der kommunalen Beamten in bestimmtem Umfang vorbehält. Das Bundesverfassungsgericht[112] und Gönnenwein[113] sehen das Selbstverwaltungsrecht dadurch aber in seinem Kern verletzt: da die Personalhoheit unstreitig zum Selbstverwaltungsrecht gehöre, müsse sie auch in der Aufstellung allgemeiner und abstrakter Regeln für die Rechtsverhältnisse der Gemeindebediensteten zum Ausdruck kommen können. Ihre Ausübung dürfe sich nicht nur in einzelnen Verwaltungsakten erschöpfen. Diese Möglichkeit — aus eigenem Willensentschluß wesentliches des eigenen personellen Wirkungskreises satzungsmäßig zu regeln — sei den Gemeinden jedoch genommen. Dadurch, daß es sich bei den Bestimmungen des Art. 75 Nr. 1 und 28 II GG jedoch um gleichrangige Verfassungsnormen handele und Art. 28 II zugunsten der Bundeskompetenz zurückzutreten habe, unterscheidet sich diese Ansicht von Gönnenwein im Ergebnis nicht von der hier vertretenen.

Orientierungsmaßstab für das Maß staatlicher oder bundesgesetzlicher Einflußnahmen darf nicht so sehr das geschichtliche Bild der Selbstverwaltung als vielmehr ein modernes zweckgerichtetes Selbstverwaltungsverständnis sein, das unter Abwägung der Interessen jeder Seite in erster Linie einen optimal funktionierenden Bundesstaat und nicht zuletzt das Wohl des einzelnen Bürgers im Auge hat.

Dabei ist ein bestmögliches Allgemeinwohl nicht schlicht mit zentraler Verwaltung, Unitarisierung und Uniformierung gleichzusetzen. Ein gewisser Spielraum für individuelle Entfaltung und Eigeninitiative muß gewährleistet sein. Nichts anderes meint auch die in Art. 28 II GG ausgesprochene Institutsgarantie der Selbstverwaltung.

cc) Die Finanzhoheit

α) Allgemeine Bemerkungen und Begriff

Als wesentlicher Bestandteil der gemeindlichen Selbstverwaltung[114] gewinnt die kommunale Finanzhoheit in zweifacher Hinsicht Bedeutung: als Einnahmehoheit und Ausgabenhoheit. Als solche bedeutet sie das Recht einer eigenen gemeindlichen Einnahmen- und Ausgabenwirtschaft im Rahmen eines gesetzlich geordneten Haushaltswesens[115, 116].

---

112 E 7, 358 f.

113 Gemeinderecht S. 24.

114 hM s. *Wixforth* a.a.O. S. 181 ff.; VGH NRW, DÖV 1956, 696; *Berkenhoff*, Kommunalverf. S. 6; *Klein*, Finanzverfassung, S. 9.

115 *Gönnenwein*, Gemeinderecht S. 111.

Die Finanzhoheit der Gemeinden folgt aus der Befugnis in Art. 28 II GG, die Angelegenheiten der örtlichen Gemeinschaft eigenverantwortlich zu regeln[117].

Ziel der kommunalen Finanzhoheit ist es, die Kommunen in ihrer Aufgabenerfüllung vom Staat möglichst unabhängig zu machen und sie zu befähigen, notwendige Selbstverwaltungsangelegenheiten eigenverantwortlich und selbständig zu erfüllen. Alle Länderverfassungen erkennen die Finanzhoheit der Gemeinden im Grundsatz an[118] und geben ihnen das Recht, nach Maßgabe der Gesetze hoheitliche Einnahmen zu erschließen[119]. Von einer ausdrücklichen „Finanzhoheit" ist allerdings nur in der Verfassung des Saarlandes[120] und der Gemeindeordnung Bayerns[121] die Rede.

Nach letzterer[122] haben die (bayer.) Gemeinden das Recht, ihre Finanzen im Rahmen der gesetzlichen Bestimmungen selbst zu regeln. Sie sind insbesondere befugt, zur Deckung des für die Erfüllung ihrer Aufgaben notwendigen Finanzbedarfs Abgaben nach Maßgabe der Gesetze zu erheben, soweit ihre sonstigen Einnahmen nicht ausreichen. Das Recht zur Erhebung eigener Steuern und sonstiger Abgaben ist ihnen in ausreichendem Maße zu gewährleisten[123].

Als Bestandteile der gemeindlichen Finanzhoheit sind somit anzusehen: die finanzwirtschaftliche Selbstbestimmung, ein ausreichendes Steuererhebungsrecht, ein freier Finanzspielraum für Selbstverwaltungsangelegenheiten und schließlich eine gewisse Anwartschaft auf angemessenen Finanzausgleich aus Zuschüssen der Länder. Damit wird sichtbar, daß staatliche Finanzzuweisungen zwar als Teil der gemeind-

---

116 Äußerst vorsichtig definiert *Wixforth* die gemeindliche Finanzhoheit als einen „Bestand von Rechten in bezug auf die Gestaltung des gemeindl. Finanzwesens" a.a.O. S. 16.

117 OVG Mnst. v. 7. 7. 56 E 11, 149 ff.; z. T. wird aus der Gewährleistung des Selbstverwaltungsrechts die Pflicht des Staates abgeleitet, die Gemeinden zur Erfüllung ihrer Aufgaben finanziell zu befähigen.

118 Wenn auch in voneinander abweichenden Formulierungen; s. Art. 73 VerfBW; Art. 83 II, III BayVerf; Art. 137 V HessVerf; Art. 45 VerfNS; Art. 49 V VerfRP; Art. 125 SaarlVerf; Art. 41 VerfSH.

119 Dabei wird überall von einer Konnexität zwischen Aufgaben- u. Ausgabenverantwortung ausgegangen; vgl. hierzu *W. Patzig*, Der Lastenverteilungsgrundsatz des Art. 106 IV GG, AÖR 86 (1961) 245 ff.

120 Art. 125.

121 Art. 22 II; *Berkenhoff* bezeichnet in seinem Geleitwort zu Wixforth, Die gemeindl. Finanzhoheit u. ihre Grenzen 1964 S. V die Bayer. GO in bezug auf die Finanzhoheit als „vorbildlich". Als einzige unternehme sie den Versuch, unter der Überschrift „Verwaltungs- u. Finanzhoheit" den schwer zu fassenden Begriff der Finanzhoheit zu bestimmen.

122 Art. 22 II BayGO v. 25. 1. 52 (Bayer. Ber. S. I S. 461).

123 Ähnl. *Berkenhoff*, Geleitwort zu Wixforth, Grenzen der komm. Finanzhoheit S. V.

lichen Finanzhoheit anzusehen sind, sie aber niemals daneben erforderliche eigene Steuerquellen der Gemeinden ersetzen können[124]. Maßstab für die Bestimmung von Inhalt und Umfang der gemeindlichen Finanzhoheit muß danach die in Art. 28 II GG statuierte Eigenverantwortlichkeit der Gemeinde bleiben. Sie ist maßgebliches Element der Selbstverwaltung, zu deren Bestandteil die Finanzhoheit nach überwiegender und heute kaum mehr bestrittener Auffassung gehört[125].

Im föderalistischen Staatswesen gibt es somit — was die Finanzverfassung betrifft — *drei* Ebenen finanzieller Verantwortung.

β) Einzelinhalte kommunaler Finanzhoheit und ihre Einschränkung

Bei der Bestimmung von Inhalt und Umfang der gemeindlichen Finanzhoheit treten gewisse Schwierigkeiten deshalb auf, weil es sich bei diesem Begriff nicht um einen schlechthin fixierten und generell für alle Zeiten fixierbaren handelt, sondern weil es sich hier ebenso wie beim Selbstverwaltungsbegriff um einen den zeitlichen Gegebenheiten angepaßten, also wandelbaren Komplex dreht. Es ist richtig, wenn man — wie manche dies tun[126] — eine inhaltliche Abhängigkeit zwischen dem Begriff der Selbstverwaltung und dem der Finanzhoheit annimmt. Diese Ausnahme darf allerdings nicht dazu führen, der Inhaltsbestimmung der Finanzhoheit dadurch auszuweichen, daß man deren Abhängigkeit von der wandelbaren Selbstverwaltung beschwört und es dabei beläßt, sich mit den dort erarbeiteten Wesensgehaltsgrundsätzen zu begnügen. Es wäre dies ein Teufelskreis, der kein Ende nähme[127].

Die wesentlichen Inhalte der gemeindlichen Finanzhoheit sind daher herauszustellen. Als solche kommen in Betracht: Zunächst ein Mindestmaß an gemeindlichen Finanzmitteln[128]. Mindestmaß bedeutet nicht,

---

124 Vgl. die Vorschläge der Kommission zur Finanzreform: Tragender Grundgedanke für die Gemeindefinanzreform müsse die Idee der Selbstverwaltung sein. Das bedeutet, daß den Gemeinden in möglichst großem Umfang Steuerquellen zugewiesen werden, über deren Ausschöpfung sie — wenn auch innerhalb gewisser Grenzen — eigenverantwortlich befinden können. Die Finanzzuweisungen des Staates sollen lediglich ergänzenden Charakter haben.

125 Im Ergebnis ebenso *Wixforth* a.a.O. S. 109 u. ihm zustimmend *Berkenhoff*, Geleitwort S. V ebendort.

126 Vgl. insbes. *Wixforth*, Zusammenfassung S. 109

127 Diesen Verdacht läßt das von *Wixforth*, Zusammenfassung S. 109 Nr. 3, versuchte Bemühen unweigerlich aufkommen. Die Problematik erfährt damit nach Auflösung in ihre Bestandteile gleichsam eine Rückabwicklung zum ursprünglichen Ausgangspunkt, so daß eine Lösung nicht mehr angeboten zu werden braucht.

128 Dagegen läßt es das BVerfG E 22, 205 f. ausdrücklich offen, ob zum Kernbereich d. komm. Selbstverwaltung auch eine finanzielle Mindestausstattung gehört; wie hier *Sattler*, HKW Bd. 3 S. 9; *Heinze*, BayVBl. 1970, 7 ff. (11).

daß die Gemeinde als solche überhaupt existieren kann[129] — denn ihre bloße Existenz wäre auch als mittelbare Staatsbehörde gewährleistet — es bedeutet vielmehr, daß *neben* allen gemeindlichen Pflichtaufgaben auch noch ein finanzieller Spielraum für eine freiwillige Selbstverwaltungstätigkeit der Gemeinde innerhalb ihres örtlichen Wirkungskreises verbleiben muß, d. h. daß die Gemeinde auch als Selbstverwaltungskörperschaft exstiert[130].

Ob und wieweit ein solcher Spielraum noch vorhanden ist, ist sicher schwer auszumachen. Eine weitere Schwierigkeit ergibt sich aus der Tatsache verschiedener ganz unterschiedlicher Gemeindegrößen[131]. Nach diesen Kriterien richten sich Zahl und Art der von den Kommunen eigenverantwortlich zu erledigenden Aufgaben. Industriegemeinden haben andere Aufgaben vorzunehmen als bloße Agrargemeinden, Großstädte andere als Landgemeinden. Sogenannte Wachstumsgemeinden haben einen größeren Bedarf finanzieller Mittel als Stagnationsgemeinden oder solche, deren Bevölkerungszahl rückläufig ist. Natürlich ergeben sich Unterschiede auch noch bei Gemeinden annähernd gleicher Größenklassen und Sozialstruktur. Solche Abweichungen finanziell abzudecken ist Aufgabe des Finanzausgleichs der Länder mit ihren Gemeinden. Aufgrund statistischer Unterlagen und vorausschauender Schätzungen ist es möglich, derartige Unterschiede zu typisieren und annähernd zu berücksichtigen.

Das Maß an Selbstverwaltung in kultureller[132], verkehrstechnischer[133], hygienischer[134] etc. Hinsicht darf jedoch nicht allein von den staatlichen Zuweisungen abhängen. Die Gemeinden müssen in gewisser Weise auch aufgrund ihrer eigenen Abgabenhoheit (Steuern, Gebühren, Beiträge) finanziell als lokale Lebenseinheit ein ihrer jeweiligen Struktur und Größe angepaßtes soziales Eigenleben führen können[135].

Ist diese Möglichkeit für die Gemeinden nicht mehr vorhanden[136], so ist ihre Finanzhoheit und damit ihr Selbstverwaltungsrecht in seinem Wesensgehalt verletzt und die Möglichkeit einer Verfassungsbeschwerde nach Art. 93 I Nr. 4b GG, § 91 BVerfGG, für die Gemeinde eröffnet.

---

[129] So aber BayVGH, DÖV 1959, 701 (702) im Anschluß an die Entscheidung DÖV 1952, 278 (279), die darauf abstellt, daß der *Staat* „die finanzielle Lebensfähigkeit der Gemeinden" zu gewährleisten habe.

[130] Im Ergebnis ebenso *Wixforth* S. 19.

[131] Von 24627 Gemeinden zählte fast die Hälfte (11285) weniger als 500 Einwohner; ein Viertel (6017) hat eine Einwohnerzahl von 500 bis 1000; s. Buch dt. Gemeinden 1965 S. 133.

[132] Theater in Großstädten, sonst. kult. Veranstaltungen, Schulbau, Volkshochschulwesen.

[133] Straßen- und Brückenbau, öffentliche Verkehrsmittel (U-Bahn).

[134] Müll-Abwasserbeseitigung.

[135] Vgl. *Wixforth* a.a.O. S. 20.

[136] Dieser Fall war ohne Zweifel vor Erlaß der Gemeindefinanzreformgesetze v. 12. 5. 69 in einigen konkreten Fällen schon eingetreten.

Durch die „große Finanzreform" — Gemeindefinanzreform — wurde die finanzielle Stellung der Gemeinden entscheidend verbessert sowie die Unantastbarkeit der gemeindlichen Finanzhoheit bestätigt und verfassungsrechtlich noch stärker gefestigt[137]. Im wesentlichen erhalten die Kommunen Finanzmittel nunmehr aus vier großen Steuerquellen: aus Art. 106 V nF GG fließt ihnen ein eigener Anteil an der Einkommensteuer zu. Durch sog. Zustimmungsgesetz ist ihnen dabei auch das Recht zur Festsetzung eigener Hebesätze, also eines eigenen Steuertarifs einzuräumen. Das sehr unterschiedliche Realsteueraufkommen in den verschiedenen Gemeinden kann dadurch ausgeglichen werden. Das bedeutet ohne Zweifel eine Stärkung der kommunalen Finanzhoheit und damit der Selbstverwaltung. Wenn einige in dieser Möglichkeit zu ungleicher Besteuerung benachbarter Gemeinden einen Nachteil sehen, so ist das nicht richtig. Erkennt doch das Grundgesetz gerade mit der Gewährleistung der gemeindlichen Selbstverwaltung und deren Bestandteilen zwangsläufig auch an, daß in den einzelnen Gemeinden unterschiedliches Recht — dazu gehört auch das Steuerrecht — bestehen kann. Denn die Selbstverwaltung ist gerade dazu bestimmt, in ihrer Ausgestaltung die Berücksichtigung örtlicher Verschiedenheiten zu ermöglichen[138]. Die in Art. 11 des Grundgesetzes statuierte Freizügigkeit bietet hierzu ein genügend starkes Gegengewicht[139].

Das Aufkommen an den sog. Realsteuern, also aus der Grundsteuer und Gewerbesteuer, das den Gemeinden bereits bisher zufloß[140] und nunmehr in Art. 106 VI S. 1 nF GG geregelt ist, hat in Abs. 6 S. 2 hinsichtlich der Entscheidung über die sog. Hebesätze durch die Gemeinden eine verfassungsrechtliche Absicherung erhalten[141]. Auch diese bedeutet eine Verbesserung der verfassungsrechtlichen Position der kommunalen Selbstverwaltung.

---

137 Dagegen dürfte die Befürchtung evtl. dadurch entstehender konjunkturpolitischer Fehlentwicklungen schon durch das StabG gebannt sein.

138 Vgl. *Naw.-Leuss.-Schw.-Zach.* Anm. 7 zu Art. 11 BV; BayVerfGHE 13, 27 (30). Eine Berufung auf den Gleichheitssatz kann hier daher nicht in Betracht kommen, BayVGHE 13, 27.

139 Dieses ist z. B. für die Stadt München wesentlich stärker als die von dem höchstmöglichen Gewerbesteuersatz von z. Z. 330 % ausgehende Abschreckungswirkung: Zuzug jährl. durchschnittl. 30 000; natürlich spielen hier noch eine Menge anderer Faktoren (z. B. der hohe „Freizeitwert" der Stadt) eine erhebliche Rolle.

140 Teile der Gewerbesteuer können den Gemeinden allerdings als Ausgleich für den ihnen nunmehr zustehenden konjunkturunempfindlichen Einkommensteueranteil als Umlage zugunsten des Bundes bzw. der Länder entzogen werden (z. Z. 40 %). Es ist beabsichtigt, die konjunkturempfindliche Gewerbesteuer schrittweise ganz abzubauen.

141 Die Regelung über die Entscheidung der Hebesätze bestand auch bisher schon; sie war verfassungsrechtlich aber in keiner Weise abgesichert.

Die örtlichen Verbrauch- und Aufwandsteuern[142] sind den Gemeinden gem. Art. 106 VI S.1 nF verblieben. Unter der Bezeichnung „Steuern mit örtlich bedingtem Wirkungskreis" standen sie ihnen auch bisher schon zu. Neu ist aber ihre verfassungsrechtliche Fixierung im Grundgesetz.

Ähnlich wie bisher[143] sieht nunmehr Art. 106 VII nF vor, daß den Gemeinden über ihren Anteil an der Einkommensteuer hinaus aus dem Länderanteil am Gesamtaufkommen der „Gemeinschaftssteuern" ein von der Landesgesetzgebung zu bestimmender Hundertsatz zufließt. Die Bestimmung dieses Prozentsatzes steht allerdings im Ermessen des jeweiligen Landesgesetzgebers, so daß den Gemeinden dadurch keine allzu starke Position eingeräumt ist.

Die Unantastbarkeit der gemeindlichen Finanzhoheit in ihrem Kern wurde damit durch die verabschiedete Finanzreform bestätigt und noch stärker verfassungsrechtlich gefestigt. Die Verletzung dieser Verfassungsbestimmungen durch die Länder oder den Bund stellt i. V. mit Art. 28 II GG eine wesentliche Beeinträchtigung des kommunalen Selbstverwaltungsrechts und damit einen Eingriff in diesen Kernbereich dar, gegen den sich die Gemeinden gerichtlich zur Wehr setzen können. Eine Ausnahme gilt lediglich für den gemeindlichen Anteil an den Gemeinschaftssteuern.

dd) Die Satzungsautonomie

Aus der historisch gewachsenen und verfassungsrechtlich anerkannten Sonderstellung der Gemeinden ergibt sich auch, daß ihr Funktionsbereich nicht auf eine reine Verwaltungstätigkeit beschränkt bleiben kann.

Die Gemeinden nehmen daher in gewissem Umfang und innerhalb ihres selbständigen örtlichen Aufgabenbereichs durch den Erlaß von Satzungen an der Rechtsetzung teil. Historisch gesehen ist diese Rechtsetzungsbefugnis (Satzungsautonomie) aus dem Wesen der kommunalen Selbstverwaltung nicht mehr wegzudenken[144, 145].

---

142 z. B. Hundeabgabe, Feuerwehrabgabe, Speiseeissteuer, Getränkesteuer, Kurabgabe etc. s. aber auch Art. 105 Abs. 2 a GG.

143 Art. 106 VI S. 3.

144 Vgl. hierzu ausführl. *Gönnenwein*, Gemeinderecht S. 144.

145 Zum ganzen vgl. *Hamann*, Autonome Satzungen S. 21, 49, 67; *Köttgen*, Gemeindl. Satzungsrecht u. Grundgesetz, DVBl. 1955, 445 ff.; ders. in Gemeinde S. 101, wo er eine garantierte Satzungsgewalt nur in Ansehung solcher örtlicher Aufgaben, die noch nicht in Vollzugszuständigkeiten des Bundes- oder Länderrechts umgewandelt worden sind, anerkennt; s. auch *Leisner*, Bayer. Verwaltungsrecht in der Rspr. 1968 S. 158.

a) Inhalt und Rechtsnatur der Satzungsautonomie

Konkret besteht diese gemeindliche Autonomie darin, daß die Kommunen zur Regelung ihrer eigenen örtlichen Angelegenheiten, im Rahmen ihres Selbstverwaltungsrechts also, öffentlich-rechtliche Satzungen erlassen können[146]. Solche öffentlich-rechtlichen Satzungen sind abstrakte und in der Regel generelle hoheitlich erlassene Rechtsetzungen eigenständiger, dem Staat eingegliederter Verbände, insbesondere also der Gemeinden, zur Regelung ihrer eigenen Angelegenheiten[147]. Da sie einer staatlichen Ermächtigung bedürfen, handelt es sich um abgeleitete Rechtsquellen[148].

Von den Verordnungen unterscheiden sich die Gemeindesatzungen dadurch, daß sie aus einer vom Staat (Land) eingeräumten *eigenen* Rechtsetzungsgewalt des Verbandes (sog. Autonomie) hervorgehen, nicht wie Verordnungen aus delegieter *staatlicher* Rechtsetzungsmacht. Autonome Satzungen werden in Ausübung eines subjektiven öffentlichen Rechts der Gemeinde, Gemeindeverordnungen in Wahrnehmung einer delegierten staatlichen Kompetenz erlassen[149].

Satzungen zur Regelung übertragener Angelegenheiten, bewehrte Satzungen und Verordnungen der Gemeinde sind nur in den gesetzlich ausdrücklich bestimmten Fällen zulässig, während für unbewehrte Satzungen im eigenen Wirkungskreis der Landesgesetzgeber in der Regel eine generalklauselartige Ermächtigung erteilt hat[150]. Grenze der Satzungsgewalt ist allgemein höherrangiges Recht und das Territorialprinzip[151]. Die Satzungsautonomie der Gemeinden ist durch Art. 28 GG mitgarantiert[152]. Sie ist wesentlicher Bestandteil des Selbstverwaltungsrechts[153]. Auch den Gleichheitssatz braucht die Gemeinde nur innerhalb ihres eigenen Bereichs zu beachten[154]. Es wäre mit ihrem Selbstverwaltungsrecht unvereinbar, wenn sie sich bei der Wahrnehmung ihrer

---

146 Vgl. *Naw.-Leuss.-Schw.-Zach.* Komm. RNr. 7 zu Art. 11 BayVerf.

147 *Wolff I* § 25 IX a 1.

148 s. z. B. § 4 GO Bad.,Württbg.; § 3 LKrO Bad-Württbg.; Art. 23 GO Bay; Art. 17 LKrO Bay; § 5 GO Hess.; § 5 LKrO Hess.; § 6 GO Nieders.; § 4 GO Nordrh.-Westf.; § 3 LKrO Nordrh.-Westf.; § 21 GO Rheinl-Pf.; § 10 LKrO Rheinl.-Pf.; § 4 GO Schlesw.-Holst.

149 *Wolff* I § 25 IX a 2; BVerwGE 6, 247.

150 Vgl. z. B. Art. 23 I S. 1 Bay GO.

151 *Leisner* a.a.O. S. 159.

152 Dies ist nicht unbestritten; a. M. s. FN 86 Abschnitt 3, 2. Unterabschnitt.

153 Dies wird auch von der höchstrichterlichen Rechtspr. anerkannt, vgl. z. B. BVerfGE 12, 319 (325), in der das Selbstverwaltungsrecht einer Anstalt als „wesentliches Element der Selbstverwaltung“ bezeichnet wird; ferner BVerwGE 6, 247 ff.

154 Der Gleichheitssatz bindet den Gesetzgeber nur innerhalb seines Machtbereichs; er verlangt nicht, daß er seine Normen, zu denen auch Satzungen zählen, denen eines anderen Gesetzgebers angleiche; vgl. BayVerfGH, Bay VBl. 1969, 96.

Befugnis, Recht zu setzen, den Regelungen anderer Gemeinden anpassen müßte. Autonomie soll gerade die Berücksichtigung örtlicher Verschiedenheiten ermöglichen, die dem Gesetzgeber nicht bekannt sind oder mit denen er sich nicht befassen will[155].

β) Umfang und Einschränkung der gemeindlichen Satzungsautonomie

Die Rechtsetzungsbefugnis der Gemeinden ist zwar in der Institutsgarantie des Art. 28 GG mitenthalten, die Satzungsautonomie somit also dem Selbstverwaltungsrecht der Kommunen zuzurechnen. Über ihren Umfang ist damit aber noch nichts ausgesagt. Aus Art. 28 kann auch nicht unmittelbar die Befugnis zum Erlaß einzelner Satzungen hergeleitet werden. Diese Verfassungsbestimmung betrifft vielmehr nur die Einrichtung des Selbstverwaltungsrechts als solches, nicht aber einzelne Selbstverwaltungsbefugnisse[156].

Der Umfang gemeindlicher Satzungsautonomie wird aber durch Maßnahmen eines Landes, die den Gemeinden das Satzungsrecht als solches überhaupt absprechen oder nicht *generell* einräumen, beschränkt und und dadurch der Kern des garantierten Selbstverwaltungsrechts verletzt. Sofern jedoch lediglich eine Materie, die durch Gemeindesatzung geregelt werden könnte, vom Landes- oder Bundesgesetzgeber aufgegriffen und geordnet wird, sind die Gemeinden dagegen nicht schon allgemein geschützt. Denn aus Art. 28 GG ergibt sich kein „satzungsrechtliches Reservat" der Gemeinde[157].

In der Regel wird es sich jedoch in diesen Fällen, die für eine satzungsrechtliche Regelung in Frage kommen, um ausschließlich lokale auf ein bestimmtes Gemeindegebiet begrenzte Angelegenheiten handeln, die auf unterschiedlichen örtlichen Gegebenheiten beruhen. Für eine bundesgesetzliche Regelung solcher Fragen dürfte daher schon aus diesem Grunde keine Notwendigkeit bestehen.

Da Gemeindesatzungen ohnehin den Vorrang des Gesetzes zu beachten haben und vom Gesetz nicht abweichen dürfen[158], ergeben sich faktisch kaum irgendwelche Reibungen auf diesem Gebiet.

b) Die Einschränkbarkeit des funktionellen Bereichs der gemeindlichen Selbstverwaltung

Schon im Zusammenhang mit der Untersuchung, wieweit eine Einschränkung der kommunalen Personalhoheit zulässig ist, hatte sich her-

155 Vgl. *Leisner* a.a.O. S. 158.
156 *Gönnenwein*, Gemeinderecht S. 145.
157 *Gönnenwein* a.a.O. S. 145; *Köttgen*, Die Gemeinde u. d. Bundesgesetzgeber S. 104 f.; *Becker*, HBKWP I S. 158.
158 Vgl. *Leisner* a.a.O. S. 159.

ausgestellt, daß sich eine scharfe Trennung zwischen institutionellem und funktionellem Aufgabenbereich der Gemeinde kaum vornehmen läßt. Wegen ihres Ordnungswerts soll diese Einteilung aber beibehalten werden.

Zum funktionellen gemeindlichen Aufgabenbereich kann man alle diejenigen Tätigkeiten zählen, die sich *nicht* auf die Erhaltung der Gebietskörperschaft und ihre finanzielle und faktische Leistungsfähigkeit (Funktionsfähigkeit) beziehen. Es sind dies die sog. (schlichten) Administrativaufgaben, deren sich die Gemeinde zur Verwirklichung ihrer örtlichen Belange bedient, soweit sie nicht die Institution selbst betreffen und damit in die erste Gruppe fallen[159].

aa) Der Gesetzesvorbehalt in Art. 28 II GG

Aus dem Gesetzesvorbehalt in Art. 28 II S. 1 GG „im Rahmen der Gesetze" folgt, daß der Gesetzgeber[160] die Entfaltungsmöglichkeiten der Gemeinde auch innerhalb ihres örtlichen Bereichs beeinflussen kann. Insoweit herrscht in der Literatur Übereinstimmung. Die Ansichten gehen aber auseinander, wenn es darum geht zu bestimmen, worauf sich diese Vorbehaltsklausel genau erstreckt. Die einen beziehen den Gesetzesvorbehalt sowohl auf die Worte „Angelegenheiten der örtlichen Gemeinschaft" als auch auf den Satzteil „in eigener Verantwortung"[161]. Eine andere Meinung hält nur das Maß („in eigener Verantwortung") von diesem Vorbehalt für betroffen[162] und eine dritte bezieht den Gesetzesvorbehalt ausschließlich auf den Gegenstand („Angelegenheiten der örtlichen Gemeinschaft")[163]. Jede der drei Meinungen beruft sich auf den Wortlaut des Art. 28 II und seine grammatische Auslegung. Eine zwingende Interpretation zugunsten der einen oder anderen Ansicht läßt die Wortfassung dieser Grundgesetzbestimmung jedoch nicht zu. Nach der Wortstellung wären alle drei Auffassungen vertretbar. Für die richtige Auslegung müssen daher weitere Kriterien herangezogen

---

[159] Wegen der Aussichtslosigkeit einer positiven Abgrenzung wird auf sie verzichtet; anders *Hohrmann* a.a.O. S. 147 ff.; der eine solche Aufgliederung m. E. mit sehr zweifelhaftem Erfolg versucht.

[160] Die Festlegung der Grenzen der Selbstverwaltung ist daneben auch durch Rechtsverordnung statthaft, vgl. BVerfG Beschl. v. 24. 6. 69, DVBl. 1969, 794.

[161] Diese Meinung ist wohl die herrschende, vgl. *Maunz-Dürig*, RNr. 31 zu Art. 28 GG; *Köttgen*, Gemeinde S. 50; *Kollmann*, DÖV 1951, 145; *Badura*, DÖV 1963, 561 (565); *Laforet*, DÖV 1949, 222; *Lerche*, Gutachten S. 99 Anm. 254.

[162] *Arndt*, DVBl. 1951, 299; *Grafe*, DÖV 1955, 650; *Göb*, Hdb. f. KW u. Praxis Bd. 1 S. 377; *Neuhoff*, DÖV 1952, 259 ff.; *Keßler*, DVBl. 1953, 1 (2); *Zuhorn-Hoppe*, Gemeindeverfassung 2. Aufl. S. 53.

[163] *Henrichs*, DVBl. 1954, 728 (734); *Kollmann*, DÖV 1951, 146; *Laforet*, DÖV 1949, 221 (222); *v. Mangoldt-Klein* IV 1 d zu Art. 28; *Müthling*, DÖV 1951, 169 (170).

werden. Ausschlaggebend werden aber — wie in den meisten Fällen — Zweck und Ziel dieser Verfassungsbestimmung sein müssen. Daß es keinen rechten Sinn habe, den Gemeinden zwar *alle* Aufgaben der örtlichen Gemeinschaft ohne jede Einschränkung zu belassen und nur das Maß ihrer Verantwortung, die ihnen dabei zukommt, also das Ausmaß ihrer Entscheidungsfreiheit überhaupt dem Gesetzesvorbehalt zu unterstellen[164], kann zur Begründung der herrschenden Meinung nicht überzeugen. Es ist nämlich gerade sinnvoll, den Gegenstand vom Gesetzesvorbehalt auszunehmen, da durch den Umfang der Ausübung in Form pflichtgemäßer — nicht willkürlicher! — gesetzlicher Regelungen eine Korrektur dieser Eigenverantwortlichkeit innerhalb eines rechtsstaatlichen Rahmens — zu denken ist an das Übermaßverbot — hinreichend möglich ist. Der Sinn des Gesetzesvorbehalts kann auch nicht sein, die Verfassungsbestimmung des Art. 28 II S. 1 GG zu einer „leerlaufenden Formel" zu entwerten und ihr jede inhaltliche Bedeutung gegenüber dem einfachen Gesetz zu entziehen[165], indem man den Vorbehalt in gleicher Intensität sowohl auf den Gegenstand als auch auf das Maß der gemeindlichen Selbstverwaltung bezieht[166].

Nicht umsonst ist daher bisher die Lösung dieses Problems trotz aller Bemühungen, die z. T. bereits in der Weimarer Zeit eingesetzt haben, in einer Sackgasse gelandet. Einen Ausweg aus dem Dilemma kann nur eine differenzierendere Lesart dieser Bestimmung bringen. Gegenstand und Maß der den Gemeinden eingeräumten Selbstverwaltung müssen sich, was die Intensität der durch den Gesetzesvorbehalt zulässigen Einschränkungen betrifft, eine Trennung gefallen lassen[167]: um ein Leerlaufen der Selbstverwaltungsgarantie zu vermeiden, ist es sinnvoll, im Gegensatz zur Rechtsprechung und herrschenden Meinung nur das *Maß* und die *Art* und *Weise* der Aufgabenübertragung der gesetzgeberischen Disposition zu überlassen[168].

Eine solche Differenzierung stimmt mit der von uns gewählten Einteilung in institutionelle und administrative Aufgaben im großen und ganzen überein. Für das „*Was*" der Selbstverwaltungsgarantie, d. h. den institutionellen Bereich, mag die vom Bundesverfassungsgericht entwickelte Kerngehaltstheorie, die von einem absolut geschützten Bereich ausgeht, in vollem Umfang gerechtfertigt sein, für die Randzone des administrativen (funktionellen) Bereichs gemeindlicher Selbstverwal-

---

164 *Maunz-Dürig*, RNr. 31 zu Art. 28.

165 *Isensee* a.a.O. FN 86 S. 245.

166 So aber die hM s. oben FN 161.

167 Anders *Isensee* a.a.O. S. 245, der beide Begriffe als untrennbare Bestandteile ansieht, die Lösung des von ihm sehr klar gesehenen Problems aber nicht zur Aufgabe seiner Abhandlung gemacht hat.

168 Wie hier auch *Zuhorn-Hoppe*, Gemeindeverfassung S. 53.

tung, also das „*Wie*" müssen die Eingriffsmöglichkeiten des einfachen Gesetzgebers und damit auch des Bundesgesetzgebers aber eine Erweiterung erfahren, und zwar in dem Maß als es die Effektivität und zwingende Notwendigkeit einheitlicher Gesetzesvollziehung erfordert. Nur in diesem Bereich ist der in Art. 28 II S. 1 GG dem einfachen Gesetzgeber eingeräumte Vorbehalt daher sinnvoll. Neben der formalen Sicherung vor unberechtigten Eingriffen in den Gemeindebereich durch ein förmliches Bundesgesetz muß hier die bewegliche Schranke des rechtsstaatlichen Übermaßverbotes — das im übrigen auch dem absolut geschützten Selbstverwaltungskern vorgelagert ist — als ausreichendes Schutzmittel angesehen werden. Das heißt: Der funktionale Bereich (Administrativbereich) der kommunalen Selbstverwaltung ist zunächst ganz allgemein durch förmliches Landesgesetz einschränkbar. Doch auch in diesem Bereich sind gewisse Grenzen zu beachten, die vom Landesgesetzgeber nicht überschritten werden dürfen und gleichermaßen für Regelungen des Bundesgesetzgebers gegenüber den Gemeinden gelten, die aber von denen des absoluten Schutzes des sog. institutionellen Bereichs abweichen. Während für den institutionellen Schutzbereich zwar weder die quantitative Methode des Bundesverwaltungsgerichts[169] noch die sog. qualitative Auffassung[170] allein zur Begrenzung unzulässiger Ingerenz in den Gemeindebereich ausreichen, sondern erst die sinnvolle Kombination beider Methoden zu brauchbaren Ergebnissen führt, kann man im Administrativbereich der Gemeinde nicht von einem absolut geschützten Kern ausgehen. Entsprechend der Rechtsprechung des Bundesverfassungsgerichts zum Wesensgehalt der Grundrechte[171] ist hier vielmehr nur eine *relativ* geschützte Zone vorhanden, die sich je nach den Anforderungen der einzelnen Bundesgesetze an eine einheitliche, gleichmäßige und effektive Gesetzesausführung in allen Regionen des Bundesgebiets nach dem Verhältnismäßigkeitsgrundsatz erweitert oder verengt.

Einschränkungen dürfen aber auch hier nicht so weit gehen, daß die Gemeinde als Selbstverwaltungskörperschaft aller ernst zu nehmenden Funktionen beraubt wird. Sie dürfen den Verwaltungsspielraum nicht so weit einengen, daß die innere Organisation der Gemeindeverwaltung wegen unmittelbarer bundesgesetzlicher Bestimmung völlig überflüssig wird. Ein derartiges Erfordernis ist aus dem Zweck wirksamer Ausführung von Bundesgesetzen auch niemals geboten.

Die Schwierigkeiten einer Trennung zwischen Selbstverwaltungs- und Staatsaufgaben im funktionalen Bereich sind allerdings unverkennbar.

---

169 BVerfGE 6, 19 (25) u. NJW 1964, 1537 (1539).

170 *Lerche*, Gutachten S. 105; *Stern*, BK RNr. 123 zu Art. 28 GG.

171 s. z. B. E 6, 32 (40); vgl. auch *Hesse*, Grundzüge S. 132 f.; *Maunz*, Staatsrecht S. 99 f.

Hier eine präzise Abgrenzung vorzunehmen wird daher nur im konkreten Fall einigermaßen gelingen können und nur an dem für Selbstverwaltungsaufgaben noch verbleibenden funktionalen Spielraum zu erkennen sein.

Die Relativierung des funktionellen Gemeindebereichs ist dadurch gerechtfertigt, daß er nur Rand- und Ergänzungszone zum absolut geschützten institutionellen Kerngehalt der Selbstverwaltung darstellt. Eine Reduzierung des relativen Bereichs auf Null durch Bundesgesetze kann sich im Einzelfall gelegentlich als unumgänglich erweisen und ist erst dann zu beanstanden, wenn sie durch neu hinzukommende gemeindliche Selbstverwaltungsfunktionen per Saldo nicht ausgeglichen wird. Weil aber im Kommunalbereich gleichzeitig auch immer neue Funktionen zuwachsen, z. B. durch die Errichtung neuer Organe[172], besteht in absehbarer Zeit kaum eine Gefahr für die Gemeinden, daß einzelne durch die Bundesgesetzgebung entzogene oder eingeschränkte Funktionen im Ergebnis unausgeglichen bleiben. Ein bundesgesetzlicher Funktionsentzug ist damit im Rahmen der für die gemeindliche Organisationsgewalt geltenden Grenzen[173] rechtmäßig.

bb) Trennung in Eigen- und Staatsaufgaben

Neben den Überlegungen über Zulässigkeit und Ausmaß bundesgesetzlicher Ingerenzen auf die Gemeinden steht die Frage, ob in unserem heutigen Industriestaat, in einer Zeit, die zu immer engerer internationaler, insbesondere europäischer Integration drängt[174], die gemeindliche Selbstverwaltung in Form der Trennung zwischen der Wahrnehmung eigener Aufgaben und der Aufgaben des Gesamtstaates nicht als ein überholtes Relikt der Vergangenheit anzusehen und überhaupt noch realistisch ist[175]. Die in diesem Zusammenhang vertretenen Meinungen reichen bis zu der Feststellung, daß Selbstverwaltung in einem sozialen Rechtsstaat, der nach immer eingehenderen, die Gestaltungsmöglichkeiten der Verwaltung einengenden Gesetzen ruft, überhaupt nicht mehr denkbar, geschweige praktizierbar sei[176]. Eine „Frontstellung" der Gesellschaft in Form der Selbstverwaltung erscheine im Zeitalter der Demokratie als Anachronismus[177]. Forderung solcher „Erkenntnis" ist zuweilen gar der Abbau der nur noch „formalen Existenz"

---

172 JWA, LAÄ, AusbFördÄ, vgl. das AusbFördG v. 26. 6. 69, BGBl. I 1719.

173 So oben „Die Organisationshoheit".

174 Vgl. *Bahrdt*, Die Gemeinden in der Industriegesellschaft S. 11 ff.

175 s. hierzu die große Anfrage an die Bundesregierung ... bezüglich der Weiterentwicklung des föderativen Systems, Drucks. V/3099 (neu) Frage 7.

176 Vgl. *Hohrmann* a.a.O. S. 153.

177 *Göb*, Diss. S. 48; *Köttgen*, Gemeinde S. 15; *Peters*, DÖV 1949, 327; *Nawiasky*, Grundgedanken S. 67 ff.; *Weber*, Staats- u. Selbstverwaltung S. 63; *Hohrmann* a.a.O. S. 153.

gemeindlicher Selbstverwaltung zugunsten des Bundes oder einer unmittelbaren Länderverwaltung[178].

Derartigen Spekulationen steht aber eindeutig die Fassung der Selbstverwaltungsgarantie im Grundgesetz entgegen. Nach ihr soll der Bürger nicht nur alle paar Jahre Gelegenheit haben, seine demokratischen Rechte durch die Teilnahme an Wahlen im Bereich der Gemeinde auszuüben, sondern sich im überschaubaren Raum der Gemeinde auch an der Verwaltung gemeindlicher Lokalbereiche beteiligen können. Gerade im sozialen Rechtsstaat mit seinen immer stärkeren Eingriffen in die Individualsphäre des einzelnen soll Art. 28 II GG diesen Gegebenheiten durch eine eigenverantwortliche Heranführung des Bürgers an den Staat wenigstens im örtlichen Bereich Rechnung tragen. Die heutige Flut bundesstaatlicher Gesetze zur Bewältigung sozialer, wirtschaftlicher und kultureller Aufgaben zwingt zudem zu sachgerechter Anpassung an den Einzelfall durch notwendige Abstimmung auf lokaler bzw. regionaler Ebene[179].

Die Forderung nach eigenverantwortlicher Bewältigung der Angelegenheiten der örtlichen Gemeinschaft in Art. 28 II GG ist daher nicht nur eine verwaltungstechnische Bestimmung. Die Gemeinden sind über Art. 127 Weimarer Reichsverfassung hinaus berufen, eine demokratische Ordnung staatlichen Wirkens in ihrem Bereich lebendig zu halten[180]. Die Wahrnehmung von Aufgaben, die ausschließlich diesem gemeindetypischen Zweck dienen, muß ihnen daher belassen werden. Über andere, nur zufällig von der Gemeinde wahrgenommene — also untypische — Gemeindeaufgaben muß der Bundesgesetzgeber dagegen im Rahmen des für seine Gesetze erforderlichen wirksamen Vollzugs uneingeschränkt disponieren können.

3. Zusammenfassung bundesgesetzlicher Ingerenzrechte

Mit diesen Feststellungen ist das Ausmaß der Zulässigkeit bundesgesetzlicher Ingerenzrechte im Bereich der Kommunen im wesentlichen umschrieben, die Teilkompetenzen des Bundes auf dem Gebiet des Gemeinderechts sind fixiert. Zusammenfassend sind im Gemeindebereich dem Bund folgende Ingerenzmöglichkeiten eingeräumt: Erstens: Gem. Art. 28 III GG kann und muß der Bund bei berechtigtem Anlaß in den

---

178 So z. B. schon *Werner*, DÖV 1952, 549 ff., der meint, daß der Selbstverwaltungsbegriff den sozialen Gegebenheiten nicht mehr entspreche; ferner *Köttgen*, Krise S. 7 u. 36; *Peters*, Grenzen S. 43.

179 s. die Bildung von (Planungs-) Regionen zur Lösung über das Gemeindegebiet hinausreichender Verwaltungsangelegenheiten, die heute nicht mehr aufzuhalten ist (vgl. z. B. die geplante Einteilung Bayerns in 27 bzw. 22 Regionen, Südd. Zeitung v. 17. 7. 70.

180 BVerfGE 7, 135 (136); *Hohrmann* a.a.O. S. 155.

Kommunalbereich eingreifen, nämlich wenn das Recht der Gemeinden in Gefahr ist, alle Angelegenheiten der örtlichen Gemeinschaft innerhalb des zulässigen Gesetzesrahmens, in eigener Verantwortung zu regeln. Nach Art. 95 Nr. 1 GG kann er ferner Rahmenvorschriften über die Rechtsverhältnisse der im öffentlichen Dienst der Gemeinden stehenden Personen erlassen. Art. 105 II, III GG berechtigt den Bundesgesetzgeber unter den dortigen Voraussetzungen über Steuern zu entscheiden, die den Gemeinden zufließen und ermöglichen ihm damit, die Finanzausstattung der Kommunen zu beeinflussen[181]. Auf sie kann der Bund außerdem durch die ihm in Art. 104 a VI GG eingeräumte Investitionskompetenz einwirken[182]. Für bestimmte Sonderbelastungen[183] hat der Bund gem. Art. 106 VIII (neu) weitere Finanzzuweisungen an einzelne Gemeinden zu gewähren und damit das Recht, Einfluß auf deren Finanzausstattung auszuüben. Art. 109 IV GG i. V. mit dem StabG gibt dem Bund schließlich einen Anspruch darauf, im Interesse des gesamtwirtschaftlichen Gleichgewichts der Bundesrepublik Deutschland Vorschriften über die Aufnahme von Krediten auch mit Wirkung für die Gemeinden vorzusehen.

Zweitens kann der Bundesgesetzgeber im Rahmen seiner materiellen Gesetzgebungszuständigkeit die Einrichtung und das Verfahren kommunaler Behörden gem. Art. 84 I, 85 I GG regeln, sofern dies für die Gewährleistung eines wirksamen Gesetzesvollzugs notwendig ist[184]. Die von ihm hierbei zu beachtenden Grenzen wurden oben[185] aufgezeigt. Eine Notwendigkeit zu direkten Regelungen des Bundesgesetzgebers kann sich aus den derzeit sehr unterschiedlichen Systemen des kommunalen Verfassungsrechts ergeben. Solche Unterschiede betreffen sowohl Bezeichnung und Stellung als auch die Aufgaben gemeindlicher Organe. Gleiches gilt meist für die jeweiligen Amts- oder Dienstbezeichnungen. Unterschiedlich ist oft auch die Aufgabenverteilung zwischen dem jeweiligen Land und dessen Gemeinden geregelt[186]. Erhebliche Unterschiede ergeben sich ferner im finanzwirtschaftlichen Bereich wegen der z. Z. noch sehr verschiedenen Größenklassen kommunaler Gebietskörperschaften. Solche Diskrepanzen in der Finanz- und Ver-

---

[181] s. insbes. die durch die große Finanzreform erfolgten Änderungen.

[182] Nach dem Entwurf eines Gesetzes über städtebauliche Sanierungs- und Entwicklungsmaßnahmen in den Gemeinden (Entwurf der Bundesregierung), Drucks. VI/510 Vorblatt S. 2 soll die Finanzierungskompetenz des Bundes auch der Finanzierung dieser Sanierungs- u. Entwicklungsmaßnahmen dienen.

[183] Vgl. z. B. die der Stadt Bonn durch ihre Funktion als Bundeshauptstadt erwachsenden kommunalen Belastungen von 80 Millionen DM, Südd. Zeitung v. 17. 7. 70.

[184] BVerfGE 22, 180 ff.

[185] 3. Abschnitt.

[186] So z. B. die Aufteilung in Selbstverwaltungs- u. Auftragsangelegenheiten.

waltungskraft der Gemeinden darf und muß der Bundesgesetzgeber beim Erlaß von Gesetzen, deren einheitlicher Vollzug essentieller Bestandteil ist — allerdings auch nur dann — berücksichtigen. Dies gilt zumindest so lange, als eine Vereinheitlichung der Unterschiede in der Verwaltungs- und Finanzkraft der Gemeinden nicht durch die bei den einzelnen Ländern derzeit auf Hochtouren laufenden Bemühungen um eine Reform der kommunalen Gebietsstrukturen[187] eingetreten ist.

Denn ein verfassungsmäßiges Recht, die kommunalen Organisations- und Gebietsreformen in den Ländern zu beeinflussen, steht dem Bund nicht zu[188]. Erst wenn diese Reformmaßnahmen der berechtigten Forderung des Bundes nach einem Mindestmaß an Homogenität gemeindlicher Organisations- und Verwaltungskraft nicht nachkommen sollten und die Reformbestrebungen der Länder eine divergierende Entwicklung zeigten, wäre die Frage zusätzlicher bundesgesetzlicher Ingerenzrechte zu prüfen und gegebenenfalls nach entsprechender Verfassungsänderung zu bejahen. Für eine derartige Annahme besteht derzeit aber noch kein Anlaß[189].

Die derzeitigen Zuständigkeitsregelungen für den Bund reichen im Augenblick aus, um drittens die Erfüllung der durch den Beitritt zu den europäischen Gemeinschaften übernommenen Verpflichtungen einzuhalten. Denn einmal liegt das Schwergewicht der Aufgaben der europäischen Gemeinschaften auf Gebieten, auf denen der Bund mindestens die konkurrierende Gesetzgebungskompetenz besitzt[190]. Zum anderen sind Verordnungen der Gemeinschaften unmittelbar geltendes Recht, so daß sich die Kompetenz zur verwaltungsmäßigen Ausführung nach der grundgesetzlichen Zuständigkeitsregelung richtet. Das bedeutet aber, da das Grundgesetz keine ausdrückliche Regelung solcher Fragen vorsieht, daß die Art. 83 ff., 84 I, 85 I GG entsprechende Anwendung finden[190]. In Fällen, in denen der Erlaß von Rechtsakten der europäischen Gemeinschaften besondere Belange der Länder berührt, ist außerdem eine Abstimmung zwischen der Bundesregierung und den Ländern geboten, was in der Praxis bisher erfolgreich geschehen ist[190].

Weitere als die in Art. 83 ff. GG zugelassenen Befugnisse der Bundesregierung sind unserer derzeitigen Verfassungskonzeption nicht zu ent-

---

187 Sog. Territorialreform s. z. B. in den Ländern Rheinl.-Pf., Bayern, Hamburg.

188 Vgl. die Antwort der Bundesreg. v. 4. 9. 68 auf die große Anfrage der Fraktionen der CDU/CSU, SPD v. 20. 12. 67 Drucks. V/3248 u. BT-Drucks. V/4002 v. 20. 3. 69 S. 14.

189 Ebenso *Lerche,* Aktuelle Verfassungsfragen S. 49.

190 Vgl. die Antwort der BReg auf die große Anfrage (Drucks. V/3099 (neu) v. 20. 3. 69 BT-Drucks. V/4002 S. 15.

nehmen. Ob sie anzustreben sind, muß die Erfahrung mit der Anwendung des vorhandenen Instrumentariums zeigen. Redaktionelle Änderungen wären zur Beseitigung von Mißverständnissen allerdings von Nutzen.

VIERTER ABSCHNITT

Die Stellung der Gemeinden bei der unmittelbaren Einschaltung durch den Bundesgesetzgeber und die Verfassungsmäßigkeit bundesgesetzlicher Einzelbestimmungen

An Hand der dem Bundesgesetzgeber gegenüber den Gemeinden direkt eingeräumten Ingerenzrechte soll nun abschließend die Verfassungsmäßigkeit bundesgesetzlicher Einzelbestimmungen erörtert werden. Zuvor ist aber noch die Stellung der Kommunen bei ihrer unmittelbaren Einschaltung in den bundesgesetzlichen Aufgabenvollzug darzulegen.

I. Die Stellung der Gemeinden bei ihrer unmittelbaren Einschaltung in Bundesauftragsangelegenheiten

Die Ansicht, die Landesbehörden, also insbesondere die Gemeinden würden bei direkter Einschaltung durch den Bund nach Art. 85 I GG in unmittelbarem Bundesauftrag tätig, trifft nicht zu[1]; denn das Grundgesetz kennt keine funktional-organschaftliche Konstruktion der Bundesauftragsverwaltung mit der Folge, daß bei jeder Wahrnehmung von Auftragsangelegenheiten die beauftragte Behörde in ein unmittelbares Organverhältnis zum Auftraggeber tritt[2]. Die Gemeinden stehen auch bei unmittelbarer Aufgabenübertragung durch den Bund nur zu ihrem Land in einem unmittelbaren Auftragsverhältnis. Das folgt aus dem vom Grundgesetz festgelegten und ausnahmslos auch eingehaltenen zweistufigen Aufbau der Verfassung. Die Möglichkeit, daß der Bund gem. Art. 84 III 2 GG letzter Teil sich u. U. auch unmittelbar an die nachgeordneten Behörden wenden kann, spricht m. E. nur scheinbar gegen diese Auffassung. Denn es handelt sich hierbei ganz deutlich um eine Ausnahme von der Regel, die außerdem die Zustimmung der Gesamtheit der Länder im Bundesrat voraussetzt.

---

1 So aber für Art. 90 II GG z. B. *Schäfer*, DÖV 1960, 641 ff. (643); *Klein*, Gemeinschaftsaufgaben S. 125 f.; Marschall BFStrG S. 589 f. und § 22 V FStrG.

2 Vgl. *Bartlsperger*, BK Zweitbearb. RNr. 61 zu Art. 90 II GG.

Die Wahrnehmung der Bundesauftragsaufgaben durch die Gemeinden fällt stets in ihren übertragenen Wirkungskreis[3]. Bei den Ländern, bei denen die Unterscheidung im eigenen und übertragenen Wirkungskreis nicht mehr gilt (sog. monistisches Prinzip), handelt es sich um sog. Pflichtaufgaben nach Weisung. Etwas anderes läßt sich auch aus der Weisungsgebundenheit aller Bundesauftragsangelegenheiten nach Art. 85 III GG nicht entnehmen.

Auch innerhalb der Bundesauftragsverwaltung werden die Landesbehörden einschließlich der Gemeinden als Organe des *Landes*, nicht als solche des Bundes tätig. Daran kann die im Falle des Art. 85 I GG vorgesehene direkte Einschaltung der Gemeinde durch den Bund nichts ändern. Der grundsätzliche Anspruch der Länder auf eigene Ausführung der Bundesgesetze (Art. 83 GG) wird in den Fällen, in denen es dem Bund gestattet ist, direkt die Gemeinden mit dem Vollzug zu beauftragen, nicht zugunsten einer gemeindeeigenen Ausführung von Bundesgesetzen eingeschränkt. Die Art. 83 ff. enthalten zwar Ausnahmen von dem Grundsatz der ländereigenen Ausführung, lassen neben dieser aber nur Bundesauftragsverwaltung sowie unmittelbare[4] oder mittelbare Bundeseigenverwaltung[5] zu. Andere als diese Verwaltungsarten werden vom Grundgesetz weder ausdrücklich bestimmt noch zugelassen[6].

Eine *gemeindeeigene* Ausführung von Bundesgesetzen läßt sich auch nicht aus Art. 28 II GG ableiten[7]. Nur im Rahmen der Landesverwaltung, nicht aber als Ausnahme zu den Art. 83 ff., 30 GG kennt das Grundgesetz eine gemeindeeigene Verwaltung. Die Gemeindeverwaltung ist — unbeschadet ihrer verfassungsrechtlichen Selbständigkeit als Selbstverwaltung — dem Bund gegenüber ein Teil der Landesverwaltung, so daß insofern verfassungsrechtlich keine unmittelbare Beziehung zwischen Gemeinde und Bund entstehen kann[8, 9].

Unter Umgehung der Art. 84, 85 GG kann der Bund den Gemeinden die Ausführung von Bundesgesetzen nicht als Selbstverwaltungs- oder Auftragsangelegenheit übertragen[10], da er sonst die Organisationsgewalt

---

3 Vgl. *Ossenbühl*, Verwaltungsvorschriften S. 407 (1968).

4 z. B. Art. 87 I, 87 b, 87 d I, 89 II, 108 I GG.

5 Art. 87 II, III GG.

6 *Maunz-Dürig*, RNr. 42 ff. zu Art. 83 GG.

7 *Hohrmann* a.a.O. S. 110/111.

8 *Hohrmann* a.a.O. S. 111 mit zahlr. Nw; die rein faktischen Beziehungen zwischen Gemeinde und Bund nach Art. 28 III, 35, 106 VIII, 134 III, 90 II und 93 I Nr. 4 b GG werden davon nicht berührt.

9 Zwischen Ländern u. Kommunen entsteht daher notwendigerweise ein staatl. Auftragsverhältnis, ohne daß dies ausdrückl. (wie z.B. in § 2 LuftSchG v. 9. 10. 57 — BGBl. I 1096) bestimmt zu werden bräuchte; vgl. *Huber*, Diss. S. 93.

10 Vgl. *Forsthoff*, Körperschaft S. 45; *Huber*, Diss. S. 52 ff.; *Görg*, DÖV 1961,

der Länder verletzen würde. Eine andere Regelung läßt das Grundgesetz wohl nur im Bereich der Steuerverwaltung nach Art. 108 III S. 2 (neu) zu, wobei aber auch hier die Übertragung der Verwaltung auf die Gemeinden durch die Länder erfolgt, also ein unmittelbares Auftragsverhältnis nur zu ihnen begründet wird.

Bei der direkten Einschaltung der Gemeinden durch den Bundesgesetzgeber zur Ausführung seiner Gesetze bleiben diese also nachgeordnete Behörden der Länder und werden nicht solche des Bundes[11]. Das ergibt sich bereits aus Art. 84 III, 85 III GG, in denen allein die Länder als Objekte der Bundesaufsicht genannt werden[12]. Eine andere Stellung der Gemeinden bei der unmittelbaren Einschaltung würde den Ausnahmecharakter der in Art. 83 ff. eingeräumten Ingerenzrechte ignorieren. Für den Vollzug der von den Gemeinden direkt zu vollziehenden Bundesgesetze tragen nicht diese selbst, sondern die Länder, als deren Behörden die Kommunen auch nach der unmittelbaren Beauftragung zu gelten haben, allein sowohl die finanzielle als auch die verwaltungsmäßige Verantwortung[13].

Hinsichtlich des Vollzugs von Zustimmungsgesetzen sind auch die Aufsichtsrechte eindeutig geregelt: die obersten Landesbehörden überwachen allein die Vollziehung durch die Gemeinden und ihre übrigen Behörden. Sie tragen die Verantwortung gegenüber dem Bund (Art. 85 III S. 3). Der Bund übt die Rechtsaufsicht über die Vollziehungstätigkeit der einzelnen Gemeinden nur gegenüber dem jeweiligen Land als Einheit, nämlich gegenüber den obersten Landesbehörden aus (Art. 84 III, 85 III GG). Es kann auch nicht gesagt werden, die grundsätzliche Stellung der Gemeinden gegenüber dem jeweiligen Land erfahre dadurch eine Änderung auf dem Gebiet der Vollzugstätigkeit, daß bei Übertragung von Vollzugsaufgaben sich die bloße Rechtsaufsicht des Landes in eine zusätzliche Fachaufsicht umwandelt. Denn auch ohne direkte Aufgabenzuweisung durch den Bund haben die Gemeinden einen Teil ihrer Aufgaben als weisungsgebunden gegenüber den Ländern zu verrichten.

Auch in Fällen direkter bundesgesetzlicher Einschaltung der Gemeinden müssen die Länder mit den Mitteln der Kommunalaufsicht auf die Kommunen einwirken können. Diese Forderung kann nur erfüllt werden, wenn sich durch die unmittelbare Einschaltung an der

---

43; *Wolff,* Lb 2, 96; *Lerche,* Gutachten, S. 73 f. (74 a. E.); *Hohrmann* a.a.O. S. 111 — *a. M. Klein,* Gemeinschaftsaufgaben S. 133 Anm. 12, 13 u. 153; *Becker,* BayVBl. 1961, 69; *Gönnenwein,* Gemeinderecht S. 170 Anm. 27.

[11] *Huber,* Diss. S. 81.

[12] Ebenso *Huber,* Diss. S. 81.

[13] Vgl. die Regelung für die Tragung der Verwaltungskosten in Art. 104 a V GG.

verfassungsrechtlichen Position der Gemeinden gegenüber den Ländern nichts ändert.

II. Die Verfassungsmäßigkeit bundesgesetzlicher Einzelbestimmungen

Anerkanntermaßen kann der Bundesgesetzgeber Gemeinden als solche nicht errichten, da er damit unzulässigerweise in den Organisationsbereich der Länder eingreifen würde[14].

Etwas anderes gilt aber für deren direkte Einschaltung in den bundesgesetzlichen Aufgabenvollzug. Hier sind dem Bund eine Reihe von Sonder- und Mitwirkungskompetenzen durch das Grundgesetz ausdrücklich eingeräumt[15]. Ihre Ausübung ist jedoch an die materielle Gesetzgebungsbefugnis des Bundes gebunden und kann somit niemals weiter reichen als diese[16]. Diese Ingerenzrechte des Bundes greifen an sich zwar in das nach dem Aufbau des Grundgesetzes allein den Ländern zustehende Landesverfassungsrecht ein[17], sind durch die ausdrücklichen verfassungsrechtlichen Ausnahmeregelungen aber gerechtfertigt. Ein Unterfall dieser direkten Heranziehung generell aller Gemeinden für den bundesgesetzlichen Aufgabenvollzug ist die Einschaltung nur bestimmter (größerer)[18] Kommunen.

1. Umfang der Einwirkung in die Organisation der Gemeindeverwaltung

In welchem *Umfang* darf nun der Bundesgesetzgeber in die Organisation der Gemeindeverwaltung selbst unmittelbar eingreifen?

Sicher kann er auch aufgrund der Art. 83 ff. nicht jeden ihm zur Ausführung seiner Gesetze geeignet erscheinenden Einfluß ausüben[19]. Denn damit würde er die Eigenstaatlichkeit der Länder und sofern dadurch das gemeindliche Selbstverwaltungsrecht beeinträchtigt wird, die besondere verfassungsrechtliche Stellung der Gemeinden (Art. 28 II GG) ignorieren. Das lassen aber auch die Ausnahmevorschriften der Art. 83 ff. GG nicht zu[20]. Wenn auch die Verschiedenheit der bestehenden Ge-

---

[14] s. FN 68.

[15] s. oben Abschnitt 2, 1. Unterabschnitt II.

[16] BVerfGE 22, 180 ff. LS 2; im Ergebnis ebenso *Hohrmann*, Diss. S. 121; *Patzig*, DVBl. 1969, 429 ff. (432).

[17] Anders z. B. *Hohrmann*, Diss. S. 122, der einen solchen Eingriff verneint.

[18] An die Stelle der kleinen Gemeinden treten dann meist die Landkreise.

[19] So aber vor allem *v. Hausen*, DÖV 1960, 441 ff.; vgl. auch *Köttgen*, Selbstverwaltung 1951, 346; *Sellschopp*, DÖV 1953, 308; *Schäfer*, DÖV 1960, 647.

[20] Anders wohl bes. *Keßler*, DVBl. 1953, 1 ff. (4), der solche Maßnahmen des Bundes aber immerhin als „unbefriedigend“ und „wenig glücklich“ be-

meindeverfassungen[21] einer effektiven und einheitlichen Vollziehung von Bundesgesetzen gewisse Schwierigkeiten in den Weg legt, so rechtfertigt dieser Umstand de lege lata für sich allein noch keine unmittelbare Regelungkompetenz des Bundes gegenüber den Gemeinden. Solchen Schwierigkeiten kann vielmehr in der Regel bereits dadurch begegnet werden, daß der Bundesgesetzgeber die Länder im Einzelfall verpflichtet, unter den Voraussetzungen der Art. 83 ff. in ihren Gemeinden bestimmte einheitliche Organisationsformen zur Ausführung gewisser Bundesgesetze zu schaffen[22].

Eine eigene direkte Einflußnahme auf die Verfassung der Gemeinden ist dem Bund mangels eines kommunalpolitischen Mandats[23] generell verwehrt. Die Gemeindeverfassung ist Bestandteil des auch für den Bundesgesetzgeber grundsätzlich unantastbaren Kerns der vom Grundgesetz garantierten Länderstaatlichkeit[24], in den nur im Einzelfall und beim Vorliegen der Voraussetzungen der Art. 84 I, 85 I GG eingegriffen werden darf[25]. Diese Voraussetzungen liegen in der Regel dann nicht vor, wenn der Bund auch auf dem Weg über die Länder mühelos zu einem einheitlichen und effektiven Gesetzesvollzug[26, 27] gelangen kann.

Nach der in den Art. 84 I, 85 I gebrauchten Terminologie des Verfassungsgebers lassen sich zwei große Gruppen direkter Einflußnahmen des Bundes auf die Gemeinden unterscheiden: es ist dies einmal die Zuweisung von Aufgaben und zum anderen die Anweisung zur Errichtung von Ämtern und Organen. Im ersten Fall handelt es sich um die

---

zeichnet, da der Bund kein generelles Verfassungsrecht für die Gemeinden, sondern nur „spezielles Organisationsrecht“ schaffen könne. Letzteres stelle aber einen Fremdkörper innerhalb der verschiedenen Landeskommunalrechte dar. Keßler forderte deswegen schon im Jahre 1953 eine Rahmengesetzgebungskompetenz des Bundes für das Kommunalrecht.

[21] s. den Katalog bei *Huber*, Diss. S. 101/102.

[22] Wieweit eine derartige Verpflichtung der Länder einer gelegentlich geforderten — s. z. B. *Keßler* a.a.O. S. 4 — Rahmenkompetenz des Bundes auf dem Bereich des Gemeindeverfassungsrechts gleicht, sei hier dahingestellt. Sie hat jedenfalls in jedem einzelnen Fall die durch die Art. 83 ff. gesetzten allgemeinen und besonderen Verfassungsschranken zu beachten und unterscheidet sich schon deswegen von einer *allgemeinen* Ermächtigung des Bundes.

[23] Begriff v. *Köttgen*, Gemeinde S. 17; s. hierzu die zahlr. Nachweise bei *Hohrmann*, Diss. S. 123.

[24] Vgl. *Becker*, Grundrechte Bd. IV/2 S. 714; Stellungnahme der Mehrheit des Rechtsausschusses des Bundesrats nach *v. Hausen*, DÖV 1960, 441 ff.; *a. M. v. Hausen-v. d. Heide*, DÖV 1953, 753 ff. (755).

[25] *Hohrmann*, Diss. S. 124 spricht vom „absolut“ unantastbaren Kern der Landesstaatlichkeit (s. auch die von ihm angeführten Nachweise in FN 29), unterscheidet aber zwischen der kommunalen Verfassung in formellem und materiellem Sinn (S. 125); *a. M. v. Hausen-v. d. Heide*, DÖV 1958, 755.

[26] Im Ergebnis ebenso *Lerche*, Gutachten S. 31; *Hohrmann*, Diss. S. 124.

[27] Vgl. BVerfGE 22, 180 ff. (209), das darin die ratio der Art. 83 ff. sieht.

Regelung des Verwaltungsverfahrens, im zweiten um die Organisation in Form der „Einrichtung" von Behörden. Im Rahmen der ersten Gruppe ergibt sich eine weitere Verästelung in die Aufgabenübertragung als Selbstverwaltungsangelegenheiten und diejenige der Übertragung als Auftrags- oder Weisungsangelegenheit. Dabei kann man Bestimmungen des Bundesgesetzgebers, wie die Regelung gemeindlichen Einvernehmens oder die Einräumung kommunaler Anhörungsrechte als Unterfälle der Zuweisung von Selbstverwaltungsaufgaben ansehen, während die direkte Übertragung von Weisungsangelegenheiten sowohl an die nach der jeweiligen Gemeindeverfassung bestehenden kommunalen Organe als auch unter Abänderung des Gemeindeverfassungsrechts ausschließlich an ein monokratisches Organ erfolgen kann. In allen diesen Fällen ergeben sich Unterschiede in der verfassungsrechtlichen Zulässigkeit solcher Delegationen. Ähnliches gilt auch für die Anweisung zur Errichtung von Ämtern, Organen und Ausschüssen.

a) Die erste Streitfrage, ob der Bundesgesetzgeber unmittelbar gegenüber den Gemeinden entscheiden kann, daß das Gesetz als Selbstverwaltungsangelegenheit auszuführen ist, bzw. den Gemeinden bestimmte Tätigkeiten als Selbstverwaltungsangelegenheiten übertragen werden, dürfte seit der Entscheidung des Bundesverfassungsgerichts[28] im Ergebnis im großen und ganzen geklärt sein. Die vom Bundesverfassungsgericht angeführten Gründe bedürfen jedoch noch einer Reihe von Ergänzungen.

Die Annahme, der Bund sei über seine in Art. 28 II GG ihm auferlegte Gewährleistungspflicht geradezu verpflichtet zu bestimmen, daß die Gemeinden ein bestimmtes Gesetz als Selbstverwaltungsangelegenheit auszuführen haben, wenn es sich materiell um eine Angelegenheit der örtlichen Gemeinschaft handelt[29], hat sich als irreführend erwiesen. Kann man doch geradezu davon ausgehen, daß eine örtliche zur überörtlichen, ja Bundesangelegenheit wird, wenn sich der Bundesgesetzgeber für befugt hält, sich mit ihr zu befassen. Handelte es sich bloß um eine örtliche Angelegenheit, so wäre der Bund nicht berechtigt, eine für alle Gemeinden übereinstimmende Regelung zu treffen[30, 31].

---

[28] Bd. 22 S. 180 ff.

[29] So z. B. die Bundesregierung in BT-Drucks. III/336 S. 135 Anl. 3; *Hohrmann* a.a.O. S. 127 ff.; vgl. auch *v. Hausen*, DÖV 1960, 1 ff. (5).

[30] Die Begründung von *Keßler*, DVBl. 1953, 1 ff. (4), daß diese Befugnis des Bundesgesetzgebers das „notwendige Korrelat" dafür darstelle, daß das Grundgesetz die Ausführung der Bundesgesetze grundsätzlich den Ländern als eigene Angelegenheit überläßt, verkennt die von der Verfassung gewollte Gleichgewichtigkeit zwischen der Gesetzgebungszuständigkeit des Bundes auf der einen und der Verwaltungszuständigkeit der Länder auf der anderen Seite.

[31] Eine Ausnahme dürfte aber die Übertragung der Aufstellung der Bauleitpläne auf die Gemeinden „in eigener Verantwortung nach § 2 I BBauG"

Durch die Bestimmung einer Aufgabe als Selbstverwaltungsangelegenheit der Gemeinde würde der Sinn und Zweck der dem Bund in Art. 84 I, 85 I eingeräumten Sonderkompetenz ins Gegenteil verkehrt. Zu Recht hat das Bundesverfassungsgericht[32] betont, daß die ratio dieser Bestimmung in der erforderlichen Effektivität und Einheitlichkeit des Vollzugs jener Bundesgesetze zu suchen sei[33]. Die Konformität des Vollzugs wäre aber durch Übertragung der Aufgabe als Selbstverwaltungsangelegenheit gerade wieder in Frage gestellt; denn im Bereich ihres „eigenen Wirkungskreises" ist die Gemeinde sowohl vor Verwaltungsvorschriften als auch vor allen anderen Weisungen der Landesregierung mit Ausnahme solcher rechtsaufsichtlicher Art abgeschirmt.

Würde man die Übertragung von Aufgaben als Selbstverwaltungsaufgaben direkt durch den Bundesgesetzgeber zulassen, so hätte die Gemeinde in diesem Bereich auch die nach Maßgabe des Art. 84 II GG erlassenen allgemeinen Verwaltungsvorschriften der Bundesregierung und in dem Sonderfall des Abs. 5[34] sogar deren Einzelweisungen zu beachten. Diese direkte Einflußnahme des Bundes würde über diejenige, die den Ländern gegenüber den Gemeinden eingeräumt ist, hinausgehen. Dies ist vom bundesstaatlichen Aufbau her aber nicht zulässig[35].

Eine derartige Ausdehnung der Sondervollmachten des Bundes nach Art. 84 I, 85 I würde zu einer nicht zu unterschätzenden Abhängigkeit der Gemeinden von der Bundesregierung führen und ihre Selbstverwaltung mehr als für den Normzweck der effektiven und einheitlichen Gesetzesausführung erforderlich ist, „relativieren"[36]. Dies ist — ganz abgesehen von der damit verbundenen Einwirkung auf das Verhältnis von Land und Gemeinde[37] — schon nach dem zweistufigen Aufbau der Bundesrepublik unzulässig[38].

---

darstellen. *Becker*, BayVBl. 1961, 65 ff. (70) bezeichnet diese Regelung im BBauG allerdings für verfassungsrechtlich bedenklich.

32 a.a.O. S. 209; s. auch *Lerche*, Selbstverwaltungsangelegenheiten kraft Bundesrechts, BayVBl. 1965, 145 ff. (146); *Becker*, BayVBl. 1961, 66 ff.; deren Begründung, einer derartigen direkten Rechtsbeziehung zwischen Bund u. Gemeinden stünde die Sperrwirkung der Landesverfassungsordnungen entgegen, dürfte jedoch nicht sehr stichhaltig sein. Wird doch dieser Grundsatz gerade durch die dem Bund in den Art. 84 I, 85 I eingeräumte Sonderkompetenz vom Grundgesetz selbst durchbrochen.

33 Bereits *Köttgen*, Gemeinde S. 77 sieht den Zweck dieser dem Bund eingeräumten Sonderkompetenzen in dem „optimalen Vollzug materiellen Bundesrechts", zieht m. E. daraus aber nicht die erforderlichen Konsequenzen.

34 Bei „dringlichen" Fällen.

35 So aber *Köttgen*, Gemeinde S. 75, JÖR nF Bd. 3 S. 86.

36 Das sieht auch *Köttgen*, Gemeinde S. 75, hält dies offenbar jedoch für verfassungsrechtlich unbedenklich.

37 Der Landesgesetzgeber würde dadurch „erheblich präjudiziert", vgl. *Köttgen*, Gemeinde S. 76.

38 Ein solcher Eingriff kann auch nicht mit dem Zweck der bundesrechtlichen Sondervollmachten, nämlich der Gewährleistung eines „optimalen

Der Bund könnte sein Weisungsrecht auch nur über das Land durchsetzen[39, 40].

Gegenüber dem Land würden die Gemeinden lediglich der Rechtsaufsichtskontrolle unterliegen und wären im übrigen — also soweit die Bundesregierung keinen Einfluß nähme — völlig selbstverantwortlich tätig. Zudem hätten die Länder dem Bund gegenüber zwar die Gesamtverantwortung für ihre Gemeinden zu tragen (Art. 84 IV GG), wären ihnen gegenüber aber von der Ausübung der wirksameren Fachaufsicht ausgeschlossen[41]. Gegen die Zulässigkeit einer Übertragung von Aufgaben als Selbstverwaltungsangelegenheit sprechen auch noch andere Gründe. Dabei ist derjenige, daß der Bund durch eine solche Übertragung in das bestehende Kommunalverfassungsrecht eingreife[42], der noch am wenigsten gewichtige. Unter den Voraussetzungen der Art. 83 ff. sind Eingriffe in Ausnahmefällen — wie wir gesehen haben[43] — gerade zulässig. Bedeutsamer ist, daß der Bund für die Beauftragung der Gemeinden nicht eine Form wählen kann, die ihm im Verhältnis zu den Ländern nicht zur Verfügung steht. Würde er sich an die Länder wenden, so stünde ihm nur der Weg der Verwaltung als Länderangelegenheit, als Bundesauftragsangelegenheit oder als Bundesangelegenheit, *nicht* aber als Gemeindeangelegenheit zur Verfügung. Eine gemeindeeigene Verwaltung, wie sie die Übertragung zur Selbstverwaltungsangelegenheit darstellen würde, ist in Art. 83 ff. nicht vorgesehen[44]. Die Unzulässigkeit der Übertragung eines Vollzugsauftrags an die Gemein-

---

Vollzugs" materiellen Bundesrechts begründet werden, da dieser eine unmittelbare Intervention in den Gemeindebereich nicht fordert, wenn derselbe Zweck auch über die Länder erreicht werden kann; so aber *Köttgen*, Gemeinde S. 76; im Ergebnis wie hier *Gönnenwein*, Gedächtnisschrift für W. Jellinek, 1955 S. 525 — zit. n. Köttgen —.

39 s. Art. 84 IV GG: bei festgestellten Mängeln kann der Bundesrat auf Antrag der Bundesregierung beschließen, ob „das Land" das Recht verletzt hat!

40 Vgl. auch *Maunz-Dürig*, RNr. 51 zu Art. 84 GG; *Bullinger*, AÖR 83, 284 ff.; *Schäfer*, AÖR 78, 14.

41 Vgl. BVerfGE 22, 180 ff. (210).

42 Vgl. *Lerche*, BayVBl. 1965, 145: „... in das Tabu des Selbstorganisationsrechts der Länder einbrechen würde ..." s. auch *Lerche*, Aktuelle Verfassungsfragen S. 62 ff.

43 s. oben Abschnitt 2.

44 Im Ergebnis ebenso *Klein*, Gemeinschaftsaufgaben S. 133 Anm. 12/13: der landeseigenen Verwaltung i. S. des Art. 84 I GG sei durch die bundesgesetzliche Übertragung von Selbstverwaltungsangelegenheiten auf die Gemeinden jeder Ermessensspielraum für eine eigene Entscheidung genommen;
a. M. Hohrmann, Diss. 127/128, der meint, es handle sich auch dann noch um landeseigene Verwaltung, wenn die Gemeinden Bundesgesetze, die örtl. Angelegenheiten betreffen, als Selbstverwaltungsangelegenheit ausführten. Im Ergebnis lehnt jedoch auch er die Zulässigkeit der Übertragung einer Aufgabe als Selbstverwaltungsangelegenheit durch den Bund ab.

den als Selbstverwaltungsangelegenheit ergibt sich insofern direkt aus Art. 83 ff. GG[45]. Da die für zuständig erklärten Kommunen nachgeordnete Behörden der Länder bleiben und nicht zu Behörden des Bundes werden[46], die Länder also allein die Verantwortung für den ordnungsgemäßen Vollzug tragen, dürfen sie von der Fachaufsicht gegenüber den Gemeinden vom Bund nicht ausgeschlossen werden. In der Regel schalten daher die Länder die Kommunen auch in den (mittelbaren) Vollzug von Bundesgesetzen nur mit Weisungsbefugnis ein; sie könnten andernfalls ihren Verpflichtungen gegenüber der Rechtsaufsicht der Bundesregierung nach Art. 84 III GG nicht nachkommen. Die Weisungsbefugnis der Länder gegenüber den Gemeinden muß deshalb ebenso umfassend sein wie das dem Bund gegenüber den Ländern nach Art. 85 GG zustehende Aufsichtsrecht[47].

§§ 12 I JWG, 96 I 2 BSHG stehen aus diesen Gründen mit der Verfassung nicht in Einklang[48]. In der schon mehrfach zitierten Entscheidung des Bundesverfassungsgerichts[49], wurden diese Bestimmungen daher zu Recht für nichtig erklärt. Ähnliches hätte auch für Normen zu gelten, die vom Bundesgesetzgeber in Überschreitung seiner Kompetenzen erlassen wurden, sofern diese nicht — wie beispielsweise im kommunalverfasungsrechtlichen Bereich — im Einzelfall durch die Ausnahmeregelungen der Art. 84 I, 85 I und der entsprechenden sonstigen grundgesetzlichen Vorschriften[50] gerechtfertigt ist. Daran würde sich nichts ändern, wenn verschiedene Landesgesetzgeber im Bereich solcher Bundesgesetze nur von deklaratorischer Wirkung ihrer Ausführungsbestimmungen hierzu sprechen. Denn nichtiges Bundesrecht kann auch durch stillschweigende Zustimmung der Länder keine Gültigkeit erlangen[51].

Daß die im BBauG §§ 2 und 46 fixierten Aufgabenübertragungen an die Gemeinden als Selbstverwaltungsangelegenheit bisher zu keinerlei praktischen Streitfällen Anlaß gegeben haben, mag daran liegen, daß

---

45 Ebenso *Lerche*, BayVBl. 1965, 145 ff. (146), der aber auch die Übertragung einer Aufgabe als Auftragsangelegenheit für unzulässig hält; ebenso *Hohrmann* a.a.O. S. 129.

46 Das gilt auch im Rahmen der Bundesauftragsverwaltung nach Art. 85 I GG trotz der Gesetz- und Zweckmäßigkeitskontrolle umfassender Bundesaufsicht, vgl. hierzu *Becker*, BayVBl. 1961, 67; *Gerner*, BayVBl. 1955, 193; *Gönnenwein*, Gemeinderecht S. 107; *Köttgen*, Selbstverwaltung (1951) S. 347 u. JÖR 3, 241; *Kratzer*, AÖR 77, 269; *Maunz-Dürig*, RNr. 6 zu Art. 85 GG; *Huber*, Diss. S. 82;
a. M. Klein, Gemeinschaftsaufgaben S. 141: die Länder werden zu Substituten einer bundeseigenen Behördenorganisation.

47 *Becker* a.a.O. S. 68; *Köttgen*, Gemeinde S. 79; so auch BVerfGE 22, 180 ff.

48 Ebenso *Huber*, Diss. S. 89, 91.

49 E 22, 180 ff. (210).

50 s. oben Abschnitt2, 2. Unterabschnitt.

51 *Huber* a.a.O. S. 89.

es sich hierbei um Aufgaben handelt, die ohnehin in allen Ländern traditionelle Selbstverwaltungsangelegenheiten der Gemeinden sind, der bundesgesetzlichen Regelung bei verfassungskonformer Auslegung also lediglich deklaratorische Bedeutung zukommen kann. In diesen Bereichen sind die Länder von jeher auf reine Rechtmäßigkeitskontrollen gegenüber den Gemeinden beschränkt. In den Bestimmungen der §§ 80 und 123 BBauG dagegen haben die Länder die Möglichkeit behalten, notwendig werdende Dispositionen über den Charakter dieser kommunalen Pflichtaufgaben zu treffen[52].

b) Unterfälle der Übertragung von Selbstverwaltungsangelegenheiten sind der Vorbehalt eines gemeindlichen Einvernehmens und die Einräumung kommunaler Anhörungsrechte gegenüber den Ländern, wie wir sie z. B. in den §§ 14 II, 19 IV 1; 31 I, II; 36 und 147 BBauG (Einvernehmen), § 37 II BBauG oder § 1 III des Gesetzes über die Beschränkung von Grundeigentum für die militärische Verteidigung[53] finden. Mit der Forderung nach Herstellung eines *Einvernehmens* zwischen Land und Gemeinde bringt der Bundesgesetzgeber zum Ausdruck, daß die von der Gemeinde geltend zu machenden Belange Selbstverwaltungsaufgaben sind.

Einige schließen daraus, daß der Bundesgesetzgeber zu einer derartigen Regelung aus den oben dargelegten Gründen nicht befugt sei[54]. Dem kann jedoch nicht zugestimmt werden. Denn zunächst handelt es sich bei dieser Bestimmung des Bundesgesetzgebers eindeutig um eine Verfahrensregelung i. S. von Art. 83 ff. GG, in deren Bereich dem Bund gewisse Ingerenzrechte eingeräumt sind. Die Art der Aufgabe als Selbstverwaltungsangelegenheit ist hier ferner traditioneller Natur und nicht konstitutiv vom Bund fixiert. Der Bund hat in diesem Fall nur die Folgerung aus einer schon bestehenden Rechtslage gezogen und diese entsprechend berücksichtigt. Schließlich bedeutet der Vorbehalt der Herstellung eines Einvernehmens mit der Gemeinde, also das Erfordernis ihrer Zustimmung, keine Einschränkung der in diesem Bereich bestehenden Rechtsaufsicht der Länder. Im übrigen wäre die Kompetenz des Bundes auch gewahrt, wenn er die Gemeinden allein zur Entscheidung über das Baugenehmigungsverfahren bestimmt und beauftragt hätte. Das „Minus" des Einvernehmens ist daher um so weniger bedenklich.

Rechtlich anders zu beurteilen wie das gemeindliche Einvernehmen ist ein den Gemeinden eingeräumtes bloßes *Anhörungsrecht*. Es hat nur

---

52 *Huber*, Diss. S. 91.

53 v. 7. 12. 56 (BGBl. I S. 899).

54 So *Huber* a.a.O. S. 96, der das von ihm gefundene Ergebnis aber selbst als unbillig qualifiziert und bedauert.

informatorische Bedeutung, ist also völlig unverbindlicher Natur. Die Länder werden, da den Gemeinden durch die Anhörung keinerlei eigene Entscheidungsbefugnis zufällt, in keiner Weise gebunden. Es handelt sich hier weder um einen Eingriff in das Kommunalverfassungsrecht der Länder, so daß die Sondervollmachten des Bundes nach Art. 83 ff. GG nicht bemüht zu werden brauchen, noch um eine evtl. Beeinträchtigung kommunalen Selbstverwaltungsrechts, sondern lediglich um die Zubilligung eines unverbindlichen Zugeständnisses an die Kommunen[55].

c) Die unmittelbare Übertragung des Gesetzesvollzugs auf die Gemeinden als *Auftragsangelegenheit* (Weisungsaufgabe) wird man dem Bund im Gegensatz zur Bestimmung einer Aufgabe als Selbstverwaltungsangelegenheit prinzipiell uneingeschränkt zubilligen müssen, sofern die Voraussetzungen eines dem Bundesgesetzgeber eingeräumten Ingerenzrechtes[56] vorliegen[57]. Die Aufsicht der Länder über die Kommunen wird durch eine derartige unmittelbare Delegation nicht beschnitten, da das Land sowohl Rechts- als auch Fachaufsicht ausüben kann, die Landesverantwortung für die Kommunen dem Bund gegenüber daher auch nicht unzumutbar ausgedehnt. Fälle, in denen eine derart spezifizierte Aufgabenübertragung zur effektiven Gesetzesvollziehung notwendig wird, treten in der Praxis jedoch kaum auf, da die Kommunen auch bei undifferenzierter Bundesdelegation der uneingeschränkten Weisungsgewalt des jeweiligen Landes unterliegen.

Bei der unmittelbaren Delegation weisungsgebundener Aufgaben begegnen wir aber noch einigen Differenzierungsproblemen. In erster Linie ist an die Fälle zu denken, in denen es sich lediglich um eine Beauftragung bestehender Gemeindeorgane, so wie sie nach den jeweiligen Gemeindeordnungen festgelegt sind, handelt, der Bundesgesetzgeber in die bestehende Zuständigkeitsordnung also nicht eingreift. In diesen Fällen bestehen, vorausgesetzt, daß dem Bund ein Ingerenzrecht zur direkten Kontaktaufnahme mit den Gemeinden zur Verfügung steht und eine Verletzung der gemeindlichen Selbstverwaltungsgarantie ausgeschlossen ist, keine verfassungsrechtlichen Bedenken[58].

Problematischer werden solche Einflußnahmen aber, wenn der Bund die bestehende kommunale Zuständigkeitsordnung ignoriert und beispielsweise statt eines für den Vollzug zuständigen Kollegialorgans ein monokratisches Gemeindeorgan mit der Gesetzesausführung beauftragt,

---

55 Im Ergebnis ebenso *Huber*, Diss. S. 98.

56 s. oben Abschnitt 2, 1. und 2. Unterabschnitt.

57 a. M. *Lerche*, BayVBl. 1965, 145 f. (146); *Hohrmann* a.a.O. S. 129; *Becker*, BayVBl. 1961, 65 ff. (69)

58 Hierunter fällt etwa § 2 IV des Kriegsgräbergesetzes v. 27. 5. 52 (BGBl. I S. 320) sowie § 15 WehrpflG v. 25. 5. 62 (BGBl. I S. 349).

wie dies z. B. in § 3 III 2 ehem. FlNotLG[59] oder in § 4 I LSchG geschehen ist. Hier handelt es sich um einen Eingriff des Bundesgesetzgebers in die innere (verfassungsmäßige) Ordnung der Gemeinden. Von jenen Autoren, die ein Eingriffsrecht des Bundesgesetzgebers in kommunales Verfassungsrecht ausnahmslos ablehnen[60], wird die Zulässigkeit solcher Bestimmungen daher bestritten. Es handle sich um eine unzulässige Abänderung von Kommunalverfassungsrecht auf Teilbereichen. Die betroffenen Länder würden durch derartige vom Bund vorgenommene Zuständigkeitsregelungen gehindert, die Zuständigkeit ihrer Kommunalorgane in Zukunft zu ändern[61] und damit festgelegt. Diese Ansicht bedarf ebenso einer Korrektur wie jene von Klein[62], der darin deswegen keinen Eingriff in kommunales Verfassungsrecht sehen will, weil die einzelnen monokratischen Organe nicht als Glieder der Selbstverwaltungskörperschaft, sondern als Organe unterer Staatsbehörden anzusehen seien.

Erfordert der Zweck eines Bundesgesetzes nämlich wegen der in den Ländern bestehenden unterschiedlichen Gemeindeverfassungen die „Vorformung" des gemeindlichen Zuständigkeitsbereichs, so ist es gerade Ziel des dem Bund eingeräumten Ingerenzrechts, die vorgeschriebene Zuständigkeitsordnung für die Dauer der Gültigkeit dieses Gesetzes zu fixieren, um eine einheitliche Gesetzesanwendung sicherzustellen. So hat beispielsweise der Bayer. Gesetzgeber in den eklatanten Fällen der inneren und äußeren Sicherheit in Vorwegnahme einer Vereinbarung zwischen Bund und Ländern zur Beseitigung des langjährigen Streits über die Verfassungsmäßigkeit solcher Eingriffe den Art. 37 BayGO schon durch Gesetz v. 26. 10. 62[63] in der Weise neu gefaßt, daß in den genannten Fällen der Vollzug von Gesetzen des Bundes auf der Gemeindeebene durch monokratische Organe zu erfolgen habe.

Ebensowenig überzeugt die von Klein genannte Begründung. Die Zulässigkeit derartiger bundesgesetzlicher Vollzugslenkung ergibt sich vielmehr aus dem Zweck dieser Maßnahme. Solange sich die Länder nicht zu einer Abstimmung und Koordination dieses Bereichs der Kom-

---

59 Außer Kraft seit 31. 12. 1967; vgl. jetzt § 22 des Gesetzes über Hilfsmaßnahmen für Deutsche aus der sowjetischen Besatzungszone Deutschl. u. dem sowj. besetzten Sektor von Berlin v. 15. 6. 65 (BGBl. I S. 612 mit Änd. S. 1043, u. 1968 S. 806), das die Bestimmung der zuständigen Behörden für die Durchführung des Gesetzes den Landesregierungen überläßt.

60 *Becker*, BayVBl. 1961, 66; *Böhm*, DVBl. 1953, 324; *Haas*, AöR 80, 95; *Junker*, Gemeinschaftsaufgaben S. 90 ff.; *Rohwer-Kahlmann*, AöR 79, 221 ff. u. a.

61 So *Huber*, Diss. S. 103.

62 Gemeinschaftsaufgaben S. 152; im Ergebnis (Eingriff ausdrückl. zulässig) ebenso *v. Hausen-v. d. Heide*, DÖV 1958, 756; *Keßler*, DVBl. 1953, 4; *Köttgen*, Selbstverwaltung S. 51, 346; *Sellschopp*, DÖV 1953, 308; *Schäfer*, DÖV 1960, 647.

63 BayGVOBl. S. 269.

munalverfassung durchringen können, ist ein Eingriffsrecht des Bundes für Gesetze, deren Zweck mit der einheitlichen Ausführung steht und fällt, unumgänglich und damit nach Art. 83 ff. GG gerechtfertigt[64].

Wegen der Seltenheit solcher Bundesgesetze dürfte hierbei der Gefahr, daß dadurch der Schaffung eines doppelten kommunalen Verfassungsrechts, nämlich ein solches des Bundes neben dem der Länder, Vorschub geleistet wird und die ohnehin bestehende Zersplitterung zunimmt[65], nur geringe Bedeutung beizumessen sein.

Während es im allgemeinen notwendig ist, die Beeinträchtigung von Länderkompetenzen klar von Eingriffen in das kommunale Selbstverwaltungsrecht abzugrenzen, ist im Falle der direkten Übertragung von Auftragsangelegenheiten eine gleichzeitige Beeinträchtigung dieser beiden Bereiche dann nicht ausgeschlossen, wenn der Bundesgesetzgeber traditionelle Selbstverwaltungsangelegenheiten der Gemeinden aus Gründen straffer und einheitlicher Gesetzesvollziehung in Auftragsangelegenheiten umwandelt. Dies ist aber nur beim Vorliegen folgender zwei Voraussetzungen unbedenklich: erstens der Bund greift nicht in den den Gemeinden ausschließlich vorbehaltenen durch Art. 28 II absolut geschützten Eigenbereich ein, und zweitens, es sind die in Art. 83 ff., insbesondere Art. 84 I, 85 I, aufgestellten Anforderungen erfüllt.

Unproblematisch und daher ohne Bedenken zulässig ist die in das 1. Gesetz zum Schutze der Zivilbevölkerung aufgenommene Vorschrift, daß der in der Gemeinde für die Ausführung des Gesetzes zuständige Beamte auch örtlicher Luftschutzleiter ist[66], da hier der Bundesgesetzgeber der Gemeindeverfassung die Bestimmung des zuständigen Beamten überläßt und diesem lediglich eine zusätzliche von der Kommunalordnung (noch) nicht vorgesehene Funktion auferlegt.

d) Unmittelbare personelle Bestimmungen des Bundes, z. B. die Übertragung einer Aufgabe nur auf Gemeindebeamte mit bestimmter Qualifikation sind als negative Zuständigkeitsregelungen zulässig, wenn sich hierzu eine sachliche Notwendigkeit ergibt und derselbe Zweck durch Anweisung an die Länder mittelbar nicht erreicht werden kann. Regelmäßig besteht ein solcher Grund jedoch nicht.

e) Nach Art. 84 I, 85 I GG kann der Bundesgesetzgeber unter den dort genannten Voraussetzungen im Zusammenhang mit der Ausführung seiner Gesetze die Gemeinden auch unmittelbar zur Errichtung von

---

64 Zum Sinn und Zweck der Beauftragung monokratischer Organe im Gemeindebereich vgl. im übrigen *Huber* a.a.O. S. 107 ff. (ausführlich!) und *Dagtoglou*, Kollegialorgane S. 24.

65 *Zuhorn-Hoppe*, Gemeindeverfassung 2. Aufl. 1962, 26.

66 § 4 I.

Behörden anhalten. Es kann sich hierbei um die Schaffung *zusätzlicher* Organe oder Ausschüsse oder auch die Errichtung zusätzlicher Ämter handeln. Diese Möglichkeiten des Bundes stellen sich insoweit als eine unzulässige Änderung des Kommunalverfassungsrechts dar, als die von den Ländern vorgegebene innere Gemeindeorganisation verschoben wird. Bei der Neuerrichtung noch nicht vorhandener, zur gleichmäßigen Gesetzesausführung aber unbedingt erforderlicher Ämter und Organe ist dies aber nicht der Fall. Es handelt sich hier nur um eine notwendige Ergänzung, nicht aber Abänderung und damit Beeinträchtigung kommunalen Verfassungsrechts zur sachgerechten Ausführung von Bundesrecht auf Gemeindeebene. So konnte die Errichtung eines Jugendamtes nach § 13 II, III und § 12 II JWG und eines Lastenausgleichsamtes gem. §§ 308, 309 LAG keinem verfassungsrechtlichen Bedenken begegnen[67, 68].

Einschränkungen müssen aber für die Institutionalisierung sog. Ausschüsse im Gemeindebereich gemacht werden. Sie sind unter den obigen Gesichtspunkten generell zwar zulässig, da auch das Recht der Gemeinde auf Selbstorganisation nicht schrankenlos sein[69] und mit der Errichtung solcher Ausschüsse eine Beeinträchtigung des gemeindlichen Organisationsrechts in seinem Wesensgehalt in der Regel nicht behauptet werden kann. Auch die Organisationsgewalt der Länder muß Ergänzungen der Gemeindeorganisation zum Zwecke optimal effizienter Gesetzesausführung hinnehmen. Da die Länder den Ausgleichs- und Beschwerdeausschüssen zudem jederzeit Weisungen erteilen können, erleiden sie keine Einbuße an Einfluß im Gesetzesvollzug.

Anders ist die Angelegenheit aber dann zu beurteilen, wenn der Bund das kommunale Verfassungsrecht in einer Form direkt ergänzt, die das zu errichtende Organ außerhalb der vollen Aufsicht des jeweiligen Landes stellt und dieses auf ein rechtsaufsichtliches Einschreiten beschränkt, obwohl die uneingeschränkte verwaltungsmäßige Verantwortung des Landes für das neue Gemeindeorgan bestehen bleibt. Gegen solche sog. weisungsfreien Ausschüsse, wie ihn beispielsweise der JW-Ausschuß[70] darstellt, müssen von dieser Seite her Bedenken angemeldet werden. Solche Ausschüsse sind innerhalb der Schranken, die ihnen die jeweils übergeordneten kommunalen Vertretungskörperschaften setzen[71], völlig unabhängig und staatlichen Weisungen nicht unter-

---

67 Vgl. BVerfGE 22, 180 ff. (209).

68 Evtl. verfassungsrechtl. Bedenken ist der Bundesgesetzgeber neuerdings dadurch begegnet, daß er die Einrichtung besonderer Ämter im Gemeindebereich ausschließlich den Ländern übertragen hat (s. z. B. § 27 Abs. 2 des AusbildfördG v. 19. 9. 69 — BGBl. I S. 1719: „Die Länder errichten Ämter für Ausbildungsförderung ...").

69 *Huber* a.a.O. S. 105.

70 §§ 13, 15 JWG.

71 § 15, 2 JWG.

worfen. Das für den Vollzug verantwortliche Land kann nur rechtsaufsichtlich einschreiten[72].

Mit einem straffen Vollzug von Bundesgesetzen haben diese Einrichtungen nichts zu tun, da der kommunalen Gebietskörperschaft damit gleichzeitig ein Höchstmaß an demokratischer Entscheidungsfreiheit eingeräumt wird. Zudem kann ein notwendiger gleichmäßiger und einheitlicher Verfahrensablauf auch durch Anweisung an die Länder sichergestellt werden, ohne daß es einer direkten Beauftragung der Gemeinden durch den Bundesgesetzgeber bedarf. Da die *Länder* nach dem bundesstaatlichen Aufbau des Grundgesetzes für die optimale Ausführung des JWG uneingeschränkt dem Bund gegenüber verantwortlich sind, ist es widersinnig, ihr Aufsichtsrecht solchen Ausschüssen gegenüber zu beschränken. Ein solches Zugeständnis an die Gemeinden könnte nur so lange von den Ländern ausgehen, als nicht gleichzeitig eine Einschränkung ihrer Verantwortung gegenüber dem Bund in diesem Bereich erfolgt. Wegen des zweistufigen Aufbaus des Grundgesetzes könnte eine solche Regelung aber nur in besonderen Ausnahmefällen gerechtfertigt sein. Die direkte Befugnisübertragung auf den JWAusschuß ist durch Art. 84 I GG daher *nicht* gedeckt[73].

Die Problematik gleicht insofern derjenigen der unmittelbaren Übertragung von Selbstverwaltungsaufgaben auf die Gemeinden, als für den Bundesgesetzgeber auch dort dann keine Notwendigkeit eines einheitlichen Gesetzesvollzugs besteht, wo er den Kommunen die Art und Weise einer angeblich erforderlichen einheitlichen Gesetzesausführung zur eigenverantwortlichen Durchführung überläßt. Denn hierzu bedarf es zumindest keiner unmittelbaren Delegation auf die kommunalen Gebietskörperschaften, da der beabsichtigte Zweck durch eine Anweisung an die Länder in gleicher Weise erreicht werden kann. Das durchgehende Weisungsrecht Bundesregierung—Landeszentrale—Gemeinde als notwendiges Pendant uneingeschränkter Vollzugsverantwortung der Länder wäre zudem ausgeschlossen und die Verbindlichkeit der von der Bundesregierung gem. Art. 84 II GG zu erlassenden Verwaltungsvorschriften nicht mehr für den gesamten landeseigenen Vollzug von Bundesgesetzen gewährleistet[74]. Formell wäre diese Aufgabendelegation eine Verlagerung in den Selbstverwaltungsbereich der Gemeinde (gemeindeeigene Angelegenheit), zu der der Bund aufgrund der Zuständigkeitsermächtigung nach Art. 83 ff. GG, die Vollzugsaufgaben nur der Landesverwaltung zuordnen, nicht befugt ist[75].

---

[72] Vgl. § 15 i. V. mit § 12 JWG.

[73] Im Ergebnis ebenso *Becker*, BayVBl. 1961, 70; *Gönnenwein* S. 171; *Junker*, Gemeinschaftsaufgaben S. 91 ff.; *Lerche* a.a.O. S. 79, 80; *Rohwer-Kahlmann*, JÖR 79, 221; *Huber* a.a.O. S. 105.

[74] *Zuhorn-Hoppe*, Gemeindeverfassung S. 27.

[75] *Zuhorn-Hoppe* a.a.O. S. 29.

Aus dieser Sicht muß die Verfassungsmäßigkeit des § 15 S. 2 JWG über die Befugnisse weisungsfreier Auschüsse daher in Zweifel gezogen werden. Diese Bestimmung könnte allenfalls im Wege einer verfassungskonformen Auslegung, die den Ländern neben der Rechtsaufsicht auch eine fachliche Kontrollmöglichkeit gibt oder bei entsprechender Einschränkung der Länderverantwortlichkeit für diesen Bereich, Gültigkeit beanspruchen.

2. Ermächtigung zum Satzungserlaß

Auch die Einräumung einer Ermächtigung zum Erlaß von *Satzungen* in Bundesgesetzen an die Gemeinden ist nicht unproblematisch. Solche Satzungsermächtigungen stellen eine Verletzung von Organisationsrecht der Länder dar. Denn die Ermächtigung zum Satzungserlaß bedeutet die Übertragung von Rechtsetzungsgewalt durch einen organisationsrechtlichen Akt[76]. Es fragt sich, ob die Art. 83 ff. GG die unmittelbare Übertragung des Gesetzesvollzugs durch Ermächtigung zum Satzungserlaß zulassen. Bejahendenfalls dürfte die Satzungsermächtigung zumindest nicht in Gegensatz zu einem einheitlichen Gesetzesvollzug stehen. Einheitlicher Gesetzesvollzug liegt aber nicht schon dann vor, wenn alle oder bestimmte Gemeinden beauftragt sind, sondern erst, wenn der Staat auch das kommunale Ermessen beeinflussen kann[77]. Denn nur dann, wenn die Länder ein Weisungsrecht haben, das über die bloße Rechtsaufsicht hinausgeht, ist die Gewähr für eine notwendige Vereinheitlichung des Vollzugs gegeben. Bei der Ermächtigung zum Erlaß von Gemeindesatzungen durch den Bund besteht ein derartiges uneingeschränktes Weisungsrecht nicht. Die Voraussetzungen der Art. 83 ff. sind daher nicht erfüllt. Denn die von dieser Bestimmung angestrebte Einheitlichkeit der Gesetzesausführung würde durch die Einräumung eines Spielraumes im Einzelfall — wie ihn das Satzungsrecht gewährt — wieder aufgehoben.

Die Bestimmungen der §§ 10, 132 BBauG, die den Erlaß des Bebauungsplanes durch die Gemeinden *in Form* einer Satzung vorschreiben, gewähren dagegen keinen neuen Ermessensspielraum für die Gemeinde, sondern fixieren lediglich eine einheitliche Gestalt für ein bereits bestehendes Selbstverwaltungsrecht. Sie sind daher verfassungsgemäß[78]. Entsprechendes gilt für die in neueren Gesetzen vorgeschriebene Form der Beschlußfassung durch die Gemeinde[79].

---

[76] *Badura*, DÖV 1963, 562.

[77] *Huber*, Diss. S. 67.

[78] Zu § 132 BBauG s. OVG Münster, DVBl. 1967, 947: Die Pflicht zum Satzungserlaß verletzt nicht die gemeindliche Institutsgarantie.

3. Direktes Aufsichtsrecht des Bundes

Nach dem zweistufigen Aufbau des Grundgesetzes ist dem Bundesgesetzgeber kein direktes Aufsichts- und Weisungsrecht gegenüber den Gemeinden eingeräumt. Auch im Falle der Art. 83 ff. kann die Bundesregierung außer in den von ihr als dringlich erachteten Einzelfällen Weisungen nur an die obersten Landesbehörden richten. Abweichend von dieser Regelung kann aber im Bereich des Finanzwesens auch das von den Gemeinden anzuwendende Verfahren mit Zustimmung des Bundesrats durch Bundesgesetz einheitlich geregelt werden (Art. 108 Abs. 5 GG). Die Bundesregierung ist auf diesem Sondergebiet ferner verfassungsrechtlich ermächtigt, *allgemeine* Verwaltungsvorschriften mit Rechtswirkung für die Gemeinden zu erlassen (Art. 108 Abs. 7 GG).

Die Bestimmungen des FinVerwG, die den Bundesminister der Finanzen ermächtigen, mit Zustimmung der Landesregierung einzelne Arten von Geschäften aus dem Aufgabenkreis der Hauptzollämter direkt auf die Gemeinden zu übertragen (§ 16) und den Bundesbehörden ein Weisungs- und Aufsichtsrecht gegenüber den Kommunen einräumen (§ 17), sind im Lichte der dem Bund vom Grundgesetz hinsichtlich der Finanzverfassung eingeräumten Sonderstellung zu sehen. Als Musterfall gleichmäßiger Gesetzesanwendung im Besteuerungsverfahren ist diese Ausnahme aus der Natur des Steuerrechts gerechtfertigt und verfassungsrechtlich nicht zu beanstanden. Sie muß jedoch auf diesen engen Bereich beschränkt bleiben.

4. Direkte Kostenregelungen

Für direkte Kostenregelungen des Bundes gegenüber den Gemeinden sind die engen Ausnahmebestimmungen der Art. 84 I, 85 I nicht anwendbar, da sie nicht verfahrensrechtlicher Natur sind, sondern dem Abgabenrecht angehören. Im Rahmen des durch die Finanzreform neu geschaffenen Art. 104 a GG sind unmittelbare Regelungen in bezug auf die Gemeinden ebenfalls nicht zulässig[80].

Soweit der Grundsatz der Gleichbehandlung eine direkte Regelung erfordert und diesem nur durch zentrale bundesgesetzliche Regelung genügt werden kann, sind hierfür aber die für das Finanzwesen geltenden Regelungen insbes. Art. 108 GG heranzuziehen.

---

[79] s. z. B. § 5 des Entwurfs der Bundesregierung zum sog. Städtebauförderungsgesetz, Drucks. VI/510, der sich diesbezüglich an die Bestimmungen des BBauG anlehnt: „Der Beschluß der Gemeinde über die förmliche Festlegung des Sanierungsgebiets ergeht als Satzung ..."

[80] Zu Art. 104 a V GG s. neuerdings *Jeddeloh*, Die Frage der Haftung bei fehlerhafter Ausführung von Bundesgesetzen durch die Länder, 1970.

Zusammenfassende Leitsätze

1. Die Art. 83 ff., 104 a ff. GG sind zu Art. 28 II GG weder Ergänzung (Erweiterung) noch stellen sie eine Ausnahmeregelung zu dieser Grundgesetzbestimmung dar. Diese Bestimmungen regeln einen ganz anderen — neben Art. 28 II GG liegenden Bereich: sie räumen dem Bund im Bereich des Organisations- und Verfahrensrechts direkte Ingerenzrechte auf die Gemeindeverfassung ein, während Art. 28 II GG unabhängig von dieser Ermächtigung ein Minimum an gemeindlicher Selbstentfaltung im lokalen Bereich gewährleistet.

   Nur insofern als sie in den genannten Fällen direkte Kontakte zwischen Bund und Gemeinden ermöglichen, haben die Art. 83 ff., 104 a ff. GG auch für die Kommunen Bedeutung.

2. Entgegen einer bisher oft in der Literatur zu beobachtenden Vermengung beider Problemkreise, die eine Klärung erschwerte, ist eine differenzierende Betrachtungsweise erforderlich. Diese hat zwischen den Ingerenzen des Bundes in den landesrechtlichen Zuständigkeitsbereich, insbesondere der Zuständigkeit für das Kommunalverfassungsrecht und den direkten bundesgesetzlichen Einflußnahmen in das Selbstverwaltungsrecht der Gemeinden, ihre Eigenverantwortlichkeit, Eigenbetätigung, Selbstentfaltung und gemeindliche Selbstorganisation zu unterscheiden.

3. Innerhalb des ersten Fragenkomplexes ist eine weitere Trennung in allgemeine verfahrensrechtliche Fragen (Art. 83 ff.) und den Besonderheiten für finanzverfassungsrechtliche Verfahrensregelungen (Art. 104 a ff.) vorzunehmen.

   Während nach den allgemeinen Verfahrensbestimmungen strengere Anforderungen der bundesgesetzlichen Ausnahmeregelungen, insbesondere hinsichtlich der Aufnahme direkter Kontakte des Bundes zu den Gemeinden zu stellen sind, wird der Finanzverfassung eine gewisse Sonderstellung für derartige Verfahrensregelungen nicht abzusprechen sein[1]. Damit wird aber nicht ausgeschlossen, daß sie integrierender Bestandteil der allgemeinen Verfassungsordnung bleibt[2]. Aus dem Zwang finanz- und wirtschaftspolitischer Notwen-

---

[1] Vgl. W. *Patzig*, DVBl. 1969, 429 ff.

[2] *Friauf*, VVDStRL 1969, 87 (41) —Ausspr.

digkeiten sowie der besonders im finanzrechtlichen Bereich erforderlichen Gleichbehandlung ist eine gewisse Sonderbehandlung jedoch gerechtfertigt.

4. Durch die unmittelbare Einschaltung von Gemeinden durch den Bundesgesetzgeber in den Gesetzesvollzug wird zwar das kommunale Selbstverwaltungsrecht weder mehr noch weniger strapaziert als bei mittelbarer Einschaltung durch die Länder, doch läßt die vom Grundgesetz konzipierte zweistufige Bundesstaatlichkeit direkte Delegationen nur in Ausnahmefällen zu.
   Da die Länder zudem verpflichtet sind, die Gemeinden in den bundesgesetzlichen Aufgabenvollzug einzuschalten, wenn ein effektiver und gleichmäßiger Gesetzesvollzug nur durch sie optimal gewährleistet ist (Ausfluß der Bundestreue) und der Normzweck des Bundesgesetzes diesen fordert, ist *in der Regel* kein Raum für direkte Beziehungen des Bundes zu den Gemeinden.

5. Eine Ausnahme kann nur wegen der Verschiedenartigkeit der noch bestehenden deutschen Gemeindeverfassungen gerechtfertigt sein, soweit diese sich nachteilig auf den Gesetzesvollzug auswirken kann. Da das von den Gemeinden anzuwendende Verfahrensrecht durch (akzessorische) bundesrechtliche Verfahrensregelungen nicht vereinfacht, sondern kompliziert und damit das schon bestehende unterschiedliche Kommunalverfassungsrecht noch mehr zersplittert würde, ist die Forderung nach Begrenzung der bundesgesetzlichen Ingerenzen im allgemeinen Verfahrensbereich auf das unaufschiebbar notwendige Maß berechtigt. Dies gilt um so mehr als es der Bund bisher an einheitlichen Regelungen hat fehlen lassen[3, 4].

6. Eine unmittelbare bundesgesetzliche Regelung gegenüber den Gemeinden ist nach dem Normzweck der Art. 83 ff. demnach nur zulässig, wenn Vereinheitlichung und Effektivität der Gesetzesvollziehung im Interesse der Allgemeinheit liegen, und zwar auf Bereichen, die für das Gemeinwohl besonders wichtig sind.
   Der Bundesgesetzgeber hat in solchen Fällen die am wenigsten beschränkende Eingriffsform zu wählen. Der Eingriff in das Kommunalverfassungsrecht und die Organisationsgewalt der Länder ist erst nach sorgfältiger Prüfung und Erschöpfung aller übrigen Möglichkeiten statthaft[5].
   Hinsichtlich der Ingerenzen des Bundes auf die Gemeinden läßt sich die Faustregel aufstellen, daß negative und ergänzende Einfluß-

---

[3] Vgl. z. B. die unterschiedlichen Regelungen in § 5 BLG u. § 2 S. 21 ZivBevSchG.
[4] Vgl. *v. Hausen-v. d. Heide*, DÖV 1958, 753 ff. (756).
[5] Vgl. OLG Münster E 7, 27 ff. (33).

nahmen, die dem Normzweck der Art. 83 ff. nicht zuwiderlaufen, in der Regel verfassungsrechtlich nicht zu beanstanden sind, während positive direkte Einflußnahmen erst dort in Frage kommen können, wo erstere zur Zweckerreichung nicht ausreichen und eine mittelbare Beauftragung der Gemeinden über die Länder, den Gesetzeszweck in Frage stellen würde (Verhältnismäßigkeitsgrundsatz). Äußerste Grenze bundesrechtlicher Ingerenzen im kommunalen Verfassungsrecht muß aber die Aufrechterhaltung eines ausgewogenen Gleichgewichts zwischen Bund und Ländern bleiben.

Ohne Einschränkung kann der Bund nach der gegenwärtigen Rechtslage dagegen jede „anregende und stellungnehmende" Initiative im kommunalen Bereich entfalten[6], d. h. zu Fragen des Gemeinderechts und deren Problematik gutachtlich Stellung nehmen[7].

7. Wie die Untersuchung gezeigt hat, sind die Bestimmungen der Art. 84 I, 85 I GG äußerst unklar und damit unzureichend formuliert. Zur Beseitigung des seit längerem andauernden Streits zwischen Bundesregierung, Bundestag und Bundesrat ist daher eine Ergänzung der bisherigen Fassung zu empfehlen. Sie könnte etwa lauten: ... „soweit nicht Bundesgesetze mit Zustimmung des Bundesrats etwas anderes bestimmen (statt Punkt Komma und neuer Nebensatz), *ein gleichmäßig wirksamer Gesetzesvollzug nur durch direkte bundesgesetzliche Einschaltung kommunaler Gebietskörperschaften erreicht werden kann und eine solche Regelung vom jeweiligen Gesetzeszweck zugunsten des Allgemeinwohls zwingend erforderlich ist.*"

   Entsprechendes gilt für die unbefriedigende Überschrift zum VIII. Abschnitt des Grundgesetzes. Folgende Neufassung wäre vorstellbar: *„Die Ausführung der Bundesgesetze durch die Länder (Landesverwaltung) und die eigene Ausführung durch den Bund (Bundesverwaltung)."*

   Die Bestimmungen, die dem Bund Ingerenzen auf dem Gebiet der Finanzverfassung einräumen, sind im Gegensatz hierzu klar und eindeutig, sowie derzeit wohl auch (noch) ausreichend. Die Lenkungsfunktion des Bundes auf dem finanzwirtschaftlichen und konjunkturpolitischen Sektor wurde durch die erfolgten Grundgesetzänderungen ausdrücklich anerkannt[8].

8. Das gemeindliche Selbstverwaltungsrecht ist gegen bundesgesetzliche Eingriffe in demselben Ausmaß wie gegen Landeseingriffe geschützt. Eine Stärkung der Gemeinden gegenüber den Ländern durch den

---

[6] Vgl. *Lerche*, Aktuelle Verfassungsfragen S. 36.
[7] *Lerche* a.a.O. S. 38.
[8] s. zuletzt *Konow*, DÖV 1970, 22 ff. (22).

Bund in Form einer Übertragung von Selbstverwaltungsaufgaben ist dem Bund jedoch nicht möglich: das verbietet der bundesstaatliche Aufbau, der Normzweck der Art. 83 ff. und die Verantwortung der Länder für ihre Gemeinden.

Dem im Zusammenhang mit der Beeinträchtigung des kommunalen Selbstverwaltungsrechts erhobenen Einwand, schon die Flut von Bundesgesetzen, die einen unmittelbaren kommunalen Vollzug fordern, bedeute generell eine Gefahr für den Selbstverwaltungsbereich, wird man nur durch baldige Schaffung finanz- und verwaltungskräftiger Gebietskörperschaften durch die Länder (sog. Territorialreform)[9] wirksam begegnen können.

9. Durch die unmittelbare Einschaltung der Gemeinden in den bundesgesetzlichen Aufgabenvollzug bleibt die verfassungsrechtliche Stellung der Gemeinden als Bestandteil der Länder unverändert. Das gilt auch nach Verabschiedung der Finanzreformgesetze trotz teilweiser Veränderung der gemeindlichen Finanzstruktur.

---

[9] Zur verfassungsrechtlichen Problematik vgl. zuletzt *Seibert*, Selbstverwaltung und kommunale Gebietsreform, Ffm 1971.

Literaturverzeichnis

Achterberg, Norbert: Die interkörperschaftliche Haftung, DVBl. 1970, 125 ff.

— Zulässigkeit und Schranken stillschweigender Bundeszuständigkeiten im gegenwärtigen deutschen Verfassungsrecht, AÖR 86, 63 ff.

— Die Annexkompetenz, DÖV 1966, 695 ff.

Anschütz, Gerhard: Die Verfassung des Deutschen Reiches vom 11. 8. 1919, 14. Aufl. Berlin 1933

Arndt, Adolf: Das Bundesverfassungsgericht, DVBl. 1951, 297 ff.

Bachof, Otto: Verfassungswidrige Verfassungsnormen, Tüb. 1951

— Beurteilungsspielraum, Ermessen und unbestimmter Rechtsbegriff im Verwaltungsrecht, JZ 1955, 97

Badura, P.: Die Rechtsprechung des Bundesverfassungsgerichts zu den verfassungsrechtlichen Grenzen wirtschaftspolitischer Gesetzgebung im sozialen Rechtsstaat, AÖR 92 (1967), 382 ff.

Bahrdt, Hans Paul: Die Gemeinde in der Industriegesellschaft, Vortrag, gehalten am 10. 11. 61 in Köln 1962

Bartlsperger, Richard: Bonner Kommentar (BK) Zweitbearbeitung zu Art. 90 GG, 1969

Bayer, Hermann: Die Bundestreue 1961 (Tüb.)

Becker, Erich: Die Selbstverwaltung als verfassungsrechtliche Grundlage der kommunalen Ordnung in Bund und Ländern in: Handbuch der kommunalen Wissenschaft und Praxis Bd. 1 S. 113 ff., Berlin, Göttingen, Heidelberg 1956 (HKWP)

— Die Ausführung von Bundesgesetzen durch Gemeinden und Gemeindeverbände, BayVBl. 1961, 65 ff.

— Kommunale Selbstverwaltung in Bettermann-Nipperdey: Die Grundrechte, Bd. 4 2. Halbband (1962) S. 673 ff. (Kommunale Selbstverwaltung)

— Kommunalverwaltung und Staatsverwaltung in: Zur Struktur der deutschen Verwaltung, Berlin 1968 (Schriftenreihe d. Hochschule Speyer Bd. 33)

Benda, Ernst: Die aktuellen Ziele der Wirtschaftspolitik und die tragenden Grundsätze der Wirtschaftsverfassung, NJW 1967, 849 ff.

Berkenhoff, H.: in Weber-Berkenhoff, Die Gemeinden im nachbarschaftlichen und im bundesstaatlichen Spannungsfeld, Göttingen 1962

— Geleitwort zu Wixforth, Die gemeindliche Finanzhoheit und ihre Grenzen, Sieburg 1964

— Das Kommunalverfassungsrecht in Nordrhein-Westfalen 1960

Bertram, Jürgen: Staatspolitik und Kommunalpolitik — Notwendigkeit und Grenzen ihrer Koordinierung, Stuttgart 1967

Bettermann, Karl August: Das Verwaltungsverfahren, VVDStRL 17 (1959), 118 f.

— Rechtsgleichheit und Ermessensfreiheit in: Der Staat 1962, 79 ff.

Bleck: Aktuelle Fragen der Kommunalpolitik in der Bundesebene 1953

Böckenförde, Ernst Wolfgang: Die Organisationsgewalt im Bereich der Regierung, Berlin 1964 (Schriften zum öffentlichen Recht Bd. 18)

Böhm, Anton: Rechtsprobleme der Gesetzgebungszuständigkeit des Bundes, DVBl. 1953, 321 ff.

— Die Freiheit im modernen Staat in: Die neue Ordnung 1958, 1

v. Campenhausen, A.: Besprechung von J. Bertram, Staatspolitik und Kommunalpolitik, Notwendigkeit und Grenzen in: Der Staat 1968, 378 ff.

Conrady, H. P.: Angelegenheiten der örtlichen Gemeinschaft nach Art. 28 II S. 1 GG, DVBl. 1970, 408 ff.

Dagtoglou, Prodomos: Kollegialorgane und Kollegialakte der Verwaltung, Stuttgart 1960

David, J.: Die Satzungsgewalt der Gemeinden in Nordrhein-Westfalen, 2. Aufl. Münster 1961 (Aschendorffs juristische Handbücherei Bd. 69)

Depenbrok, Johannes: Zum Umfang des Weisungsrechts bei der Bundesauftragsverwaltung, DÖV 1970, 235 ff.

Dichgans, Hans: Vom Grundgesetz zur Verfassung, Überlegungen zu einer Gesamtrevision, Düsseldorf, Wien 1970

Dicke, Detlev Christian: Verfassungsrechtliche Möglichkeiten und Grenzen der Wirtschaftslenkung in Italien und in der Bundesrepublik Deutschland, Stuttgart 1969 (Bespr. von Reuß in DVBl. 1970, 557)

Dreggen, Alfred: Probleme der Auftragsverwaltung, Der Städtetag 1955, 190 ff.

Dressler, Horst: Die Organisations- und Personalhoheit der Gemeinden, Ein Beitrag zur Lehre von der kommunalen Selbstverwaltung unter besonderer Berücksichtigung des baden-württembergischen Rechts, Diss. Tübingen 1962/63

Dürig, Günter: Verfassung und Verwaltung im Wohlfahrtsstaat, JZ 1953

— Föderalismus als nationales und internationales Ordnungsprinzip, VVDStRL 21 (1964), 115 (Aussprache)

Ehmke, Horst: Prinzipien der Verfassungsinterpretation, VVDStRL 20 (1963), 53 ff.

Eissing, Klaus: Gemeinschaftsaufgaben von Staat und Gemeinden unter der Selbstverwaltungsgarantie in Nordrhein-Westfalen, Siegburg 1968

Elsner, Hermann: Die Einbeziehung der Gemeinden in die staatliche Konjunkturpolitik, DÖV 1968, 520 ff.

Erichsen, H. U.: Die Konnexität von Aufgabe und Finanzierungskompetenz im Bund-Länder-Verhältnis, Bad Homburg, Berlin, Zürich 1968

Ermacora, Felix: Die Organisationsgewalt, VVDStRL 16 (1958), 190 f.; Aussprache 240 ff.

Fickert, H. C.: Der Begriff des Einvernehmens im Bundesbaugesetz und seine Handhabung im Baugenehmigungs- und Rechtsmittelverfahren, DVBl. 1964, 173 ff.

Fischer- Menshausen, H.: Die Abgrenzung der Finanzverantwortung zwischen Bund und Ländern, DÖV 1952, 673 ff.

— Die Länder im künftigen Finanzausgleich, DÖV 1948, 10, 57 und DÖV 1949, 401 ff.

Forschbach, Edmund: Grundsätzliche Erwägungen zum Flüchtlingsnotleistungsgesetz, DVBl. 1953, 331 ff.

Forsthoff, Ernst: Die öffentliche Körperschaft im Bundesstaat in Beiträge zum öffentlichen Recht der Gegenwart Heft 3, Tübingen 1931

— Lehrbuch des Verwaltungsrechts, Bd. 1, Allgem. Teil, 9. Aufl., München 1966

Friauf, Karl Heinrich: Öffentlicher Haushalt und Wirtschaft, VVDStRL 27 (1969), 1 ff. und 41/42 (Leitsätze), 111 (Schlußwort)

Fröhler, Ludwig: Wie verhält sich Art. 125 zu Art. 72 Abs. 2 GG?, DVBl. 1950, 490 ff.

Frowein, Jochen: Die selbständige Bundesaufsicht nach dem GG, Bonn 1961 (Bonner rechtswissenschaftliche Abhandlungen Bd. 50)

Füßlein, Rudolf Werner: Mischverwaltung oder Mitverwaltung? DVBl. 1956, 1 ff.

Galperin, H.: Recht der Arbeit (RdA) 1953, 5 ff.

Gaß, Berthold: Zur verfassungsrechtlichen Problematik der saarländischen Arbeitskammer und der bremischen Arbeitnehmerkammern, DÖV 1960, 778 ff.

Gebhardt-Forsthoff: Rechtsgutachten zu den Aufgaben des Staates und der Selbstverwaltung auf dem Gebiet des Baurechts v. 23. 5./4. 6. 1953

Geiger, Willi: Die wechselseitige Treupflicht von Bund und Ländern in föderalistischer Ordnung, Koblenz 1961

— Das Bund-Länder-Verhältnis in der Rechtsprechung des Bundesverfassungsgerichts, BayVBl. 1957, 301

Giese-Schunck: Kommentar zum Grundgesetz, 7. Aufl. Frankf./M. 1965

Glaser, Krishan: Das Subsidiaritätsprinzip und die Frage seiner Verbindlichkeit nach Verfassungs- und Naturrecht, Dissertation, Berlin 1966

Göb, Rüdiger: Zukunftsaspekte der kommunalen Selbstverwaltung Der Landkreis 1967, 206 ff.

— Bund und Gemeinden, 1965 (Sonderdruck aus Buch deutscher Gemeinden 1965, 109 ff.)

Göb, J.: Verfassungsrecht der Ämter und amtsangehörigen Gemeinden in Handbuch d. Komm. Wissenschaft u. Praxis (HKWP) Bd. 1 S. 377 ff., Berlin, Göttingen, Heidelberg 1956

Gönnenwein, Otto: Gemeinderecht, Tübingen 1963

Görg, Hubert: Wieweit ist eine Einschränkung der kommunalen Selbstverwaltung durch staatliche Wirtschafts- und Finanzierungsmaßnahmen zulässig?, DVBl. 1968, 625 ff.

Grafe, Walter: Gemeindliche Personalhoheit unter Selbstverwaltungsgarantie, DÖV 1955, 650 ff.

Grawert, Rolf: Finanzreform und Bundesstaatsreform in: Der Staat 1968, 63 ff.

Grawert, Rolf: Verwaltungsabkommen zwischen Bund und Ländern, Berlin 1967

Groeben, v. d.: Besprechung von J. Bertram „Staats- und Kommunalpolitik" Stuttgart 1967 in: Die Verwaltung 1968, 103 ff.

Groß, Rolf: Kooperativer Föderalismus und Grundgesetz, DVBl. 1969, 93 ff. und 125 ff.

Gruson, Michael: Die Bedürfniskompetenz (Art. 72 Abs. 2 GG), Berlin 1967 (Schriften zum öffentl. Recht Bd. 62)

Gutachten über die Neuordnung der Finanzverfassung, Eine Zusammenfassung seines wesentlichen Inhalts, DÖV 1966, 109 ff.

Haas, Diether: Bundesgesetze über Organisation und Verfahren der Landesbehörden, AÖR 80 (1955/56), 81 ff.

Hamann, Andreas: Kommentar zum Grundgesetz, 2. Aufl., Neuwied 1961 und Hamann-Lenz, 3. Aufl., Neuwied und Berlin 1970

— Autonome Satzungen, Heidelberg 1958

Hamann, Wolfram: Die Bedeutung des Subsidiaritätsprinzips im geltenden Verwaltungsrecht, Dissertation, Tübingen 1961 — zit. nach Zuck —

Harbich, Jürgen: Der Bundesstaat und seine Unantastbarkeit, Berlin 1965

v. Hausen, Heinz: Nochmals: Die Zuständigkeit des Bundesgesetzgebers aus Art. 84 und 85 GG, DÖV 1960, 1 ff.

— Zur Diskussion über die Bundeszuständigkeiten aus Art. 84 und 85 GG, DÖV 1960, 441 ff.

v. Hausen-v. d. Heide: Die rechtliche und funktionelle Bedeutung der Art. 84 und 85 GG, DÖV 1958, 753 ff.

Heckt, Wilhelm: Die Neuordnung der verfassungsrechtlichen Grundlagen der gemeindlichen Selbstverwaltung, DÖV 1957, 164 ff.

— Die gemeindliche Selbstverwaltung und die Finanzreform, DÖV 1955, 265 ff.

Heckel: Budgetäre Ausgabeninitiative im Reichstag zugunsten eines Reichkulturfonds, AÖR 12 (1927) 428 (420 ff.)

v. d. Heyde: Hat die kommunale Selbstverwaltung eine Zukunft? DÖV 1968, 408 ff.

— Die Kompetenzen des Bundes auf dem Gebiet der Raumordnung, DVBl. 1969, 229 ff.

Heim, Rudolf: Zum Problem der Beteiligung des Bundes an den Verwaltungskosten, DÖV 1958, 566 ff.

Heinze, Christian: Anmerkung zum Urteil des Bundesverfassungsgerichts v. 24. 7. 1962, DVBl. 1962, 786 ff.

— Die Verfassungsbeschwerde der Selbstverwaltungskörperschaften, BayVBl. 1970, 7 ff.

— Besprechung von W. Rüfner, Formen öffentlicher Verwaltung im Bereich der Wirtschaft, AÖR 94 (1969), 345 ff.

Hengstenberg: Das Subsidiaritätsprinzip 1953, 20, 71

Henle, Wilhelm: Finanzreform zwischen Föderalismus und Fiskalpolitik, DÖV 1966, 608 ff.

Henrichs, Wilhelm: Die Rechtsprechung zur Verfassungsgarantie der kommunalen Selbstverwaltung in Deutschland, DVBl. 1954, 728 ff.

Herzog, Roman: Subsidiaritätsprinzip und Staatsverfassung in: Der Staat 1963, 399 ff.

— Zwischenbilanz im Streit um die bundesstaatliche Ordnung, JUS 1967, 193 ff.

— Evangelisches Staatslexikon Sp. 2270 (1966)

Hesse, Konrad: Grundzüge des Verfassungsrechts der Bundesrepublik Deutschland, 3. u. 4. Aufl. 1969 und 1970

— Der unitarische Bundesstaat, Karlsruhe 1962

Hettlage, K. M.: Die Gemeinden in der Finanzverfassung, Archiv für Kommunalwissenschaften (AfK) 1964, 1 ff.

— Die Finanzverfassung im Rahmen der Staatsverfassung, VVDStRL 14 (1955), 2 ff.

Heubl, Franz: Die gegenwärtige Lage unserer föderativen Struktur, BayVBl. 1968, 413 ff.

Hohrmann, Friedrich: Bundesgesetzliche Organisation landesunmittelbarer Selbstverwaltungskörperschaften — Formen und Zulässigkeit ihrer Einschaltung in die Ausführung von Bundesgesetzen durch den Bundesgesetzgeber, Dissertation 1967 München (Bd. 59 der Schriften zum öffentlichen Recht)

Honnacker, Heinz: Der Bund und die Verkehrsverhältnisse in den Gemeinden, BayVBl. 1967, 258 ff.

Huber, E. R.: Der Streit um das Wirtschaftsverfassungsrecht, DÖV 1956, 97 ff.

— Wirtschaftsverwaltungsrecht Bd. I 2. Aufl. Tüb. 1953

— Wirtschaftsverwaltungsrecht Bd. II 2. Aufl. Tüb. 1954

Huber, Hans: Die Ausführung von Bundesgesetzen durch Gemeinden und Gemeindeverbände, Dissertation 1965 München

Ipsen, Hans Peter: Öffentlicher Haushalt und Wirtschaft, VVDStRL 27 (1969), 87 f. (Aussprache)

— Gemeindliche Personalhoheit unter Selbstverwaltungsgarantie, DÖV 1955, 225 ff.

Isensee, Josef: Subsidiaritätsprinzip und Verfassungsrecht, München, Berlin 1968 — Eine Studie über das Regulativ des Verhältnisses von Staat und Gesellschaft — (Schriften zum öffentlichen Recht Bd. 80)

Jeddeloh, Dieter: Die Frage der Haftung bei fehlerhafter Ausführung von Bundesgesetzen durch die Länder, Berlin 1970

Jobst, Heinz: Die Eigenständigkeit der Gemeinde, BayVBl. 1960, 201 ff.

— Bund, Länder und Gemeinden, BayVBl. 1960, 301 ff.

Junker, Heinrich: Gemeinschaftsaufgaben zwischen Staat und Gemeinden (Gemeindeverbänden) unter der Selbstverwaltungsgarantie, in Gemeinschaftsaufgaben zwischen Ländern und Gemeinden — Vorträge und Diskussionsbeiträge des 29. Staatswissenschaftlichen Fortbildungskurses der Hochschule für Verwaltungswissenschaften, Speyer 1961 (Schriftenreihe der Hochschule Speyer, Bd. 11 S. 79, Berlin 1961)

Kalkbrenner, Helmut: Die Errichtung der Bundesoberbehörden nach Art. 87 Abs. 3 GG. Zugleich eine Stellungnahme zum Urteil des Bundesverfassungsgerichts v. 24. 7. 62, JZ 63, 210 ff.

Keßler, E.: Der Bund und die Kommunalpolitik, DVBl. 1953 S. 1 ff.

Klein, Friedrich: Beiträge zum gemeindlichen Finanz- und Haushaltsrecht S. 27

— Das Verhältnis der Gesetzgebungszuständigkeit und Verwaltungszuständigkeit nach dem Grundgesetz, AÖR 88 (1963), 377 ff., 396 ff.

Klein, Franz: Finanzreform und Föderalismus, BayVBl. 1967, 406 ff.

Knöpfle, Franz: Verwaltungsabkommen zwischen Bund und Ländern in: Der Staat, 1969, 79 f.

Kölble, Josef: Wer haftet bei fehlerhaftem Vollzug von Bundesgesetzen durch die Länder?, DÖV 1959, 807 ff.

— Wirtschaftsplanung und Grundgesetz, NJW 1966, 473 ff.

— Die Errichtung von Bundesoberbehörden nach Art. 87 Abs. 3 S. 1 GG, DVBl. 1962, 658 ff.

— Finanzreform und Bundesstaatsprinzip, DÖV 1967, 1 ff.

Köttgen, Arnold: Zur Diskussion über das konjunkturpolitische Instrumentarium des Bundes gegenüber den Ländern und Gemeinden, AfK 66, 3 ff.

— Die Gemeinden und der Bundesgesetzgeber, Stuttgart 1957

— Die Krise der kommunalen Selbstverwaltung, Tübingen 1931

— Der Einfluß des Bundes auf die deutsche Verwaltung und die Organisation der bundeseigenen Verwaltung, JÖR n.F. 3, 67 ff. und JÖR 11 (1962), 173 ff.

— Die Sicherung der gemeindlichen Selbstverwaltung, Münster 1960

— Innere Struktur und Zuständigkeit der Gemeindevertretung, DVBl. 1952, 421 ff.

— Gemeindliches Satzungsrecht und Grundgesetz, DVBl. 1955, 445 ff.

Kollmann, Ottmar: Nochmals: Zur verfassungsrechtlichen Sicherung der Selbstverwaltung, DÖV 1951, 145 f.

Konow, Gerhard: Zur Funktionsfähigkeit bundesstaatlicher Verfassungsordnung, DÖV 1970, 22 ff.

— Kooperativer Föderalismus und Gemeinschaftsaufgaben. Bemerkungen zum Gutachten über die Finanzreform in der Bundesrepublik Deutschland, DÖV 1966, 368 ff.

Koppensteiner, Hans Georg: Intervention, Wettbewerb und Unternehmen, Der Betriebsberater (BB) 1967, 217 ff.

Krapp, Franzjosef: Die verfassungsrechtliche Zulässigkeit gemeinsamer Ländereinrichtungen 1962, zit. nach Zuck

Kratzer, Jakob: Zustimmungsgesetze, AÖR 77 (n.F. Bd. 38), 266 f.

— Zu Art. 72 Abs. 2 und 125 des Grundgesetzes, DVBl. 1950, 396 ff.

— Gemeinschaftsaufgaben zwischen Bund, Ländern und Gemeinden, BayVBl. 1961, 373 ff.

Krüger, Herbert: Allgemeine Staatslehre, Sttutgart 1964

— Staatsverfassung und Wirtschaftsverfassung, DVBl. 1951, 361 ff.

Küchenhoff, Günther: Bund und Gemeinde, BayVBl. 1958, 65 ff., 110 ff.

— Zuständigkeitsgrenzen in der Jugend- und Sozialhilfe, NJW 1968, 433 ff.

Kutscher, Hans: Verfassungsrechtliche Fragen aus der Praxis des Bundesrats, DÖV 1952, 710 ff.

Laforet, Wilhelm: Verwaltung und Ausführung der Gesetze nach dem Bonner Grundgesetz, DÖV 1949, 221 ff.

Leibholz-Rinck: Kommentar zum Grundgesetz an Hand der Rechtsprechung des Bundesverfassungsgerichts, 3. Aufl. Köln 1968

Leisner, Walter: Bayerisches Verwaltungsrecht in der Rechtsprechung, München 1968

Liebrecht, Heinz: Zur Rechtfertigung des Föderalismus heute und zu den Grenzen zulässiger Länderkooperation, DVBl. 1969, 97 ff.

Link, Ewald: Das Subsidiaritätsprinzip 1955

Linckelmann, Karl: Nochmals: Zum staatsrechtlichen Lehrbegriff der „mittelbaren Staatsverwaltung", DÖV 1959, 561

Lerche, Peter: Moderne Gehalte der Selbstverwaltung in: Buch der deutschen Gemeinden 1968, 14 ff.

— Übermaß und Verfassungsrecht. Zur Bindung des Gesetzgebers an die Grundsätze der Verhältnismäßigkeit und Erforderlichkeit, Köln u. a. (Übermaß) 1961

— Verfassungsfragen um Sozialhilfe und Jugendwohlfahrt, Rechtsgutachten, Berlin 1963 (Gutachten)

— Selbstverwaltungsangelegenheiten kraft Bundesrechts, BayVBl. 1965, 145 ff.

— Gemeinden in Staat und Gesellschaft als Verfassungsproblem, Buch dt. Gemeinden 1965, 9 ff.

— Aktuelle föderalistische Verfassungsfragen, Eine Stellungnahme auf Anregung der Bayer. Staatskanzlei, München 1968

— Die Verfassungsposition der Landkreise, BayVBl. 1969, 46 ff.

Loschelder, Wilhelm: Zur Stellung der kommunalen Selbstverwaltung in der Finanzverfassung, AfK 1966, 194 f.

v. Mangoldt-Klein: Kommentar zum Grundgesetz, Bd. 1, 2. Aufl. Berlin, Frankfurt/M. 1957

Mangels, Gerd: Rechtswirrwarr um den öffentlichen Wägebetrieb, DVBl. 1957, 777 ff.

Marschall, E. A.: Kommentar zum Bundesfernstraßengesetz, 2. Aufl. Berlin u. a. 1963

Maunz, Theodor: Die Verfassungsmäßigkeit der Finanzreform, NJW 1968, 2033 ff.

— Bund und Gemeinden, BayVBl. 1960, 205 ff.

— Deutsches Staatsrecht, 12. Aufl. 1963 und 16. Aufl. 1968

Maunz-Dürig-Herzog: Kommentar zum Grundgesetz, München, Berlin, Stand 1969

Mayer, Franz: Die Verwaltung von Bund und Ländern in der bundesstaatlichen Ordnung, in Schriftenreihe der Hochschule Speyer, Bd. 33, S. 36 ff., Berlin 1967

— Evangelisches Staatslexikon 1966, Spalte 1418/19

Meyer, Poul: Verwaltungsorganisation. Vergleichende Studien über die Organisation der öffentlichen Verwaltung, Göttingen 1962

Müller, F.: Besprechung von H. Wagner, Die Vorstellung der Eigenständigkeit in der Rechtswissenschaft in AÖR 94 (1969), 173 ff.

Müller, Klaus: Zur Problematik der Genehmigungsvorbehalte im Kommunalrecht, Verwaltungsarchiv (VerwArch) 54 (1963), 170 f.

v. Münch, Ingo: Öffentlicher Haushalt und Wirtschaft, VVDStRL 27 (1969), 87, 89

Müthling: Zur verfassungsrechtlichen Sicherung der Selbstverwaltung, DÖV 1951, 169 f.

Nawiasky, Hans: Die Grundgedanken des Grundgesetzes für die Bundesrepublik Deutschland, Stuttgart u. Köln 1950

— Allgemeine Staatslehre, Bd. I, II, Einsiedeln 1955 und 1958

Nawiasky-Leusser-Schweiger-Zacher: Kommentar z. Bayer. Verfassung zu Art. 11 Bayer. Verfassung, München 1970

v. Nell-Breuning: Die soziale Enzyclika 1932, 251, 253 — zit. nach Zuck

Neuhoff, Robert: Kommunale Selbstverwaltung und Bonner Grundgesetz, DÖV 1952, 259 ff.

Oelgarth, Bernd: Konjunkturpolitische Pflichten der Gemeinden und die Garantie ihrer Wahrnehmung durch die Länder, DVBl. 1970, 532 ff.

Ossenbühl, F.: Verwaltungsvorschriften und Grundgesetz, Bad Homburg 1968

— Probleme und Wege der Verfassungsauslegung, DÖV 1965, 649 ff.

Ottinger, Johannes: Kommunalpolitische Aufgaben und Zuständigkeiten des Bundes, Dissertation, Göttingen 1954

Pagenkopf, Hans: Grundsatz der Neuordnung der bundesdeutschen Finanzverfassung, DÖV 1967, 600 f.

Pathe, Karl: Die Ausführung der Bundesgesetze, DVBl. 1951, 681 ff.

Patzig, Werner: Verfassungsrechtliche Betrachtungen zum Entwurf eines „Stabilitätsgesetzes", DVBl. 1966, 672 ff.

— Soll und Haben der Finanzreform, DVBl. 1969, 429 ff.

— Der allgemeine Lastenverteilungsgrundsatz des Art. 106 Abs. 4 Nr. 1 des Grundgesetzes, AÖR 86 (1961), 245 ff.

— Gegenwartsfragen des Finanzverfassungsrechts (zugleich ein Beitrag zu einem neuen Verständnis des Bundesstaats), AÖR 67, 297 ff.

— Der kommunale Finanzausgleich vor der Finanzreform, DVBl. 1967, 98 ff.

Peters, Hans: Die kommunale Selbstverwaltung und das Subsidiaritätsprinzip, Archiv für Kommunalwissenschaften 1967, 4 ff.
Lehrbuch der Verwaltung, Berlin u. a. 1949

— Grenzen der Selbstverwaltung in Preußen, Berlin 1926

— Die Bedeutung der Verwaltungswissenschaften für die Staats- und Gesellschaftsordnung, DVBl. 1956, 529 ff.

Püttner, Günter: Unterschiedlicher Rang der Gesetze, DÖV 1970, 322 ff.

Rasch, E. und W. *Patzig:* Verwaltungsorganisation und Verwaltungsverfahren, Bd. I 1. Halbband, Berlin u. a. 1962

Reschke, Hans: Besprechung von J. Bertram, Staatspolitik und Kommunalpolitik — Notwendigkeit und Grenzen, AfK 1968, 146 f.

Reuss, Wilhelm: Wirtschaftsordnung des Grundgesetzes, DVBl. 1967, 349 f.

Rietdorf, Fritz: Die Finanzverantwortung des Bundes gegenüber den Gemeinden, DÖV 1953, 225

Roellenberg, Rainer: Zwischengliedstaatliche Verträge und Institutionen, DÖV 1968, 225 ff.

Rohwer-Kahlmann: Verfassungsrechtliche Schranken der Zustimmungsgesetze (Art. 84 I GG), AÖR 79, 208 ff.

Rudolf, Walter: Bund u. Länder im aktuellen deutschen Verfassungsrecht, Bad Homburg u. a. 1968

Rüfner, Wolfgang: Formen öffentlicher Verwaltung im Bereich der Wirtschaft, Berlin 1967 (Schriften zum öffentl. Recht Bd. 44)

Ruhe, Hans: Die Finanzreform, Deutsche Steuerzeitung (DStZ) 1969, 177 ff.

Salzwedel, Jürgen: Staatl. Genehmigungsvorbehalte gegenüber der Selbstverwaltung, Archiv f. Kommunalwissenschaften 1962, 203 ff.

Sasse, Christoph: Die verfassungsrechtl. Problematik von Steuerreformen, AÖR 85, 423 ff.

Sattler, Herbert: Gemeindliche Finanzverfassung — Bedeutung gemeindlicher Finanzhoheit für die Selbstverwaltung, in Handbuch für kommunale Wissenschaft u. Praxis (HKWP), Bd. III S. 1 ff., Berlin u. a.

Schaeder, Reinhard: Gemeindewohl und öffentliche Interessen im Recht der globalen Wirtschafts- u. Finanzplanung, 92 ff. Berlin 1968 (Bd. 39 der Schriftenreihe d. Hochschule Speyer)

Schäfer, Hans: Bundesaufsicht und Bundeszwang, AÖR 78, 1 ff.

— Die Bundesauftragsverwaltung, DÖV 1960, 641 ff.

— Die bundesstaatliche Ordnung. Ein immerwährendes Problem Weimars und eine noch offene Frage Bonns, DVBl. 1969, 420 ff.

— Besprechung von Gruson. Die Bedürfniskompetenz in DVBl. 1968, 926 ff.

Scheuner, Ulrich: Gemeindeverfassung und kommunale Aufgabenstellung in der Gegenwart, in Archiv für Kommunalwissenschaften 1962, 149 ff.

— Die staatliche Intervention im Bereich der Wirtschaft, VVDStRL 11 (1954), 19 ff. (1 ff.)

— Wandlungen im Föderalismus der Bundesrepublik, DÖV 1966, 513 ff.

Schmidt-Bleibtreu/Klein: Kommentar zum Grundgesetz, Neuwied, Berlin 1970

Schmid, Rudolf: Gemeinsame Grundsätze im öffentlichen Leistungsrecht und Enteignungrecht, DÖV 1957, 489 ff.

Schmitt, Carl: Freiheitsrechte und institutionelle Garantien der Reichsverfassung (1931) in C. Schmitt Verfassungsrechtliche Aufsätze, Materialien zu einer Verfassungslehre S. 140 ff., Berlin 1958

Schneider, Hans: Die Zustimmung des Bundesrats zu Gesetzen, DVBl. 1953, 257 ff.

Schneider, P.: VVDStRL 20, 1 ff. — Prinzipien d. Verfassungsinterpretation

Schnur, R.: Pressefreiheit, VVDStRL 22 (1965), 101 ff.

Scholz, Rupert: Besprechung von F. Hohrmann in AfK 1968, 154

Scholtissek, Herbert: Verfassungsprobleme zur Eingemeindung, DVBl. 1968, 826 ff.

Scupin, Hans Ulrich: Bonner Kommentar zum Grundgesetz Art. 50—53 Stand 1967

Seeger, J.: Finanzierung von Länderaufgaben durch den Bund, DÖV 1968, 781 ff.

Seibert, Gerhard: Selbstverwaltung und kommunale Gebietsreform, Ffm. 1971

Sellschopp, Herrmann: Das Flüchtlingsnotleistungsgesetz, DÖV 1953, 308 ff.

Smend, Rudolf: Ungeschriebenes Verfassungsrecht im monarchischen Bundesstaat, in Festgabe für Otto Mayer 1916, 247 ff.

Sponheuer, Theo: Probleme des Stabilitäts- und Wachstumsgesetzes, Bonn 1970, Reihe „Finanzen u. Steuern e. V. Bonn"

Stadler, Kurt: Die neue Finanzverfassung, BayVBl. 1969, 297 ff., 334 ff.

Stern, Klaus: Gesetzesauslegung und Auslegungsgrundsätze des Bundesverfassungsgerichts, Diss. 1956

— Öffentlicher Haushalt und Wirtschaft, VVDStRL 27 (1969), 104 (Aussprache)

— Bonner Kommentar, Zweitbearbeitung 1964 zu Art. 28 GG

— Das Selbstverwaltungsrecht der Gemeinden in der Rechtsprechung des Bundesverwaltungsgerichts, JR 1963, 202 ff.

— Gedanken über den wirtschaftslenkenden Staat in verfassungsrechtlicher Sicht, DÖV 1961, 325 ff.

— Die Neufassung des Art. 109 GG, NJW 1967, 1831 ff.

— Konjunktursteuerung und kommunaler Selbstverwaltungsspielraum und Grenzen, Gutachten E zum 47. Deutschen Juristentag, München 1968

Stern-Münch: Kommentar zum Stabilitätsgesetz 1967

Strauß, Franz Josef: Die Finanzverfassung, München, Wien 1969

Sturm, Friedrich: Die Haftung der Länder (Gemeinden, Gemeindeverbände) bei fehlerhafter Verwendung von Haushaltsmitteln des Bundes im Gesetzesvollzug, DÖV 1966, 256 ff.

— Die Finanzverantwortung von Bund, Ländern und Gemeinden bei der Erfüllung staatlicher Aufgaben, DÖV 68, 466 f.

Süsterhenn, Adolf: Festschrift für Hoffner S. 432; zit. nach Isensee S. 143

— Festschrift f. Nawiasky 1956 (141 ff.) Das Subsidiaritätsprinzip als Grundlage der vertikalen Gewaltenteilung

Süsterhenn-Schäfer: Kommentar zur Rheinl.-Pfälz. Verfassung, Koblenz 1950

Tiemann, Burkhard: Die neue Investitionskompetenz des Bundes in ihrer verfassungsrechtlichen Bedeutung für Bund und Länder, BayVBl. 1970, 157 ff.

— Die neuen Gemeinschaftsaufgaben (Art. 91 a, 91 b GG) im System des Grundgesetzes, DÖV 1970, 161 ff.

— Gemeinschaftsaufgaben und Bundesfinanzhilfen im Verhältnis zur gemeindlichen Selbstverwaltung, BayBgmst. 1970, 61 ff.

Tiefenbacher, Erhard: Planung in der Marktwirtschaft, Betriebsberater (BB) 1967, 1 ff.

Thieme, Werner: Bund, Länder und Gemeinden, Archiv für Kommunalwissenschaften (AfK) 1962, 185 ff.

— Subsidiarität und Zwangsmitgliedschaft, Saarbrücken 1962

Triepel, Heinrich: Die Reichsaufsicht, Untersuchungen zum Staatsrecht des Deutschen Reiches, Berlin 1917

Troeger-Gutachten zur Finanzreform, Gutachten über die Finanzreform in der Bundesrepublik Deutschland, sog. Troeger-Gutachten, Stuttgart u. a. 1966

v. Unruh, Georg Christoph: Wandlungen in der kommunalen Selbstverwaltung, in: Der Landkreis 1968, 147 ff.

Utz, Arthur Fridolin: Sozialethik 1. Teil, Die Prinzipien der Gesellschaftslehre 1958, 281 (283)

Vialon, Friedrich Karl: Haushaltsrecht 2. Aufl., Berlin und Frankfurt/M. 1959

Vogel, W.: Bericht über den 47. deutschen Juristentag, DVBl. 1969, 104 ff.

Wagner, Heinz: Um ein neues Verfassungsverständnis. Gedanken zur 15. Grundgesetz-Änderung, DÖV 1968, 604 ff.

— Öffentlicher Haushalt und Wirtschaft, VVDStRL 1969 Heft 27, 47 ff., 82 ff.

— Die Vorstellung der Eigenständigkeit in der Rechtswissenschaft — Ein Beitrag zur juristischen Systematik und Terminologie 1967

Walper, K. H.: Föderalismus, Bonn 1966 (Schriftenreihe der Bundeszentrale für politische Bildung, Sonderdruck zu Politik und Zeitgeschichte Heft 22/23)

Weber, Werner: Staats- und Selbstverwaltung in der Gegenwart, Göttingen 1953

Weber-Berkenhoff: Die Gemeinden im nachbarschaftlichen und im bundesstaatlichen Spannungsfeld, Göttingen 1962

Werner, Fritz: Kommunale Selbstverwaltung und Verwaltungsgerichtsbarkeit, DVBl. 1952, 549 ff.

Werner, P.: Homogenitätsprinzip 1967, 87 ff.

Wessel: Die Verwaltung, DV 1949, 327 ff.

Wixforth, Gerd: Die gemeindliche Finanzhoheit und ihre Grenzen, Siegburg 1964

Wolff, H. J.: Lehrbuch Verwaltungsrecht Bd. 1 (5. Aufl. München, Berlin 1963 und 7. Aufl. München 1968)

Zacher, Hans: Aufgaben einer Theorie der Wirtschaftsverfassung in Festschrift für F. Böhm 1965

— Das Sozialstaatsprinzip in der Rechtsprechung des Bundesverfassungsgerichts, BayVBl. 1969, 113 ff.

Zeidler, Karl: Ausführung von Landesgesetzen durch Bundesbehörden, DVBl. 1960, 573 ff.

Zink, Günther: Die Delegation von Aufgaben der Sozialhilfe auf Gemeinden und Landkreise, BayVBl. 1963, 268 ff.

Zinn, A.: Das Bundesstaatsprinzip heute 1964

Zuck, Rüdiger: Aktuelle Probleme der Wirtschaftspolitik und die tragenden Grundsätze der Wirtschaftsverfassung, Betriebsberater 1967, 805 ff.

— Die global gesteuerte Marktwirtschaft und das neue Recht der Wirtschaftsverfassung, NJW 1967, 1301 ff.

— Subsidiarität und Grundgesetz, München 1968

— Gefährdung und Ziele des § 1 StabG und die Störung des gesamtwirtschaftlichen Gleichgewichts, DÖV 1967, 801 ff.

— Verfassungsrechtliche Probleme des StabG, JZ 1967, 694 ff.

Zuhorn-Hoppe: Gemeindeverfassung, 2. Aufl. 1962 (Reihe: Das Gemeinderecht in Nordrhein-Westf. Bd. 1)

Zusammenfassung des wesentlichen Inhalts des Gutachtens über die Finanzreform in DÖV 1966, 109 ff.

FSC
www.fsc.org
MIX
Papier | Fördert gute Waldnutzung
FSC® C083411

Kolibri 360 GmbH
Ferdinand-Jühlke-Straße 7
99095 Erfurt, Deutschland
produktsicherheit@kolibri360.de

Druck:
CPI Druckdienstleistungen GmbH
im Auftrag der
Kolibri 360 GmbH
Ferdinand-Jühlke-Str. 7
99095 Erfurt